CENGAGE
Learning®

西方政治科学经典教材

WHY NATIONS GO TO WAR

国与国为何交战

［美］约翰·G.斯托辛格 著

杨 丽 吴义学 译

人民出版社

前　言

　　21世纪经历了两种新型战争。2001年可怕的9·11恐怖袭击事件引发了美国对阿富汗的军事入侵，但美国未能找到这次恐怖袭击的罪魁祸首本·拉登。相反，美国对萨达姆·侯赛因领导的伊拉克发起了一场颇具争议的先发制人的军事战争。本书的第四章对这场战争做出了分析，并对美国的战争决策做出了一些新的反思。自从新世纪开始以来，世界很少在如此短的时间内经历如此巨大的变化。美国前总统巴拉克·奥巴马的许多全球倡议也被给予了仔细的考虑。

　　在过去几年使本书能够成型的分析框架也照样适用于现在这个版本。总的来说，本书本质上仍然是反思的产物。然而，安帕罗·保特·罗查(Amparo Pat Rocha)优秀和专注的作品使我受益匪浅。我也感谢和欣赏詹尼斯·拉瑟(Janis Lasser)无数个深思熟虑的建议。最后，我的圣地亚哥大学的学生也给予我最有益的帮助，与我分享了很多显示出非凡的智力和心理成熟的评论。有了这些学生，我感觉没有比我更幸运的老师了。

　　我希望本书能在对战争等人类最可怕的自我折磨的理解上做出绵薄的贡献。

约翰·G.斯托辛格

1

引　言

本书重新审视古老的战争所带来的危害。我从学生时代开始，就发现大多数对战争的解释在某种程度上都是说不通的。在以往的书中，我读到的有关战争都是由诸如民族主义、军国主义、联盟体制、经济因素或其他一些我无法直接将其与一个特定战争的实际爆发联系起来的"基本"原因所造成。我们经常被灌输战争是人类本性不能根除的一个组成部分这个理念。经历过 20 世纪大多数的主要战争后，我想知道的是这些说法是否是真实的。我渴望对战争的起因有更深入的理解，希望这种见解能够帮助人类治愈创伤。无论是在智力上还是在情感方面，人们对战争起因的传统解释让我无法满意，因为它总是未能抓住问题的人性本质。人类没有能力控制的力量经常被认为是战争的"基本"原因。然而，是人类自己实际促成了战争的爆发。但是，这种个性视角在有关战争的传统书本中很少得到应有的分量。本书的框架源于我对这些机械力量背后的人类真理探知的需要。

在本书的这个版本中，我决定着手对 20 世纪以及 21 世纪所经历的主要战争的几个案例进行研究：阿拉伯和以色列战争、萨达姆·侯赛因对伊朗和科威特的战争、奥萨马·本·拉登和反恐战争、美国领导的对伊拉克战争以及奥巴马继承的在阿富汗战争。在每个案例研究中让我最感兴趣的是领导人跨越门槛进入战争的"真相时刻"。我决定放大那个非同寻常的时刻，以便在飞行中按照它的本来面目，以其令人可怕的悲剧意义来捕获它。在这个过程中，我极力寻求那些一直困扰我的答案：做出发动战争的决定在什么时候变得不可逆转？谁承担这个责任以及为什么？灾难能够避免吗？尽管有所不同,这些案例是否揭示了我们这个时代关于战争的一些共同真理？

我对第一次世界大战最先的接触是埃里希·玛丽亚·雷马克的经典书籍《西线无战事》,该书是奉献给那些"尽管逃脱了战争的硝烟但是被战争摧毁"的一代人。然而,许多我对他们提及这场战争的老人将这场战争的爆发记忆为光荣的、令人欢快的时光。时间的久远使他们对战争的记忆浪漫化,削弱了他们的痛苦,抑制了他们的恐惧。我试图再现永远改变世界的1914年7月那几周的气氛,也试图描绘导致这场灾难的主要人物个性。

阿拉伯人和犹太人之间进行了一场六十年的战争。这两个民族在三代人的时间内彼此之间进行了六次令人可怕的暴力冲突。阿拉伯和犹太领导人都将他们自己的事业视为正义,且牢牢地将其基于神的旨意、道德和理性之上。他们在以正义诉求的名义下对彼此所做的事情,是任何一方都不会轻易忘记的。我试图再现这个巨大悲剧的人类真理——正确没有与错误产生冲突,但是却与另外一个正确产生了冲突。在本书的更新中,我增加了发生在中东地区新的、现实的戏剧性事件,包括阿里尔·沙龙决定从加沙撤军;奥尔默特和阿巴斯两位领导人从事谈判后带来的"希望时刻";以及当哈马斯当选为巴勒斯坦执政党以及黎巴嫩真主党无缘无故对以色列发动袭击后希望的破灭;随后双方在加沙和黎巴嫩重新回到武装对峙。然而,这种对以色列的新的战争通过联合国的成功干预而结束。对以色列入侵加沙以及奥巴马总统努力促使双方回到谈判桌的分析也包含在本章之内。

我还对1980年萨达姆·侯赛因对伊朗的军事袭击以及10年后的入侵科威特进行了审视。

本书还包含了新世纪后的两场战争——2001年令人震惊的恐怖袭击事件引发的全球反恐战争和2003年针对伊拉克的先发制人的战争,在这场战争中,美国总统布什应用的学说掀开了美国历史的新篇章。我对该章节进行了完全的修订和更新。它包括了对伊拉克和平前景的思考。

本章节还包含了萨达姆·侯赛因的审判和执行、北约在阿富汗的战争,以及伊朗人民起义和同时发生的核危机。

最后,我在本书中还引入了卢旺达和达尔富尔等两个非洲国家的案例研究。这两个案例告诉我们,种族屠杀仍然是人类面临的最可怕的挑战之一。

在我研究这些案例和调查我们这个时代整个的战争过程中,我以前从未注意到的许多主题呈现出来了。在本书的最后一章我提出了这些新想法,我希望呈现出的一种新格局将指出新的研究方向,并使关于战争构成对人类未来威胁的对话得以举行。

有一个词可以描述这种方法论。政治学是这种方法论的基本要素,但我也深刻意识到这种学科自身的不足。由于英语语言得到了应有关注,因此不必要的行话得以避免。尽管人类有着很长的历史,但是我极力将它视为国家鲜活的记忆,在时间的走廊里一直回响到现在。其他社会科学和人文学科,尤其是心理学和哲学,也扮演着重要的角色。是的,伟大的文学作品和诗歌教会了我太多,我喜欢把这些教训传递给我的读者。在本书中,我试图编织出关于战争的一个无缝的知识挂毯。

混乱也许是我们给予我们还不能理解的秩序的一个名称。我希望本书通过呈现有关行为的一些原始观点,能给现在战争的混乱带来一些秩序。

目　　录

第一章　铁骰子:第一次世界大战

如果铁骰子必须滚动,愿苍天保佑我们。

特奥巴登·冯·贝特曼·霍尔维格

德国首相,1914 年 8 月 1 日

1914 年 8 月将他们的男同胞送到战场上的帝王和将军们认为战争只会持续几周,而不是几个月,更不用说几年了。"你们在树叶从这些树上落下之前会回家的",德国皇帝在 1914 年 8 月初告诉他的战士们;与此同时,沙皇帝国卫队的成员们想知道在他们胜利进入柏林时是否应该携带军礼服或者是否由下一个信使带到前线。很少有人预见这个世界灾难会扼杀整整一代人的生活并将下一代人带入幻想破灭和绝望中。当一切都结束后,没有人再和以前一样了,正如大卫·赫伯特·劳伦斯所说,"所有伟大的词汇都被抵消了"。具有讽刺意味的是,在为数不多的看到战争的阴影会延长数年之久的人当中,有一位是德国总参谋长赫尔穆特·冯·毛奇,他预测这是一场"漫长而令人疲倦的斗争",但是他也相信战争迟早是不可避免的;6 月 1 日他认为已经适合宣布德国"已经准备好了,而且战争发动越早,对我们越有利"。

必然性是一个令人难以忘怀、无处不在的主题。在做出关键决定时,大多数政治家都表现得像希腊悲剧中的演员。战争可怕的结局尽管被预见到,但是却不能被阻止。人们一次又一次将战争的责任从自身转移到被认为拥有终极控制权的客观上帝或天意。正如德国首相特奥巴登·冯·贝特曼·霍尔维格在 8 月 1 日所说,"如果铁骰子必须滚动,愿苍天

保佑我们",或者如奥匈帝国皇帝弗朗茨·约瑟夫所说,"我们现在已无
回头路"。历史学家也受到这种宿命论态度的影响。正如一位知名学者
总结他对第一次世界大战的爆发所做的分析时所说:"所有证据表明危
机开始于当事态超出人们的控制范围这样一个重要时刻。"①

本章节的论点是,这种观点是错误的,因为是人类自身做出了这些决
定。人类在恐惧和颤抖中做出决定,但是他们仍然做了这样的决定。在
大多数情况下,决策者并不是决心将人类毁灭的邪恶人们,而是被自欺欺
人所恐吓和骗入圈套的。他们将自己的政策基于恐惧而不是事实之上,
他们极端缺乏同情心。误解,而不是有意识的邪恶设计,似乎一直是战争
这出大戏中的罪魁祸首。

在分析中,我没有对世界战争的原因进行详细的论述。不仅仅是因
为主要的历史学家已经对这些战争进行了详尽的讨论②,而且我还对这
些因素是否直接和明显地与那些事实上促使这些战争爆发的重大决定有
关表示严重怀疑。例如,历史学家几乎一致认为1914年将欧洲划分为两
大阵营的竞争性联盟制度是第一次世界大战扩大的主要因素。这种观点
看法是低估人物心里和个性考虑的机械看法。7月5日,德国完全支持
它的盟友奥匈帝国在奥地利王储被刺杀后对塞尔维亚惩罚的愿望。然
而,到7月下旬,当奥地利的政策威胁苏联为了保护塞尔维亚所进行的总
体军事动员时,德国开始抑制它的盟友奥地利了。但是,德国的尝试失败
了,其结果导致了一场世界灾难。如果德国皇帝或它的首相成功地遏制
了奥地利,历史学家将不得不将这场灾难性战争的避免归结于德国与奥
地利缔结的联盟体系。换句话说,对那个时代主要人物以及他们彼此看
待对方方式的研究,可能比对譬如同盟制度、军国主义或者民族主义等抽
象原理的研究更富有成效。

导致跨越战争门槛的关键事件包括:德国承诺在对塞尔维亚的政策
上支持奥地利;奥地利对塞尔维亚发出最后通牒并拒绝塞尔维亚的回应;
德国调解和抑制奥地利的努力;德国宣布对苏联的战争以及入侵卢森堡
和比利时促使8月1日全面战争的实际爆发。

德皇的重大承诺

奥地利王储弗朗茨·费迪南大公在1914年6月28日被刺杀的消息传到了在基尔附近自己游艇里的德国皇帝耳朵里。据一位目击者声称,威廉二世听到来自萨拉热窝的重大消息后脸色变成死一般的苍白。③他刚刚从他们的城堡中拜访这对夫妻后回来。弗朗茨·费迪南打算娶一个宫女的意图已经引起了老皇帝弗朗茨·约瑟夫的不满和反对。老皇帝只有在弗朗茨·费迪南同意他的这桩婚姻是贵贱通婚,即他们夫妻生下的孩子被剥夺皇位继承权这样的条件下才同意他这桩婚事。这种要求使后者感到怨恨,这种怨恨因奥地利法庭对他妻子索菲娅的傲慢态度进一步加重。

威廉皇帝是一个喜怒无常的人。弗朗茨·费迪南的浪漫式困境吸引了他,因此他对这位奥地利朋友形成了一种深深的、明显真实的个人喜好。因此,当他听到费迪南大公在死前对自己妻子说"索菲娅,索菲娅,不要死,为了我们的孩子活下去"这样的遗愿时,他被深深地撼动了,他对塞尔维亚人的愤怒彻底地被激发出来;他将塞尔维亚人描绘为"土匪"和"杀人犯"。除了他个人的悲伤,他还认为对奥地利大公的暗杀是对君主原则的深刻威胁。因此,当德意志海军元帅阿尔弗雷德·冯·提尔皮茨在他的回忆录里讲述德皇认为苏联沙皇不会支持"皇室的刺客"这一点时,是不令人奇怪的。④欧洲的帝王将不得不对这种弑君的威胁采取共同的反对立场。

具有典型急躁性格特征的德皇想要奥地利尽快惩罚塞尔维亚。他确信整个文明世界,包括苏联,会对这种行为持赞同态度的。他直截了当地作出如下阐述:"与塞尔维亚人的事情必须尽快弄清楚。这是不言而喻的、最明白不过的事实。"⑤7月5日,他向前迈出了重大一步,向奥地利作出保证,即使奥地利正在计划中的对塞尔维亚采取的惩罚行动导致奥地利与苏联发生冲突,奥地利也能得到德国的"忠诚支持"。换句话说,德皇对奥匈帝国开出一个空白支票。在第二天早晨开始自己的游轮度假时，他还信心满满地宣称："我无法想象，美泉宫的年长绅士将会开战，如果这是一场因费迪南大公引发的战争，那么它肯定不会。"⑥

一个令人难以置信的事实是，德皇对奥地利人将要做什么没有一点概念。在已故朋友临死前慷慨的忠诚这种情绪冲动的推动下，他提供了他认为是对受害方的最大的道德支持。这个需要军事支持的保证以前从来没有严肃地发生在他身上，也没有发生在完全支持他这种个人行为的德国军队和政府机构上。更重要的是，德皇认为对君主体制的共同效忠是一种比种族血缘关系更能将两个国家连在一起的纽带。换句话说，沙皇会支持德皇反对塞尔维亚的斯拉夫同胞。在这两个方面，威廉二世被证明是非常错误的。

德皇用一个特别的词汇"尼伯龙根"来表达他对奥地利的承诺。没有足够的英语翻译来对应"尼伯龙根"这个词。"尼伯龙根之歌"是充满着最高美德为荣誉、勇气和忠诚的英雄们的德国传奇故事集。"尼伯龙根"承诺是一种神圣的、不可撤销的血统纽带。一旦给予，它将永远无法收回。威廉二世的堂弟，即保加利亚的费迪南一世，在注意到前者作出这个承诺时理解其意义："我当然不喜欢我的堂兄威廉皇帝，但我为他感到难过。现在他将被拖进旋涡和纠缠，不管他想要与否，他都将不得不从事战斗。这就是他从'尼伯龙根'承诺得到的一切。"⑦

德皇做出在任何情况下都支持奥匈帝国的决定，体现了他在个人道德和政治判断之间不同寻常的混淆。他与奥地利大公的友谊导致他把自己国家的命运放在另一个国家的手里。他将苏联沙皇视为心意相投的同类君主的看法，也导致他认为他对这种控制权的放弃没有任何风险。他的浪漫主义使他在危机中失去了所有的灵活性。

认为德皇想要发动一场战争是不真实的，虽然很多历史学家都持这样的观点。但是，如他的权威性传记作家阐述的那样，德皇是"屈从于他没有认真考虑的力量——命运的力量，如果没有这样的力量，战争永远不会发生"这样的观点也是不真实的。⑧这种想法犯有盲目决定论的错误。

德皇确实需要受到谴责。他的错误既在道德层面上又在政治层面上，因为他对忠诚的遵守需要德国做出他自身以外的牺牲。这种忠诚造就了德意志民族，但也正是这种忠诚怂恿了老迈的奥匈帝国君主进行了一场孤注一掷的赌博。德皇发出武力威胁的陈词滥调是误导性的。更接近真相的是，他允许别人喋喋不休，但最终为他自己举起了屠刀。

奥地利对塞尔维亚的最后通牒

在 1914 年 7 月紧张的日子里，奥匈帝国的命运掌握在三个人的手中：奥匈帝国皇帝弗朗茨·约瑟夫、他的外交大臣利奥波德·格拉夫·冯·贝希托尔德伯爵以及参谋长康拉德·冯·赫岑多夫伯爵。

萨拉热窝刺杀事件之时，弗朗茨·约瑟夫是一个疲惫的老人。他在过去发动的战争都以失败或者丢失领土而告终。他在垂暮之年因一系列个人灾难，如妻子被谋杀、儿子的悲惨死亡以及最近他侄子被谋杀而充满怨恨。"我周围的每个人都正在死亡"，他哀伤地说道。毫无疑问，他首先希望的是他的妻子能在和平中了却此生。斐迪南大公遇刺后不久，他谈到了他需要一整个夏天的休息来恢复他的精力。显然，他没有哪怕与塞尔维亚进行一场局部战争的计划。当在 7 月 5 日收到德国威廉皇帝的支持承诺，赫岑多夫伯爵敦促采取军事动员措施时，弗朗茨·约瑟夫拒绝批准这些措施，并指出有来自苏联攻击的危险以及对德国支持的怀疑。然而，在接下来的三个星期，弗朗茨·约瑟夫的势力开始衰退，当他的外交大臣将一些至关重要的文件呈递到他面前要求他签字时，他的手都是颤抖和不确定的。更重要的是，页边的注释已不再显示他早些年的探索思想了。一个杰出的历史学家甚至认为是奥地利外交大臣在"没有经过弗朗茨·约瑟夫知晓或批准"的情况下将至关重要的最后通牒送达塞尔维亚的。⑨尽管这一点难以证明，但是这位年迈的奥地利君主很可能确实已不再完全掌握他的外交大臣和参谋长努力寻求的那种政策后果。

担任总部位于维也纳的军国主义政党负责人的赫岑多夫伯爵狂热地认为有必要保护奥地利的大国地位。甚至在萨拉热窝事件之前,他就担心哈布斯堡帝国在内部腐烂下或者被它的敌人暴力推翻而解体。他认为如果接受了这个最终的侮辱,那奥地利这个二元奥匈君主帝国将真正成为一个"破烂不堪的博物馆"。因此,他认为在情况进一步恶化之前必须给予塞尔维亚一个快速的惩罚打击。赫岑多夫伯爵自己的话更容易让人理解:

出于这个原因,而不是为了对刺杀事件的报复,奥匈帝国必须对塞尔维亚开战……这不是对(正如它喜欢自称的)"可怜弱小"的塞尔维亚进行一场武士的决斗问题,也不是为了暗杀事件对它进行惩罚。它(是)对维护一个伟大帝国的声望更具有高度实用的重要性……奥匈君主帝国的喉咙被勒住,她不得不在眼看自己被勒死和做出最后努力防止自己被毁灭之间做出选择。⑩

按照这位奥匈帝国参谋长的观点,奥匈君主帝国作为大国的地位正处在令人绝望的危险中。因此,骄傲和声誉共同激发了他的政策主张。

贝希托尔德伯爵被西德尼·B.费伊说成"在危险时刻被叫来填补重要位置的一个无助和无能的人"⑪。他在1914年7月关键几周的行为记录揭示了他在7月5日,即德皇向奥地利开出空头支票之前,对塞尔维亚的态度与之后对这一问题的态度有着显著的不同。当得知萨拉热窝事件时,贝希托尔德伯爵变得犹豫不决。由于担心德皇不给予支持,他在对塞尔维亚采取军事行动上开始变得犹豫起来。但是他和赫岑多夫伯爵持有相同的信念,认为必须要做点什么来保护奥地利的强国地位。德皇的承诺解决了贝希托尔德伯爵的优柔寡断,德国对奥地利提供支持的承诺使他能够利用萨拉热窝暗杀事件作为最终理由,一劳永逸地清理奥地利塞尔维亚问题。贝希托尔德伯爵起草了一份他自己确信塞尔维亚肯定会拒绝的最后通牒。在德国的保护下,他可以对塞尔维亚予以致命的打击而不必担心苏联的介入。

表里不一似乎是贝希托尔德伯爵的突出性格特征。贝希托尔德伯爵虽然被萨拉热窝事件所激怒,但他直到收到德国的保证后才采取行动,然后,在这条道路上走得比德皇可能需要的要远得多。他认为奥匈帝国衰退的声望因德国的保证可能得到支撑。随着德国的"尼伯龙根"承诺转化成对奥地利强有力的支持承诺,德国因此可能为奥匈帝国保持世界强国的最后努力付出代价。

贝希托尔德看上去是奥匈帝国对塞尔维亚发出最后通牒的主要的,甚至唯一的操刀者。他向柏林传达了该通牒的总体基调,但是令人难以置信的是,德皇居然没有要求查看通牒的精确文本。因此,当贝希托尔德向塞尔维亚递交该照会时,威廉皇帝面临的是既成事实。最后通牒充满着严厉和强硬的条款,其中包括要求解散塞尔维亚民族主义团体、解雇主要军官、逮捕主要政治人物,以及奥匈帝国有权落实这些措施直到它完全满意为止。塞尔维亚被要求在 48 小时内作出回应,否则将面临一切后果。

最后通牒的严厉条款深深震惊了塞尔维亚摄政王彼得和他的大臣们。他们怀疑这是奥匈帝国用来消除塞尔维亚作为主权国家的一个借口。毕竟,即使刺客是与塞尔维亚具有关系的斯拉夫民族主义者,但是他们也是奥匈帝国的臣民,且暗杀本身发生在奥匈帝国的土壤上。塞尔维亚摄政王在绝望中向苏联沙皇发出如下电报以作请求:"我们无法捍卫自己,请求陛下尽快来帮助我们。陛下一贯对我们的友好行为颇受我们欣赏,也激发我们坚定地相信,我们向你们高贵的斯拉夫内心发出的请求不会被置之不理。"[12]

塞尔维亚大臣们开始夜以继日地做出他们对最后通牒的答复。他们激烈地争论最后通牒的意图。少数人认为通牒的要求是旨在对暗杀事件做出精确的惩罚以保证奥地利的未来安全,但是大多数人都认为通牒是经过深思熟虑的构思,以便寻求塞尔维亚的拒绝。塞尔维亚对最后通牒的最终回复实际上都是和解性的,并愿意接受奥地利的大部分要求,只有那些实质上要废除塞尔维亚主权的要求没有得到正面的答复,对通牒答复的共识也是在最后期限的前几分钟内达成的。导致局势更加紧张的是,唯一剩下的打字机坏了,对通牒回复的最后文本是秘书用颤抖着的手抄写出来的。

在 7 月 25 日下午 6 时的最后期限前,塞尔维亚内政大臣尼古拉·帕斯奇带着答复抵达奥地利驻贝尔格莱德的大使馆。奥地利大使巴伦 W. 吉斯尔收到来自贝希托尔德严格的指示,要求断绝与塞尔维亚的外交关系,除非塞尔维亚在每一点要求上都屈服。他匆忙地瞥了一眼文件,注意到塞尔维亚对一些要求设置了限定性条件,因此立即向帕斯奇传达一份照会,通知他奥匈帝国断绝与塞尔维亚的外交关系。这份照会在帕斯奇返回外交部期间就先送达塞尔维亚外交部。吉斯尔作出这样的回应如此急切,以致他和奥地利公使馆的全体人员都最终赶上下午 6:30 从贝尔格莱德开启的火车。

两个小时后消息传到在自己的巴德依舍夏季别墅的奥匈帝国皇帝弗朗茨·约瑟夫那里。据一位目击者声称,这位老人看着这个消息,陷入椅子里,后用哽咽的声音嘀咕道:"我告诉了什么了!"⑬贝希托尔德然后使这位沮丧的老人相信有必要下命令进行部分军事动员。7 月 28 日,奥匈帝国正式向塞尔维亚宣战。一天后贝尔格莱德遭受轰炸。

在这些重大的日子里,德皇一直待在游艇里在北海游弋。他对这件事情表现出来的兴趣如此之少,以至于直到 7 月 28 日上午,也就是奥地利宣战的前几个小时,他甚至都没有要求看一下塞尔维亚的回复。读完它后,德皇在页边快速写下以下文字:"48 小时的最后期限是一项杰出的成就。它超过了人们预期!这是维也纳一项伟大的道德成功;但是由于这个回复,战争的每一个理由都在逐渐下降,吉斯尔应该静静地留在贝尔格莱德!这件事之后,我不应该下达军事调集命令。"⑭威廉皇帝对他的外长戈特利布·冯·贾高发出以下指令:"我建议我们对奥地利说:塞尔维亚已经被迫以非常屈辱性的方式让步了,我们再次表示祝贺;因此,战争的每一个理由都自然地消失了。"⑮然而,当几个小时后奥地利的炸弹从贝尔格莱德的上空落下时,德国威廉皇帝被迫面对在不到一个月前他向奥地利做出不顾后果的承诺所带来的可怕后果。

关闭的陷阱

7月28日战争的爆发是塞尔维亚和奥匈帝国之间的一个地区性冲突。奥匈帝国深信这会继续是一场地区性冲突。贝希托尔德伯爵确信不会有来自苏联方面令人感到可怕的东西;毕竟,自己都生活在被暗杀恐惧中的苏联沙皇肯定为了君主制的原因会支持奥地利对塞尔维亚这次坚决的军事举措。即使这种假设不正确,那么对塞尔维亚迅速而决定性的军事胜利将是苏联沙皇不得不面对的一个既成事实。但最重要的是,贝希托尔德确信德皇对奥地利的保证会阻止苏联的干预,因此战争将会被限定在地区范围内并能以安全的方式快速、成功地结束。

考虑到萨拉热窝刺杀事件时苏联的实际情况,对第一次世界大战爆发原因的分析是必要的。苏联当时的外交政策是由三个人,即沙皇尼古拉斯二世、外交部长谢尔盖·萨佐诺夫以及战争大臣弗拉基米尔·苏克霍姆利诺夫所决定的。

虽然苏联沙皇在个人关系中表现出亲和力以及考虑周到,但是他在公共政策上却是冷漠和漠不关心的一个典型缩影。芭芭拉·塔克曼提供了一个毁灭性的小插曲,描述沙皇对有关奥地利和德国军事动员计划消息的反应。"尼古拉斯听着消息",她写道,"然后,好像从幻想中醒来,严肃地说,'上帝的旨意会实现的'"。[16]他对政府的主要概念是将他的父亲遗留给他的绝对君主制完整无缺地保留下来。女沙皇落入了拉斯普丁的磁性人格的魔咒,她的王室也完全脱离了它应该统治的臣民。

沙皇的外交部部长萨佐诺夫是一个高度情绪化的人。德国驻圣彼得堡的大使将他描述成"充满热情洋溢的爱国主义者甚至近似于沙文主义者。当他谈到他认为苏联在过去遭受不公正的事情时,他的脸上呈现出近乎狂热的表情"[17]。据另外一个目击者说,当沙皇曾经谈论他不能幸存于再一次像苏联在对日本战争所遭受的那种失败时,他的嘴唇激动地颤抖。[18]

　　负责苏联对外战争准备的是六十多岁、爱好享乐的苏克霍姆利诺夫。萨佐诺夫非常不喜欢他,认为"很难让他工作,而且让他说出真相几乎是不可能的"[19]。他在沙皇的奇想下以及通过拉斯普丁巧妙的培养而担任公职。天生懒惰的苏克霍姆利诺夫将自己的工作主要留给他的下属,按照法国大使莫里斯·帕莱奥洛格的话说,"在令人轰动的离婚丑闻后,他将所有精力投入与其结婚的、比自己年轻 32 岁妻子的婚姻享乐中"。离婚的证据是由一位名叫奥兹奇勒尔的奥地利人提供的,他们也因此成为亲密的朋友。1914 年 1 月,奥兹奇勒尔被揭露是奥地利驻苏联的首席间谍。苏克霍姆利诺夫完全不接受新兴思想,他引以为豪的是在 25 年里自己没有读过任何军事手册。"现代战争"这样的词语激怒了他。"战争就是战争",他说道,"战争一直存在。"结果,他顽固地坚持过时的理论和古代的辉煌,并固执地相信刺刀对子弹的优越性。

　　这就是塞尔维亚摄政王向其请求帮助反对奥匈帝国的苏联三人组合。对奥地利与塞尔维亚决裂的反应在苏联是非常的激烈。7 月 26 日,高呼"打倒奥地利"和"塞尔维亚万岁"的苏联人群在圣彼得堡街头游行。敌对的示威活动在奥地利大使馆前举行,警察不得不保护奥地利外交人员免受愤怒人群的攻击。在被告知最后通牒时,沙皇表现出温和的愤怒,要求萨佐诺夫告诉自己最新的信息。然而,萨佐诺夫自己的反应也是非常的激烈。他确信最后通牒仅仅是奥地利入侵塞尔维亚的一个借口。当奥匈帝国驻圣彼得堡大使斯扎帕里伯爵试图通过强调有必要共同反对革命煽动和弑君来为本国的军事行动做辩护时,萨佐诺夫激昂地喊道:"事实是你们想要战争,你们烧毁了你们的桥梁。你们将欧洲点燃在战火之中。"[20]萨佐诺夫尤其被贝希托尔德的以下方式,如时间期限的不足、羞辱性的要求以及对塞尔维亚主权的侵犯所激怒。到德国大使弗里德里克·冯·波特雷呼吁萨佐诺夫支持他的奥地利同事时,这位苏联外交部部长的愤怒达到了极点。萨佐诺夫愤怒的激烈程度使波特雷担心他对奥地利的仇恨会蒙蔽他的双眼。"憎恨不是我的本性",萨佐诺夫回答说,"我不憎恨奥地利,我是鄙视它。"他然后大声喊道:"奥地利在寻找借口吞并塞尔维亚;但是在这种情况下,苏联将向奥地利开战。"[21]

苏克霍姆利诺夫将军也对奥地利将会在最后通牒时间结束后入侵塞尔维亚毫不怀疑。他感觉奥地利与塞尔维亚之间的战争将意味着奥地利与苏联之间的战争,以及德国与苏联之间的战争。正如他的一个助手所言:"一国不会对另一国送达这样的最后通牒,除非炮弹已经上膛。"[22]苏联对奥地利意图的这种诠释导致苏联采取下一个合乎逻辑的步骤:军事动员。

在宣布对塞尔维亚战争的同时,奥匈帝国已经动员了其16个军团中的八个军团。贝希托尔德希望这一行动不仅给予塞尔维亚决定性的军事打击,还可以恫吓苏联不要干预。然而,萨佐诺夫认为奥匈帝国这样的军事调动是针对苏联的,因此也命令本国进行部分的军事调动。萨佐诺夫希望苏联的快速行动能在第一时间阻止奥地利对塞尔维亚的攻击。因此,奥地利和苏联部分调动本国军队的决定,在本质上都是旨在阻止对方的一种虚张声势。

当被告知奥地利对塞尔维亚的宣战以及苏联的部分军事动员时,德皇之前的漠不关心被不断增长的恐慌所替代。他对奥匈帝国空白支票政策的影响现在变得非常清晰。他决定做出决定性的努力使奥地利—塞尔维亚之间的战争限定在局部化,并扮演奥地利与苏联关系的调停者。德皇的这种努力得到英国外交大臣爱德华·格雷爵士的鼓励,后者也因紧张局势随着时间的推移不断增长而日益变得紧张。

德皇采取了最直接的可能路线:他向他的表弟沙皇尼古拉斯二世发出一份电报。以下的摘要揭示了他的和解意图:

> 我以最严重担忧的心情听到奥地利对塞尔维亚的军事行动在贵国造成的影响……为了在很久以前就以牢固的关系将我们两国连接在一起的友好的、娇弱的友谊,我正在施加我的最大影响劝说奥地利

直接与你们达成一份令人满意的谅解。我满怀信心地希望你能帮我努力消除仍然可能出现的困难。

你的非常真诚、忠实的朋友和表哥

7 月 24 日

威廉

在过去，这种个人之间的直接通信帮助了苏联和德国度过国家间关系的困难时期。同时，贝特曼·霍尔维格遵照德皇的指示，发给贝希托尔德另外一份电报，要求他停止在贝尔格莱德的奥地利军队并不要扩大战争。

苏联领导人也急于防止奥塞之间的冲突升级为俄德之间的战争。萨佐诺夫告诉驻圣彼得堡的德国军事全权代表冯·契纽斯，"德皇的回归使我们所有人都感到更轻松，因为我们信任陛下，不希望发生战争，沙皇尼古拉斯也持有同样的想法。如果两个君主能够通过电报彼此达成谅解，这将是一件好事。"[23] 相应地，俄皇尼古拉斯给德皇发送了一份电报：

很高兴你回来了。在这个最严重的时刻，我请求你帮助我。一场不光彩的战争已经对一个弱小的国家宣布。我与苏联一样表现出极大的愤慨。我预见，我很快将被施加在我身上的压力所压垮，被迫采取导致战争的极端措施。为了努力避免发动一场欧洲战争这样的灾难，我请求你以我们友谊的名义，尽你所能阻止你的盟友不要走得太远。

7 月 26 日

尼奇

威廉对这个电报的反应是发送另外一份电报，让他的表弟不要采取"被奥地利视为威胁性的"军事措施。[24] 尼古拉斯发回了如下信息：

衷心地感谢您的快速答复。已经生效的军事措施是五天前在奥地利的军事行动后出于防御的原因做出的。我从内心希望这些措施不会以任何方式干扰你作为我非常欣赏的调停者的角色。我们需要你对奥地利施加强大的压力以迫使它与我们达成谅解。[25]

在 7 月 30 日收到的这种沟通，也是最后一次沟通，完全摧毁了德皇的平衡感。由于越来越多的恐慌，他在俄皇电报的页边写了以下评论：

根据这份电报，俄皇一直通过表达援助的请求，仅仅是来玩弄和欺骗我们……那么我们也必须进行军事调动……希望我们不让他的军事动员措施打扰我们作为调停者的角色是幼稚的，它会完全将我们引入泥潭……我认为我的调解行动已经结束。㉖

简而言之，德皇认为沙皇利用德国的调停努力进行了军事准备，得到五天的领先时间。认为双方的电报往来仅仅是为俄国赢得时间。到 7 月 30 日下午，德皇的恐慌达到了一种偏执的状态。下午 1 点，一份电报从洛德·格雷处送达，在电报里格雷警告说："如果战争爆发，它将是世界上有史以来最大的一场灾难。"㉗威廉的反应是在电报的空白处潦草写下："这意味着他们会攻击我们。啊哈！一种常规的欺骗。"㉘在德皇看来，英格兰将威胁与恫吓结合起来，目的是"将我们与奥地利分开，阻止我们军事动员以及转移战争责任"㉙。

威廉对奥地利和俄国全面军事动员的反应是将问题归咎于英国。在洛德·格雷竭尽全力避免一场全面战争之际，德皇认为英国充当了阴谋袭击并摧毁德国的急先锋。在关于洛德·格雷的外交照会的一次特别的、揭示性的页边评论中，威廉写道：

网突然撒向了我们头顶，在其一贯执行的纯粹反德国的世界政策中，英格兰轻蔑地获得了最辉煌的成功，而在这些政策中，我们已经证明了自己的无助。当我们在网中孤立地蠕动时，英国从我们对奥地利的忠诚中拧紧了使我们的政治和经济毁灭的绳套。㉚

在德皇看来，这个也包括苏联和法国旨在消灭德国的阴谋，是绝对真实的。反击的时候到了。"整个事情现在必须被无情地揭露"，德皇对贝特曼大喊道，"基督教和平的面具必须在公共场合公开、直率地从它的脸上被撕开，伪善的虚伪必须予以公之于众。"㉛全世界必须团结起来反对"这种讨厌的、说谎的、没良心的国家；因为如果我们流血而死，英格兰至少应失去印度"㉜。

这是德皇威廉作出首先发动军事进攻决定的依据。7月31日,德皇宣告国家进入"战争威胁的危险状态",向苏联发出最后通牒,要求其解除军事调动。当苏联领导人拒绝遵守时,威廉立即下令全面动员。铁骰子已经开始滚动。

铁骰子

随着各国元首和政治家们逐渐失去对不断深化的危机的控制,将军们和其他军事人员开始主导场面。在全面战争爆发前的最后一段时间内,一个让人震惊的事实变得特别清晰:各方的军事计划和时间表都无法改变。所有这些计划都在几年前被详尽地制订出来,以防战争的到来。现在情况变得迫在眉睫,因为每一位将军都感到恐惧,唯恐自己的对手首先采取行动,进而获取主动权。军事人员时刻都在给他们国家的元首施加压力,迫使他们向前推进计划以致能给予对手首先的军事打击。令人震惊的是,每个计划都缺乏哪怕是小小的灵活性。例如,按照苏联总参谋部军事调动处长官的话,"整个军事调动的计划,包括最终的结论,都是提前详细地制定……一旦选择了那一刻,一切都已经确定;没有任何回头路;它机械地决定了战争的开始。"[33]这不仅是对苏联情况的精确描述,而且还是对奥地利、法国,尤其是对德国情况的精确描述。

在苏联,在是否需要将使后退变得非常困难的全面军事调动,和能为后面的行动留有余地的部分调动之间,沙皇变得犹豫不决。当7月29日下午被告知奥地利轰炸了贝尔格莱德时,俄皇决定命令进行全面军事动员。然而,威廉的电报那天晚上抵达俄皇手里,在电报里,威廉请求沙皇不要采取会招致一场灾难的军事措施。在对这份电报进行思考后,俄皇感觉自己签署全面军事聚集的决定是犯下了一个错误。他决定取消全面动员令,用部分动员令取而代之。在这一点上,苏联将军们变得非常担心。战争大臣苏克霍姆利诺夫、参谋长兰西柯文奇将军以及军事调动处长官多布罗罗尔斯基将军都确信,暂停全面总动员将使敌人有着比苏联更快军事动员的机会。然而,沙皇仍然保持立场坚定,并在 7 月 29 日午夜时下发了部分动员令。

然而,这三位将军拒绝屈服。第二天早晨,他们赢得了萨佐诺夫支持自己的观点。这位苏联外长反过来承诺将赢得沙皇的支持。参谋长让萨佐诺夫立刻给自己打电话,以确信他是否已经取得成功。如果来自萨佐诺夫的消息是肯定的,参谋长将会把部分军事动员转变成全面军事动员,随后立即"从视线中消失,摔碎电话,总体上采取一切措施使他们无法找到我,以至于无法让我发出任何新的、相反的命令来延缓全面军事动员"㉞。

萨佐诺夫花费了约一个小时来说服沙皇。他的观点本质上都是将军们的观点。萨佐诺夫如承诺的那样,给参谋长打了电话并补充道:"将军,现在你可以摔碎你的电话了,作出你的命令,然后在一天剩余的时间里消失。"㉟

我们已经看到贝希托尔德在说服弗朗茨·约瑟夫君主同意对塞尔维亚采取部分军事动员中发挥的作用。贝希托尔德反过来受到奥地利参谋长赫岑多夫伯爵的影响,而赫岑多夫伯爵希望通过快速的军事胜利来阻止苏联的介入从而使战争保持为局部战争。然而,赫岑多夫伯爵已经准备应对苏联干预的风险,所以他坚持调动八个军团,也就是大约奥地利一半武装力量。他还制订了一个计划,在最短的时间内将部分军事动员转变成全面动员。当苏联全体军事动员的消息到达维也纳时,他事实上已经这样做了。受到德国参谋长毛奇敦促全面军事动员的电报的鼓励,赫岑多夫伯爵决定在 7 月 31 日而不是之前与奥皇弗朗茨·约瑟夫约定的 8 月 1 日,按下全面军事动员的总按钮。作为奥地利军国主义政党的首领,赫岑多夫伯爵很有信心,他的军队有能力对塞尔维亚予以沉重的打击,以及必要的话,有能力在对苏联的军事行动中获取主动权。

在德国,德皇焦急地等待苏联对最后通牒的答复。当 8 月 1 日中午的最后期限结束而没有收到任何的消息时,威廉剩下的情绪平衡倒塌,其

偏执狂的个性再次占据上风。听到苏联军事动员的消息,威廉突然在没有任何与现实有关的情况下发表长篇大论:

世界将陷入最可怕的战争,而这些战争的最终目的是为了摧毁德国。英国、法国和苏联为了使我们彻底毁灭而密谋……这是由爱德华七世缓慢但是确信无疑地制造出的赤裸裸的真相……对德国的包围最后成为一个既成事实。我们的头已经被套进了绞索……死了的爱德华比活着的我还强大![36]

在8月1日下午五点命令全面军事动员前不久,德皇向奥地利的一位官员透露,"我憎恨斯拉夫人。我知道这是一种罪恶。我们不应该憎恨任何人。但我忍不住憎恨他们。"[37]

威廉对斯拉夫人的憎恨使他的思想调整到与苏联的战争状态。但是,他的总参部,特别是参谋长毛奇本人,则有不同的想法。多年来,德国将军们一直致力于"施利芬计划",即19世纪普鲁士的战略思想家卡尔·冯·克劳塞维茨的一个最杰出的门徒阿尔弗雷德·冯·施利芬的战略构想。"施利芬计划"设想在欧洲全面战争爆发时,作为最有效的第一次打击,德国通过比利时对法国进行攻击。然而,此举将违反比利时作为中立国的事实几乎困扰着德国将军。在个人希望开展对苏联进行毁灭性打击的军事行动与他的参谋部计划入侵比利时和法国这两者之间,德皇陷入了两难境地,并像他的前任俾斯麦那样,开始恐惧两线作战的梦魇。与此同时,军事动员令已经下达,为这一天已经做了多年准备的德国战争机器已经开始滚动。巴巴拉·塔奇曼为这台战争机器描绘了一幅生动的画面:

一旦军事动员令的按钮被按下,呼叫、装备以及运送二百万人的整个庞大的军事机械就自动开始运转。预备役人员进入他们指定的仓库,被发放军事制服、装备和武器,组成连,然后再组成营,骑兵、摩托化部队、炮兵、医疗队、炊事班、铁匠甚至邮政车队也参与进来,根据铁路时间表准备转移到边境附近的集中点,组成师团,然后由师组成团军,再由军团组成更大军队单位准备推进和战斗。仅仅一个军团(德国武装力量由40

军团组成）就需要为军官所用的铁路车辆 170 辆，为步兵所用的铁路车辆 965 辆，为骑兵所用的铁路车辆 2960 辆，为炮兵及供应马车车队所用的铁路车辆 1915 辆，总共 6010 辆，分成 140 列火车以及需要同样数量的供应车辆。从命令下达的那一刻起，所有的一切都将根据日程安排在固定的时间内进行，精确到在特定的时间内经过特定桥梁的火车轮轴的数量。德国副总参谋长瓦德西对他的宏伟体系很自信，在危机开始时甚至没有返回柏林，但是他对雅戈写道："我要留在这里准备起跳；我们总参谋部的人都准备好了；同时我们没有任何事情可做！"这是从先辈或者"伟大"的毛奇先生那里继承下来的一个值得骄傲的传统，毛奇在 1870 年军事动员日那天被发现躺在沙发上阅读《奥德利夫人的秘密》。㊳

随着军事动员的势头指向法国边境，德皇对双面作战的害怕急剧上升。他拼命地寻找出路，事实上在最后的时刻，机会也似乎呈现在他面前。贝特曼的一个同事建议允许对法国阿尔萨斯省实行自治以换取法国承诺中立。如果法国保持中立，英国也将保持中立，德皇就能将他的全部军力集中指向苏联。王子卡尔·马克斯·林克瑙斯基，也是德国驻英国大使，确实在报告中说，如果德国不攻击法国，英国将遵守中立。

德皇抓住了这个单线作战的机会，并立即将已经实施军事动员令的毛奇叫回来。当一辆被派出的专车将表情困惑的总参谋长毛奇接到皇宫时，军事动员的火车已经开始驶向法国。威廉迅速对这一情况进行了解释，然后对毛奇宣布："现在我们只能和苏联一国战争。我们的军队仅仅能够对付东方。"㊴

作为施利芬的继任者，毛奇为这一天计划了十年。1914 年，66 岁的毛奇还生活在他的杰出的叔叔即 1870 年对法国战争胜利者的阴影下。但是这种负担对他产生了不利的影响：年轻时的毛奇倾向于忧郁，是一个贫穷的骑士及基督教科学派的追随者。天性内向的他在自己的军服口袋里带着歌德的《浮士德》，并成为当代文学的一个热心读者。军事决策对他来说是痛苦的，而且往往在经过激烈的自我怀疑后，他才能做出决定。做出决定的感情成本是如此巨大，以致他发现改变决定几乎是不可能的，更不用说推翻这些决定。简而言之，他完全缺乏灵活性。

当德皇告诉毛奇自己新的计划时，这位参谋长都惊呆了。"陛下"，他大声叫道，"无法做到"。当被追问原因时，毛奇解释道："几百万军队的部署不能即兴做出。如果陛下坚持将这个部队引向东方，它就不是一支做好战斗准备的部队，而是一群没有供应安排的武装人员的乌合之众。这些安排是花费了一整年复杂的劳动才完成的，因此一旦确定，就不能更改。"⑩如果11000辆列车突然逆转反向行驶，对毛奇来说需要承受的太多了。他直截了当地拒绝了德皇。"你的叔叔将会给我一个不同的答案"，威廉苦涩地说道。这种说法，毛奇后来写道，"深深地伤害了我"，但是并没有改变他认为"这件事是不可能做到的观点"⑪。事实上，正如巴巴拉·塔奇曼在他的《八月炮火》这本书中揭示的那样："德国总参谋部虽然自1905年以来一直有一项致力于首先攻击法国的计划，但是它在档案里一直修改该计划，直到1913年针对苏联，所有火车向东行驶替代方案的产生。"德国铁路处长官斯泰博被毛奇"无法做到"这样的话语所震惊，以致他在战争后对此事写下了一本书。在书中，斯泰博煞费苦心地表现出他本可以怎样将大部分的德国武装部队调转回头，然后在八月中旬之前针对苏联进行部署。

尽管如此，毛奇在至关重要的8月1日说服德皇相信，已经开始向西滚动的德国军事机器再也不能停下来或者调转方向。凯撒做出最后的努力：他匆忙给英格兰国王乔治写了一份电报，告诉他由于"技术原因"，德国的军事调动可能不再被撤销停止；他还表示，如果法国和英格兰能保持中立，他将把德国的部队"用在其他地方"。同时，威廉还命令他的副官打电话给位于卢森堡边境附近、德国军队计划随时从那里穿越国境的特里尔德国总部。据他自己的回忆录，毛奇认为"他的心即将破碎"⑫。卢森堡的铁路对他的时间表是必不可少的，因为这些铁路连接比利时并从那里连接到法国。他"突然迸发出极度绝望和痛苦的泪水"，并拒绝签署命令撤销对卢森堡的入侵。当他正在生闷气时,他接到来自德皇的另一个电话,召唤他去德皇的宫殿。一到达德皇的宫殿,毛奇就被告知他们从利希诺夫斯基亲王那里收到英国保持中立可能性的否定答复。"现在你可以做你喜欢的",德皇对毛奇说道。这位德国参谋长后来说道"我从来没有从那次事件的打击中恢复过来。我身体内一些东西破碎,从那时以后我再也不和从前一样了"[43]。

事实证明,皇帝的最后努力已经太迟了。他打给特里尔的电话命令没有及时到达。德国士兵已经越过卢森堡的边境进入卢森堡的 Trois Vierges 小镇。该小镇以象征信仰、希望和慈善的三位处女的名字命名。

与此同时,德国驻圣彼得堡的大使波特雷向萨佐诺夫呈递了德皇的战争宣告。据法国大使莫里斯·帕莱奥洛格说,萨佐诺夫大声回应:"各国将使战争的祸根降临到你们身上!"德国大使则回答道:"我们正捍卫我们的荣誉。"[44]就在前一天晚上,德国海军元帅阿尔弗雷德·冯·提尔皮茨还想知道,在没有制订立即入侵苏联的计划以及德国整个的军事战略是向西推进的情况下,德皇为什么觉得有必要对苏联宣战。对于这个问题,这位德国海军大臣从来没有得到满意的答复。我们也不能肯定地知道,如果毛奇默许了德皇将军队调转回头,向东进发的命令,将会发生什么。然而,这最少会为德国赢得一些宝贵的时间。很可能的是,全面战争的爆发可能会被推迟或者甚至被避免,但是军事计划的残酷逻辑阻止了这种可能性的发生。

类似的对抗也发生在法国的一个政治家和将军之间。法国总理勒内·维维亚尼一直被战争可能会因"一个瞪眼、一句恶语、一声枪响"突然爆发这样的担忧所困扰。他在 7 月 30 日采取了不同凡响的一步,命令法军沿着整个法德边境撤退 10 公里,并从瑞士撤退到卢森堡。用维维亚尼的话说,法国采取了"在历史上从来没有采取"的冒险一步。法国总司令约瑟夫·霞飞将军同意了撤退决定,但是他得出了相反的结论。他认为撤军是一种自杀行为,因此恳求总理进行军事动员。到 8 月 1 日上午,他宣布,由于在全面军事动员前每 24 小时的耽误将意味着 15 平方公里到 20 平方公里的领土丢失,他作为指挥官将拒绝承担责任。几小时后,他实现了愿望,总理授权了全面军事动员。

英格兰是唯一一个没有征兵制度的欧洲大国。英格兰内阁希望国家远离战争,但是也意识到本国的国家利益与保护法国拴在一起。正如爱德华·格雷爵士以典型的文字所描述的那样,"如果德国主导了欧洲大陆,这对我们及其他人都不是令人愉快的,因为我们会被孤立。"⑤随着局势紧张的上升,英格兰内阁的立场逐渐分裂。最清晰地看到在欧洲大陆即将爆发战争的人是英国海军大臣温斯顿·丘吉尔。7 月 28 日,丘吉尔下令舰队行驶到斯卡帕湾的战争基地,以便为可能的军事行动做准备以及免遭可能的突然鱼雷攻击。当 8 月 1 日德国对苏联宣战时,丘吉尔要求内阁立即调动舰队。他去了海军部并迅速发出命令要求舰队保持动态,该指令没有遭遇任何反对。

不难看出,我们看到每一个卷入军事联盟的欧洲国家的国家元首都在他们将军们的推动下进行军事动员。这些将军们在他们自己制定的时间表的巨大压力下,强烈要求采取军事行动,唯恐在关键时刻输给敌人哪怕是一个小时。处于战争边缘上的压力如此巨大,以至于战争的最终爆发不像世界性的悲剧,而像压力释放性的爆炸。

我坚信,在陷入战争深渊的过程中,政治家和军事将领们的看法是绝对至关重要的。为了更加清晰和精确,我对这种现象做出以下维度的考虑:(1)领导者对本人的看法,(2)领导者对对手性格的看法,(3)领导者对对手意图的看法,(4)领导者对对手实力和能力的看法,以及(5)领导者对对手同情的程度。

所有参与者本来的形象都遭受或多或少的扭曲。他们都倾向于认为自己是可敬、善良和纯洁,而视对手为邪恶。在这一点上,奥匈帝国的领导人提供了最好的佐证。贝希托尔德和赫岑多夫认为自己的国家是欧洲文明的堡垒。他们誓为奥匈帝国而战不仅是为了国家荣誉,也是为了反对扼制其喉咙的敌人。对奥匈帝国的这两位领导人来说,失去威望和沦落为二流国家的地位都是一件令人极其讨厌的事情。因此,在他们看来,有必要采取一种使潜在的敌人退缩的坚定和无畏的立场。塞尔维亚和苏联都将奥地利的军事行动视为侵略这样的事实,从来没有使贝希托尔德或者他的参谋长感到严重不安。如果侵略被定义为违背一个国家人民的意愿对该国的领土使用武力,那么奥地利针对塞尔维亚的举动事实上符合这种定义。然而,奥地利人从来没有以这种角度看待他们的行动,因此他们对侵略的指控置若罔闻。在他们热情地捍卫奥地利的荣誉和确保奥地利的大国地位时,贝希托尔德和赫岑多夫却跨过了悬崖的边缘。他们过多地专注于自己的目标以致未能注意到周围世界的态度;他们事实上忽略了他们的盟友德国以及他们潜在的对手苏联、英国和法国的反应。在渴望证明奥地利作为一个强大国家的形象时,他们却将自己的国家带向了毁灭。

在整个危机期间,将敌人视为邪恶占据上风,但是对敌人持有最具明显和最具破坏性印象的可能是德皇威廉二世。在危机达到沸点之前,德皇在奥地利和苏联之间调停的努力还是相当有理性、建设性地开展。但当沙皇决定军事动员时,威廉对斯拉夫民族根深蒂固的偏见瞬间爆发并将他带入疯狂状态。随着紧张的升级,这种疯狂达到了偏执的程度并最终重新转向了当时正竭尽全力保持和平的英格兰。威廉将苏联和英格兰都视为魔鬼;正是这种认识导致他做出首先开展军事打击的决定。

处于战争边缘的所有国家都以最坏的可能看待它们潜在的对手。在这方面,苏联领导人提供了很好的例证。由于沙皇和他的将军们都觉得受到奥地利的威胁,因此"虽然不讨厌奥地利,但是却鄙视它"的萨佐诺夫以威胁采取敌对行动作为回应。随着贝希托尔德、赫岑多夫以及后来的德皇感知到苏联的敌意,他们也将敌对行为进行了升级。他们的这些行为让苏联人确信他们最初的看法是正确的。此后,对外交流变得越来越具有消极和威胁性,甚至连"威廉—尼奇"电报也不能挽救这种局势的恶化。当一个国家认定另外一个国家是敌人且长时间地强调这种认识时,那么这种认识最终将成为现实。

　　在危机期间对实力的认识尤其发人深省。在早期阶段,各国领导人很明显倾向于夸大本国的实力,而将他们的敌人描绘成比真实的实力要弱。例如,威廉对奥地利的承诺显示了他对苏联军事力量的根本轻视以及对自己在苏联领导层的影响力有着夸大的信心。同样,奥地利也对苏联的军事机器表现出了轻视,他们认为苏联的军事武器过于笨重和弱小,但事实并非如此。然而,随着压力增大,这些认识逐渐改变并很快为对己方劣势的严重担忧所取代。有趣的是,这种担忧并没有阻止任何参与者事实上走向战争。在事态发展到沸点时,所有领导人都倾向于认为自己的选择比对手的选择受到更多的限制。他们认为自己的选择受到"必要性"或者"命运"的限制,而认为对手面临着许多选择。这可能帮助解释在战争爆发前夕占据政治家们头脑中的令人奇怪的机械性看法,如弗朗茨·约瑟夫"我们现在无法走回头路"的论调、贝特曼的"铁骰子"论,以及军事将领们的绝对决定论和受限于他们时间表的约束性,在这种思维下,他们认为敌人哪怕最微小的优势都会带来灾难性的后果。

　　各个方面都显示出同情心的完全缺乏;没有人从另外一个角度看待问题。贝希托尔德没有看到,奥地利的军事行动对塞尔维亚爱国者来说就是赤裸裸的侵略。他没有看到对苏联领导人来说,战争似乎是无法忍受屈辱后的唯一的选择;他也没有看到他的盟友德皇从粗心和过于自信转变为疯狂的偏执这样重大的情绪波动。威廉不断增长的恐慌和完全失去的平衡使得任何同情都是不可能的。苏联人对奥地利的鄙视和对德国的恐惧也具有同样的后果。

　　最后,令人印象深刻的是相关人员都极其平庸。每一个领导人、外交官或军事将领的性格都具有严重傲慢、愚蠢、粗心或者软弱等缺陷。他们几乎没有任何洞察力和远见。他们也几乎完全缺乏卓越和宽宏大量的精神。不是命运或天意让这些人如此一筹莫展,而是他们自己在逃避责任。他们的软弱导致欧洲整个一代的年轻人被毁灭掉。这些父母的罪恶体现到了他们子女的身上,就是以他们的子女丧失生命为代价。在所有人对他人施加的残酷行为中,最可怕的就是弱者对弱者施加的行为。

我想以在第一次世界大战中呈现出来的一个最持久、最真实的小插曲来结束这个章节。

在1914年圣诞节,德国和英国军队都搭起横幅相互向对方致以节日的问候,以两种语言歌唱"平安夜",最终爬出对立的战壕,在无人区举行了一场圣诞节足球比赛,并一起分享了德国啤酒和英国的李子酱。圣诞节后,他们又恢复到互相杀戮的局面。

1914年圣诞节休战失败后,在第一次世界大战开始几个月仍然盛行的骑士精神不久就被各方所抛弃。然后,一条通往20世纪灾难深渊的笔直、宽阔的大道被打开。

注 释

1.F.H.Hinsley,Power and the Pursuit of Peace(London:Cambridge University Press,1963),p.296.

2.See,for example,Sidney Bradshaw Fay,The Origins of the World War,2 Vols.(New York:Free Press,1928-1930);Luigi Albertini,The Origins of the War of 1914,3 Vols.(London:1952-1957);or Fritz Fischer,Griff nach der Weltmacht(Hamburg:1961).

3.René Recouly,Les Heures Tragiques d'Avant-Guerre(Paris:1923),p.19.

4.Alfred von Tirpitz,My Memoirs(London:Hurst & Blackett,1919),p.241-242.

5.Origins of the World War,Vol.2,p.209.

6.Joachim von Kürenberg,The Kaiser(New York:Simon & Schuster,1955),p.293.

7.Ibid.,p.295.

8.Ibid.,p.430.

9.Origins of the World War,Vol.2,p.253.

10.Ibid.,p.185-186.

11.Origins of the World War,Vol.1,p.469.

12.Les Pourparlers Diplomatiques(Serbian Blue Book)16/29 juin-3/16 août(Paris:1914),p.37.

13.Freiherr von Margutti,Vom Alten Kaiser(Vienna:1921),p.404.

14.Karl Kautsky(ed.),Die Deutschen Dokumente zum Kriegsausbruch (Berlin:1919),p.271.

15.Ibid.,p.293.

16. Barbara Tuchman, The Guns of August (New York: Macmillan, 1962),p.59-60.

17.Pourtalès to Bethmann,August 23,1910,cited in Origins of the World War,Vol.1,p.265.

18.Mühlberg,German ambassador in Rome,to Bülow,June 11,1909,cited in Origins of the World War,Vol.1,p.265.

19. Diplomatische Aktenstücke zur Vorgeschichte des Krieges (Austrian Red Book of 1919)(Vienna:1919),p.16.

20.Ibid.,p.19.

21.Ibid.,p.19.

22.Die Deutschen Dokumente,p.291.

23.Ibid.,p.337.

24.Ibid.,p.359.

25.Ibid.,p.390.

26.Ibid.,p.390.

27.Ibid.,p.321.

28.Ibid.,p.321.

29.Ibid.,p.321.

30.Ibid.,p.354.

31.Ibid.,p.350.

32.Ibid.,p.350.

33.S.Dobrorolski,Die Mobilmachung der russischen Armee,1914(Berlin:1921),p.9.

34.Cited in Origins of the World War,Vol.2,p.470.

35.Ibid.,p.472.

36.Cited in Guns of August,p.75.

37.Ibid.,p.74.

38.Ibid.,p.74−75.

39.Ibid.,p.78.

40.Ibid.,p.79.

41.Ibid.,p.79.

42.Ibid.,p.81.

43.Ibid.,p.81.

44.Ibid.,p.83.

45.Ibid.,p.91.

精选参考书目

Brands,H.W.Woodrow Wilson.New York:Times Books,2003.

Churchill,Winston.The World Crisis,1911−1914.New York:Scribner's,1928.

Earle,Edward M.,Ed.,Makers of Modern Strategy.Princeton,N.J.:Princeton University Press,1943.

Fay,Sidney B.The Origins of the World War.2 Vols.New York:Free

Press, 1966.

Gillbert, Martin. The First World War. New York: Henry Holt, 1994.

Goerlitz, Walter. History of the German General Staff. New York: Praeger, 1955.

Hermann, Charles F., Ed., International Crisis: Insights from Behavioral Research. New York: Free Press, 1972.

Holsti, Ole R. Crisis, Escalation, War. Montreal and London: McGill – Queen's University Press, 1972.

Keegan, John. The First World War. New York: Knopf, 1999. Kürenberg, Joachim Von. The Kaiser. New York: Simon & Schuster, 1955.

Macmillan, Margaret. Paris 1919: Six Months That Changed the World. NewYork: Random House, 2002.

Rouzeau – Audoin, Stephane, and Annette Becker. 14 – 18: Understanding the Great War. Trans. Catherine Temerson. New York: Hill & Wang, 2002.

Tuchman, Barbara T. The Guns of August. New York: Macmillan, 1962.

第二章　巴巴罗萨:纳粹德国对苏联的攻击

你永远不会了解我在想什么。对那些大声吹嘘他们知道我想法的人,我撒谎的甚至更多。

阿道夫·希特勒对弗朗茨·哈尔德中将的讲话,1938 年 8 月

最不信任的人往往是最大的受骗者。

红衣主教　莱兹(1614—1679),回忆录(1717)

西格蒙德·弗洛伊德曾经说过,如果一个孩子体力足够的话,他会粉碎挡在路上引起他不满的一切东西。如果想要理解希特勒入侵苏联的关键因素,更有可能需要在心理学领域而不是在政治科学或战略思想上发现。希特勒对击败苏联不感兴趣;对他来说,征服以及将他自己融入旨在维持一千年的第三帝国的伟大设计中甚至都不重要。他真正渴望去做的是带着恶魔本性的激情完全摧毁苏联——粉碎它的政府、摧毁它的经济、征服它的臣民以及消除它作为一个政治实体的存在。不管约瑟夫·斯大林对德国采取怎样的政策,希特勒摧毁苏联的决心是不可更改的;因此德国对苏联的军事攻击迟早会发生。

正是这种孩子般的专心使得希特勒对苏联的军事攻击具有完全破坏性和难以理解。斯大林确实担心希特勒有一天可能会发动攻击,但是他相信这位德国元首会首先给他呈递一封最后通牒,然后他可以对之做出理性回应。斯大林不相信希特勒会在没有任何理由的情况下发动军事进

攻，而且持有这种看法的人不仅仅是斯大林一人。绝大多数世界领导人和情报机构都非常严重地误解了希特勒的意图。①因此，希特勒对苏联的军事袭击实现了几乎完全的战略和战术上的出其不意。斯大林实际上将他的信任寄托在希特勒的理性上，而希特勒恰恰是最不理性的人。这场战争的神秘之处就在于此。什么导致希特勒做出入侵苏联这样完全自我毁灭的决定？在他们彼此对抗的生死搏斗中，这两位邪恶的天才有着什么样的心理相互作用？这些问题的答案将解开围绕现代历史上最血腥、最可怕的一场战争爆发的谜团。

纳粹德国和苏联

希特勒征服苏联的意图在列宁逝世的 1924 年出版的自传《我的奋斗》中首次公开。在书中，希特勒公开了他在东方获取生存空间的野心：

我们终止了德国无尽地向欧洲南部和西部的进军，而是直接将我们的目光瞄向东方的土地……如果我们今天谈论在欧洲新的土壤和领土，我们主要想到的只有苏联及其附庸的边境国家。东方这个庞大的帝国解体的时机已经成熟，终结犹太人在苏联的支配地位也将导致苏联作为一个国家的终结。

为了理解希特勒对苏联日益增长的仇恨，人们必须意识到他利用共产主义的血液为他铺平权力的道路这样一个事实。随着德国人口因不断加深的经济危机和失业浪潮在左翼和右翼之间两极分化，希特勒开始视共产党人为他唯一的严重障碍，接近于他的最大的敌人——犹太人。他的风暴骑兵在无数的巷战、啤酒大厅冲突以及拥挤的会议大厅内的拳脚相加中与他们对抗。开始仅仅作为征服苏联的愿望，随着时间的推移转变为在情感上感觉有必要摧毁苏联。

作为在维也纳的一个年轻艺术家，希特勒对英国、法国和意大利的历史和文化积累了大量知识,但是没有证据表明他对苏联文明有着哪怕一点点的了解或者读过苏联作家写过的一本书。对他来说,苏联是文明之外的一片巨大土地,那里居住着无知的农民和野蛮人。在入侵苏联后不久,他说:"布尔什维克人镇压类似于文明的一切事物,我对消灭基辅、莫斯科和圣彼得堡没有任何感觉。"[②]在希特勒争夺权力的几年里,这种态度逐渐变得清晰。到他成为德国总理之时,这种态度已经凝结成了一种思维定式。

希特勒在执政的头几年与苏联的冲突逐渐升级,这种对抗使他对布尔什维克主义的愤怒上升到新的高度。在 1933 年成为总理之后,希特勒的第一个举措之一就是废除了与苏联签订的长期相互重整军备协议,该协议使德国和苏联军队都得到了加强。在 1936 年,希特勒通过派出成千上万的空军、炮兵以及坦克兵伪装成志愿者参加西班牙内战,这其实是他与斯大林在战场上的第一次对抗,尽管是间接的对抗。但是,1939 年德国对捷克斯洛伐克的吞并首次揭示了希特勒在无情的暴行中对斯拉夫人民的无端仇恨。

在代号为"绿色行动"的入侵捷克斯洛伐克的蓝图中,希特勒写道:"粉碎捷克斯洛伐克是我在不久的将来不变的决定。"希特勒将这个举动对他的将军们解释为"认真考虑东方"的更大战略的第一步。有很多文章关于德国装甲列队进入布拉格前不久,希特勒会见捷克斯洛伐克倒霉的总统埃米尔·哈查博士。在交谈中,哈查出现了昏厥,不得不用注射针恢复苏醒。但是许多历史学家通常没有考虑到的是希特勒对这位捷克政治家的强烈愤怒。当时现场担任翻译的保罗·施密特博士被希特勒可怕的仇恨所震惊,他后来对此事做了评论。[③]这种仇恨爆发的目的似乎仅仅是为了恐吓哈查;这种仇恨显然是来自深深的、真正的情感源泉。很明显,它的强度对哈查产生了深刻的心理影响,并导致了哈查的政治投降。

亚瑟·叔本华在他的《作为意志与表象的世界》一书中声称,盲目、不讲理的意愿将是最强大的人类力量。理性仅仅是能更好实现自身驾驶目标的"为自己点燃的一盏灯"。这或许可以解释希特勒在 1939 年与斯大林领导的苏联—— 一个他首先最想摧毁的国家——决定临时结盟的悖论。在希特勒需要摧毁的国家时间表里，在捷克斯洛伐克之后的下一个斯拉夫国家是波兰。简而言之，希特勒与苏联结盟是为了在以后对其风卷残云的战争中更有效地摧毁它。处于一种兴奋状态的希特勒给他的将领们演讲，宣布他即将毁灭波兰的计划：

我将给出一个开始战争的宣传理由。从来不要介意战争是否合理。作为胜利者，没有人以后会质问我们是否告诉了真相。在开始和发起战争时，不是正义，而是胜利更为重要。没有遗憾。采取残酷的态度……彻底毁灭波兰是我们的军事目标。迅速行动是最紧要的。继续行动直到它彻底的消灭。星期六早晨战争开始的命令可能被下达。④

星期六，也即 8 月 26 日，对波兰的军事袭击发生了。在计划摧毁另一个斯拉夫国家时，希特勒没有心情浪费时间。

8 月 23 日，《苏德互不侵犯条约》在莫斯科正式签字。附加的秘密议定书将波兰划分，并将芬兰、爱沙尼亚、拉脱维亚和罗马尼亚的一部分置于苏联的势力范围之下。9 天后希特勒入侵波兰，英国和法国向德国宣战。

希特勒的军队很快忽略了大多数西欧国家。消灭苏联的目标像磐石一样坚固地保留在希特勒的脑海里，没有一刻考虑放弃这个想法。事实上，与斯大林签署互不侵犯协定仅仅三个月后，希特勒就告诉一群高级军官，在征服西欧后他将立即对苏联开展军事行动。创作了大量日记的弗朗茨·哈尔德将军在 1939 年 10 月 18 日写道，希特勒指示他的将领们将征服后的波兰视为"德国未来军事行动的集合区"。

希特勒在柏林与他的将军们召集了一个紧急会议，要求在 1940 年秋天之前发动对苏联的攻击。然而，整个总参谋部提出激烈抗议，认为在这么短的时间内对苏联开展军事行动将带来难以克服的后勤保障问题，这迫使希特勒将计划中的对苏联袭击推迟到 1941 年春天。

希特勒对苏联的困扰开始扭曲他对英国的看法。希特勒摧毁苏联的愿望如此强烈，以至于他在 1940 年 7 月告诉他的将军们，英国顽固地坚持战斗只能被理解为英国已经预计到苏联将进入战争。因此,希特勒认为,苏联必须被摧毁,因为通往伦敦的军事之路必须经过莫斯科:"如果苏联被摧毁,英国最后的希望将被粉碎……鉴于这些考虑,苏联必须在1941年春天被清算,而且越快越好。"[⑤]8月初,希特勒下令了"建设东方"(增强东方)计划,即"消灭苏联生存实力的计划"[⑥]。摧毁苏联成为优先目标。德国入侵英国的"海狮计划"不得不推后。

希特勒对苏联的仇恨完全蒙蔽了他对1940年夏天战略实际的看法。不难想象,如果希特勒没有执着地认为有必要不惜一切代价消灭苏联,他是能对英国予以致命打击的。当温斯顿·丘吉尔写信给富兰克林·德拉诺·罗斯福,认为战争的持续"将是一个困难、漫长、暗淡的命题"时,他很好地认识到了这一点。因此,希特勒对斯拉夫人民的无限仇恨对他在职业生涯中犯下的重大错误负有责任。

1940年秋天,希特勒发出命令,要求大部分德国国防军向东转移。同时发出严格的命令确保这些军事转移秘密进行以免引起斯大林的怀疑。相应地,德国驻莫斯科的军事武官奉命通知苏联政府,德国这种大规模的部队转移仅仅是为了取代那些正在被转移到工业的年长士兵。用阿尔弗雷德·约德尔将军的话说,"这些军事重组必须不能给苏联造成我们正准备在东方发动进攻的印象。"[⑦]

希特勒命令五个装甲师和三个机械化师以及空降部队攫取了罗马尼亚的油田。莫斯科事先没有得到通报,因此9月下旬苏联外长维亚切斯拉夫·莫洛托夫警告希特勒,说苏联在罗马尼亚仍然享有利益。他还抱怨说,德国通过芬兰以及仍处于苏联势力范围内的其他国家向挪威派出了增援部队。10月,里宾特洛甫要求斯大林将莫洛托夫派往柏林,以致"德国元首可以亲自解释自己有关德国和苏联未来关系重塑的观点"。他暗示说,希特勒想提出一个方案,试图实际上将世界在四个主要独裁国家之间划分。正如他以委婉的方式所说:"通过界定它们在世界范围内的利益,采取长远政策似乎成为四个大国,即苏联、意大利、日本和德国的使命。"[⑧]斯大林代表莫洛托夫接受了邀请。11月12日,渴望获得对战利品更有利的划分且对德国"建设东方"计划明显一无所知的苏联外长抵达柏林的一个主要火车站,该火车站是用飞行的锤子、镰刀以及纳粹所装潢。正是希特勒与莫洛托夫的这种会晤,为入侵苏联的"巴巴罗萨计划"提供了最终的火花。

希特勒的翻译保罗·施密特博士为柏林会议留下了生动的叙述。11月12日上午,里宾特洛甫似乎被委托向莫洛托夫解释希特勒"新秩序"概念。按照他的说法,德国元首已得出结论,认为四个盟友应该向南扩张。日本和意大利已经这样做了,德国也将在中非寻求新的生存空间。苏联也会"转向南方以寻求面向公海的至关重要的自然出口"。"哪个海?"莫洛托夫简洁地问道。里宾特洛甫没有回答。下午轮到对希特勒提问了。用施密特的话说,"问题冰雹般地落在希特勒的身上;我在场时从来没有一个外国访问者以这种方式对他说话。"⑨这位戴着夹鼻眼镜、表情严谨的布尔什维克人想知道希特勒在芬兰的目的,并要求德国军队撤出。此外,他希望有关苏联在保加利亚、罗马尼亚和土耳其的利益上得到德国的确认。希特勒对被要求回答这些问题而大吃一惊,因此他建议将会议休会到晚上。在晚餐会上,希特勒没有露面,留下里宾特洛甫招待莫洛托夫。里宾特洛甫向莫洛托夫详细阐述了英国即将到来的崩溃以及苏联能参与划分大英帝国残余的巨大机会。据施密特博士称,几乎在那一刻,空袭警报声开始响起,里宾特洛甫和他的苏联客人被迫唐突地逃跑寻找庇护所。英国的轰炸机突袭了柏林。当坐在防空洞里的里宾特洛甫再次重复英国人已经完蛋时,莫洛托夫问道:"如果是这样的话,为什么我们现在躲在这个避难所,落下来的这些炸弹是哪国的?"⑩

第二天当莫洛托夫离开后,希特勒变得怒不可遏。他告诉他的将领们"斯大林是聪明和狡猾的"⑪。12月18日,希特勒发出了秘密命令,其成为"巴巴罗萨行动"的基础:

德国武装部队必须做好准备,甚至在对英国的战争结束之前,以快速行动摧毁苏联……我将在军事行动开始前的8周发出针对苏维埃俄国军事部署的命令。军事准备将在1941年5月15日之前结束。我们的攻击意图不被知晓具有决定性的意义。⑫

5月15日成为摧毁苏联的日子。希特勒在整个冬天都专注于巴巴罗萨军事计划。他决定用两支巨大的部队渗透到苏联，一支部队在北部征服列宁格勒，另一支部队在南部攻击基辅。在希特勒看来，一旦苏联西部的其他地区被征服，莫斯科将不可避免地衰落。这个命令只发出9份，海陆空三军各得一份，剩余几份保留在希特勒的总部受到看管。希特勒要求这个秘密应该被尽可能少的军官所知晓。"否则，我们的军事准备被泄密的危险会存在，最严重的政治和军事不利的后果会产生。"⑬没有任何证据显示任何一个得到希特勒信任的将军反对"巴巴罗萨计划"。总参谋长哈尔德在1940年12月日记里提到，他对与苏联战争充满了热情。在几周后的1941年2月，哈尔德提交了一份报告，乐观评估德国在短期内消灭苏联红军的机会，以致希特勒欢欣地喊道："当巴巴罗萨计划开始时，整个世界将屏住呼吸，不会做出任何评论。"⑭然后要来作战地图，以便对预定于5月15日开始的大屠杀计划做最后的收尾。

在这个关键的时期内，两个事件的发生促使希特勒将入侵苏联推迟了5周。考虑这些事件是至关重要的，因为入侵的推迟可能是招致胜利和失败之间的根本区别。

1940年10月，渴望获取自己军事荣耀的墨索里尼决定以突然袭击的方式入侵希腊。当希特勒10月28日在佛罗伦萨拜访墨索里尼时，他的这位意大利独裁盟友在火车站接待了他，并洋洋得意地宣布："元首，我们在进军！胜利的意大利军队在今天黎明时已经越过了希腊—阿尔巴尼亚边界！"⑮据当时在场的施密特回忆，希特勒设法控制住了自己的愤怒。然后，此后不久，意大利的军事行动陷入了溃败，到1941年1月，墨索里尼不得不谦卑地向希特勒请求军事援助。希特勒同意了他的请求，到1941年4月，纳粹德国的坦克轰隆驶进雅典，纳粹党使用的十字记号在雅典卫城上空飞扬。然而，作为这种牵制性行动的代价，德国12个师团的兵力陷入了希腊的泥潭中。

第二个甚至更关键的事件是1941年3月26日发生在南斯拉夫的政

变。那天晚上，几乎成为希特勒傀儡的南斯拉夫保罗王子的摄政政府被推翻。年轻的王位继承人彼得被宣布为国王，第二天，塞尔维亚人清楚地表明南斯拉夫谄媚德国的政策已经结束。

据威廉·夏伊勒的观点，贝尔格莱德政变使希特勒陷入了一生中最激烈的愤怒之一。[16]从一个斯拉夫国家遭受这样的个人侮辱是希特勒从来都没有想过的事情。希特勒打电话给他的将军们，召开立即会议，宣布"将不进行外交调查，不呈递最后通牒"[17]。南斯拉夫将被"无情地摧毁"。他命令戈林"以多个攻击波摧毁贝尔格莱德"，还下令立即入侵南斯拉夫。然后，希特勒对他的将军们宣布一项最重大的决定："'巴巴罗萨行动'将不得不推迟四个星期。"[18]

再一次，在场的将军们没有一人提出反对。但是6个月后，当德国军队在离莫斯科不远的地方比哈尔德将军预想的最后的胜利所需时间提前三到四周遭遇到很深的积雪和极寒温度时，这位参谋长痛苦地回忆，"巴巴罗萨行动"的推迟可能是整个战争中最具有灾难性的军事决定。为了发泄对一个斯拉夫小国的个人报复，希特勒扔掉了消灭苏联的机会。希特勒自己在死亡前不久也意识到这点。像罗马皇帝奥古斯都对无情的天空大喊"瓦鲁斯，将我的军团归还给我"一样，据说希特勒在离苏联只有几条街之隔的帝国总理府的地下室对着腓特烈大帝的画像痛苦尖叫道："还给我4周时间！"

1941年3月30日，完全被告知"巴巴罗萨行动"的德国国防军军官人数突然飙升至约250人。通知的场合是希特勒在柏林的帝国总理府做了一个漫长的演讲。演讲的主题是对即将到来的在苏联的一场大屠杀重新计划于1941年6月22日开始。

该演讲的基本目的是使将领们对一场完全的屠杀战争做准备。希特勒将这场迫在眉睫的军事行动描述为两种对立的意识形态之间你死我活的决斗。这场决斗将以无情的烈度开展，一刻都不会放松。这场战争对国际法的违犯会得到宽恕，因为苏联没有参与海牙会议，因此不享有在其框架下的权利。投降后的苏联人民委员将会被处死。希特勒在演讲结束时表示,"我不期望我的将领们能理解我,但是我期望他们能遵守我的命令。"[19]听完希特勒的演讲后,没有一个将领提出问题,也没有任何讨论。5年后在纽伦堡的战争罪行审判席上,当臭名昭著的"行政命令"问题被提出来时,多个德国将军都承认他们受到恐吓,但是却缺少反对的勇气。

在入侵苏联前的最后几周,希特勒在详细的军事计划和沉迷于他能对苏联人做些什么之间来回变化。"几周后我们将位于莫斯科",他宣称道,"这绝对是毫无疑问的。我将把这个可恶的城市夷为平地,我将开掘一个人工湖,为一个发电站提供能源。莫斯科这个名字将永远消失。"[20]苏联的传统、历史和文化将不复存在。除了农业手册,苏联的其他书籍将不被允许出版,苏联儿童在学校里将得到足够的指示了解他们德国统治者的命令。所有苏联的犹太人将死亡,苏联人口将通过饿死和大规模的处死而显著减少。在夏至后的那天早上,德国军队将摧枯拉朽般地驶进苏联。远在冬至还未到来之前,苏联将从地图上消失。

赫尔曼·戈林被赋予负责对苏联进行经济剥削。1941年5月23日,戈林发出指令,宣布苏联大部分的粮食生产将流向德国,苏联人口将留下饿死:

任何拯救苏联人口免于饿死的企图……将会减少德国在战争中的持久力。结果,如果我们从这个国家拿走我们需要的东西,那么数以百万计的人将会饿死。这一点必须得到清楚的、绝对的理解。[21]

再一次,没有证据表明,准备在1941年令人愉快的德国春天期间为摧毁苏联做准备的戈林的下属,对此表达反对。

当入侵苏联的命令最终在6月22日凌晨3点被下达时,希特勒成为世界上未曾见过的最强大战争机器的绝对的主人:154个德国师,还不算芬兰和罗马尼亚分遣队,在苏联边境聚集;3000辆坦克和2000架飞机准备战斗;刚取得一连串胜利的将领们掌握着德国国防军。似乎没有什么可以阻止希特勒在夏季结束前进入莫斯科。

此外,这次军事行动是一次完全的突然袭击,在德军入侵的夜晚,莫斯科依然沉睡在和平之中。在破晓时分,苏联边境一个小哨所的指挥官被炮火惊醒。当他打电话向顶头将军报告炮击时,他得到的回答是"你一定是疯了。"到那时,德国人已经越过边境哨所,向苏联纵深挺进。

当人们回顾这些事件时,一定会对希特勒亲自卷入对苏联的战争印象深刻。不管在入侵前还是在入侵后,感到有必要摧毁这个令人厌恶的斯拉夫国家,是一种压迫性的存在,其完全蒙蔽了希特勒对苏联战略现实的认识。在这个问题上或许最有揭示性的文件是希特勒于 6 月 21 日在德军涌入苏联前几个小时写给墨索里尼的一封信。希特勒在信中这样写道:

> 由于我努力做出了这个决定,我再次在精神上感觉很自由。与苏联的合作……却常常令我感觉非常讨厌,因为在某种方式上它似乎背离了我的整个原点、我的观念以及我以前的义务。我很高兴,现在我解除了这些精神烦恼。㉒

因此,确信夏天会取得胜利的德国士兵穿着轻装进入了苏联。德军没有制定采购冬衣的规定,也没有做好应对苏联冬季的准备。德军男性士兵以及战争机器被调试到完美状态,但是仅仅是为了应付另一个闪电战。在苏联大雪面前遭遇厄运的瑞典查尔斯十二世以及拿破仑·波拿巴的教训都统统被忽略。然而,希特勒为他最重大的军事冒险选择了两个符号,其隐约的重要性是真正奇怪的。他将对苏联的军事行动命名为"巴巴罗萨",是在向东的行动中失败并溺死的一位神圣罗马帝国的十字军战士。他的尸体及埋葬的地点已经没有了记录。更奇特的是希特勒选择 6 月 22 日为"报仇日"。由于希特勒从来没有提到过 1812 年"大军"从莫斯科撤退时的命运,所以从来没有人清楚他是否知道这是拿破仑在几乎一个半世纪之前入侵俄国的周年纪念日。

七十年后

2009 年 9 月 1 日,俄罗斯总理弗拉基米尔·普京会见波兰总理唐纳德·图斯克,以纪念第二次世界大战爆发七十周年。为了纪念这一时刻,普京发表了一篇文章,在文中他将纳粹德国与苏联在入侵波兰前签署的1939 年苏德条约称为是不道德的。他还称赞波兰人民、士兵和军官在1939 年起来反抗纳粹主义所表现的勇气和英雄主义。

注　释

1.Barton Whaley, Codeword Barbarossa (Cambridge, Mass.: MIT Press, 1973), p.7.

2.Robert Payne, The Life and Death of Adolf Hitler(New York: Praeger, 1973), p.430.

3.Ibid., p.336.

4.Cited in Life and Death of Adolf Hitler, p.361.

5.Cited in William L. Shirer, The Rise and Fall of the Third Reich (Greenwich, Conn.: Fawcett, 1960), p.1047.

6.Ibid., p.1047.

7.Ibid., p.1048.

8.Ibid., p.1053.

9.Paul Schmidt, Hitler's Interpreter (New York: Heinemann, 1951), p.212.

10.Rise and Fall of the Third Reich, p.1061.

11.Ibid., p.1062.

12.Ibid., p.1063.

13.Ibid., p.1064-1065.

14.Ibid., p.1078.

15.Hitler's Interpreter, p.220.

16.Rise and Fall of the Third Reich,p.1080.

17.Ibid.,p.1080.

18.Oberkommando der Wehrmacht(OKW),Minutes of the Meeting,Trials of War Criminals before the Nuremberg Military Tribunals,Vol.4 of 15 vols.(Washington,D.C.:Government Printing Office,1951−1952),p.275−278.

19.Life and Death of Adolf Hitler,p.419.

20.Ibid.,p.431.

21.Rise and Fall of the Third Reich,p.1093.

22.Cited in Rise and Fall of the Third Reich,pp.1114−1115.

精选参考书目

Beevor,Antony.The Fall of Berlin 1945.New York:Viking,2002.

Beevor,Antony.Stalingrad:The Fateful Siege,1942−1943.New York:Viking,1998.

Beschloss,Michael.The Conquerors:Roosevelt,Truman and the Destruction of Hitler's Germany 1941−1945.New York:Simon & Schuster,2002.

Bialer,Severin,Ed.Stalin and His Generals.New York:Pegasus,1969.

Bullock,Alan.Hitler and Stalin:Parallel Lives.New York:Knopf,1992.

Carley,Michael Jabara.1939:The Alliance That Never Was and the Coming of World War II.Chicago:Ivan Dee,1999.

Churchill,Winston S.The Second World War.Boston:Houghton Mifflin,1948−1954,6 vols.

Elon,Amos.The Pity of It All:A History of the Jews in Germany,1743−1933.New York:Metropolitan Books,2002.

Erikson, Erik. Childhood and Society. New York: Norton, 1950. Evans, Richard J.The Third Reich at War.New York:Penguin,2009 .

Gilbert, Martin.The Second World War.New York:Henry Holt,1989.

Haffner, Sebastian. Defying Hitler. New York: Farrar, Straus & Giroux, 2002.

Hamann, Brigitte. Hitler'sVienna: A Dictator's Apprenticeship.New York: Oxford University Press,1999.

Herf, Jeffrey.Divided Memory:The Nazi Past in the Two Germanys.Cambridge, Mass. :Harvard University Press,1997.

Irving, David.Hitler's War.New York:Viking,1977.

Jackson, Julian. The Fall of France: The Nazi Invasion of 1940. New York:Oxford University Press,2003.

Katznelson, Ira.Desolation and Enlightenment:Political Knowledge After Total War, Totalitarianism, and the Holocaust.New York:Columbia University Press,2003.

Langer, Walter C. The Mind of Adolf Hitler. New York: Basic Books, 1972.

Odom, William.The Collapse of the Soviet Military.New Haven, Conn. : Yale University Press,1998.

Payne, Robert.The Life and Death of Adolf Hitler.New York:Praeger, 1973.

Pleshakov, Constantine.Stalin's Folly.Boston:Houghton Mifflin,2005.

Read, Anthony, and David Fisher.The A Fall of Berlin.Old Saybrook, Conn,Koneoky,1992.

Service, Robert. A History of Twentieth − CenturyRussia. Cambridge, Mass. :Harvard University Press,1998.

Shirer, William L.The Rise and Fall of the Third Reich.New York:Simon & Schuster,1990.

Waite, Robert G.L. The Psychopathic God: Adolf Hitler. New York: Basic Books, 1977.

Werth, Alexander. Russia at War. New York: Avon Books, 1964. Zhukov, Georgi K. Memoirs. New York: Delacorte, 1971.

第三章　圣地上的六十年战争：
以色列和阿拉伯

"不幸的是，在战争中总有错误。最大的错误是战争本身。"

以色列副总理西蒙·佩雷斯 2006 年 7 月 31 日在
美国对外关系委员会上的讲话

历史悲剧不是从正确与错误的冲突中产生。相反，它们往往从正确与正确的冲突中发生。这是以色列和阿拉伯国家在巴勒斯坦问题上冲突的核心。出于对希特勒有计划地消灭欧洲犹太人的恐惧性屠杀的反应，许多犹太人试图通过建立他们自己的国家来拯救自己。在阿拉伯人民从西方殖民主义的严酷考验中崛起，重新发现自己国家命运的时刻，犹太人在被阿拉伯人占领了几个世纪的土地上建立了他们的国家。因此，犹太民族主义与阿拉伯民族主义在巴勒斯坦的土地上发生了正面冲突。

以色列和阿拉伯邻国之间的战争是这种冲突的结果。现代的中东地区一直呈现的都是不可调和的希望和愿望与激烈的仇恨和激情交织在一起的一种景象。战争都是在具有最深刻的情感下发生的。战争的每一方都认为自己的权利是不言自明的，并且认为他们的权利是牢固地基于上帝的意志、道德、理性和法律的基础上的。随着激情的增加，非理性变得司空见惯。绝望的行为是在绝望的行为中堆积起来，直到对与错、责任和内疚再也无法区分开来。每一方都做过对方既不能原谅也不能忘记的事情。

两种正当主张和两项正义诉求之间的悲剧性冲突并没有随着时间的

推移而减弱,而且也不可能通过持久的和平解决方案打破僵局。

所有这些都表明,阿拉伯—以色列问题在历史进程之外可能没有任何解决办法。与此同时,学者的职责就是提供诊断,即使不可能开出治疗"致命疾病"的一种药方。巴勒斯坦战争是一次历史性冲突的大规模爆发、一场跨越整整一代人的持久战。因此,它为我们提供了对国家和人类灵魂最黑暗深处的洞察,而不是解放。

1948 年巴勒斯坦战争

随着奥地利记者西奥多·赫茨尔在 1897 年出版了一本名为《犹太国家》的书,敦促犹太农业学家和工匠们在巴勒斯坦定居下来,犹太复国主义运动随后成立。赫茨尔希望这些犹太先驱者能够实现一个古老的犹太梦想,即在"应许之地"(Promised Land)重建一个犹太人的家园,把 2000 年来分散的犹太移民聚集在一起。1881 年至 1914 年期间,有 6 万犹太人移居到巴勒斯坦。用于犹太人定居点的土地,是由巴黎的罗斯柴尔德男爵等富有的慈善家或国外的犹太复国主义者所募集的资金,从他们的阿拉伯地主手中购买的。到 1914 年,大约 10 万英亩的巴勒斯坦土地被犹太人买下。

1917 年,世界知名的科学家、狂热的犹太复国主义者哈伊姆·魏茨曼,说服英国外交大臣亚瑟·詹姆斯·贝尔福发表一项宣言,将赫茨尔的梦想转化为英国的一项承诺:

陛下,政府支持在巴勒斯坦建立一个犹太人国家,并将尽他们最大的努力促进这个目标的实现。陛下政府清楚地理解,任何事情都不可能影响到巴勒斯坦现有非犹太社区的公民权利,或在任何其他国家的犹太人享有的权利和政治地位。

1922 年,英国被国际联盟授权管辖巴勒斯坦。可以理解的是,巴勒斯坦的阿拉伯人反对《贝尔福宣言》，并对大量涌入的犹太移民越发感到不安。在 20 世纪 30 年代，随着希特勒对欧洲犹太人的迫害愈演愈烈，向巴勒斯坦移民的犹太人数量飙升。到 1937 年，犹太人几乎占据了巴勒斯坦总人口的三分之一。从 1928 年到 1937 年，犹太人的数量从 15 万人增加到 40 万人。当犹太复国主义运动把巴勒斯坦视为最后的避难所时，阿拉伯的惊恐也随之而起。这已不再是由单个犹太人定居者购买土地的问题了，而是在这片曾被阿拉伯人居住了一千年之久的土地上建立一个外来国家的威胁问题。英国一方面对犹太人许有承诺，另一方面在阿拉伯享受石油和战略利益，因此在这个问题上感觉进退两难，试图拖延时间，但最终通过限制犹太人的移民数量来安抚阿拉伯人。处于困境中的犹太人竭力突破英国在犹太人移民问题上的封锁。在很多情况下，英国人拦截了犹太人的移民船只，并将乘客运送到塞浦路斯的拘留营。在特别悲催的移民船"逃离号"事件中，英国甚至将无助的犹太人遣回德国。正如一位幸存者所说，"德国人杀害了我们，但英国人也不让我们活着"。[①]

尽管遭遇英国的封锁，成千上万的犹太移民依然非法登陆到巴勒斯坦的土地上。阿拉伯人变得越来越焦躁不安，激烈的战斗也因此爆发。被困在巴以战火中的英国人已经无法将他们恢复到和平。1947 年，在彻底失望中，英国宣布打算放弃其对巴勒斯坦的授权托管，并决定把整个问题摆放到联合国面前。

1947 年，在巴勒斯坦的 50 多万犹太定居者中，毫无争议的领袖是戴维·本—古里安。本—古里安对犹太复国主义理想的承诺是完全的、坚定不移的。他在 1906 年来到巴勒斯坦，曾是世界犹太复国主义大会的主要代表，1935 年成为代表世界犹太复国运动的犹太人事务局的主席。没有一个领导人代表阿拉伯事业，但最具影响力的人物有：耶路撒冷的大穆夫提哈吉·阿明·阿尔侯赛因·吉斯通、阿拉伯联盟秘书长阿扎姆·帕沙、外约旦国王阿卜杜拉和在英国受训的阿拉伯军团指挥官格拉布·帕夏。大穆夫提在战争期间居住在德国，帮助纳粹党人设计对犹太人问题的"最终解决方案"。他设计了统治整个巴勒斯坦的计划，但也因此受到其他阿拉伯领导人的不信任。阿扎姆·帕沙是一位持相对温和观点的埃及外交官。以同情和慈善著称的外约旦国王阿卜杜拉曾与戈尔达·梅尔秘密会晤,探讨阿拉伯—犹太人妥协的可能性。而格拉布·帕夏的阿拉伯军团是唯一真正使犹太复国主义者感到畏惧的阿拉伯军事力量。

1947年年初,联合国巴勒斯坦问题特别委员会访问了该地区并审查了备选方案。经过几个月的激烈辩论后,委员会最后建议,拥有120万阿拉伯人和57万犹太人的巴勒斯坦,被划分为两个国家,即一个阿拉伯人国家和一个犹太人国家,耶路撒冷作为联合国的受托管地。犹太国家将包括55%的土地,其人口的58%是由犹太人构成,而阿拉伯人国家将占据45%的土地,其人口的99%是由阿拉伯人组成。这个分治计划受到了犹太人的热烈欢迎,但遭到阿拉伯人的激烈谴责。

阿拉伯与犹太领导人就该划分计划举行了大量会议。在其中的一次会议中,当时犹太人事务局的一名官员阿巴·埃班会见了阿扎姆·帕沙,讨论了妥协的可能性。埃班认为"犹太人是中东的既成事实,阿拉伯人必须接受这一事实"[2]。随后,他又提出了促进中东共同发展的经济计划。阿扎姆·帕沙承认该计划是"理性的、合乎逻辑的",但他补充说,"国家的命运不是由理性的逻辑决定的"。"我们将设法打败你",帕沙说道。"我不确定我们是否会成功,但我们会努力。我们有能力将入侵的十字军驱赶出去,但另一方面,我们失去了西班牙和波斯。也许我们将失去巴勒斯坦。但现在和平解决的方案已经太晚了。"[3]当阿巴·埃班打断他的话,指出这意味着除了通过武力进行力量比拼之外,没有其他选择时,阿扎姆·帕沙回答说:

> "人们渴望扩张,并为他们认为至关重要的东西而战,这是他们的天性。可能我不能以完全的意义赋予我的人民新的精神。我年轻的儿子渴望战斗,他无疑比我更能代表这种精神。他不再相信老一代了。……激励人民的力量不受我们的控制。他们是客观的力量。民族主义,比任何驱使我们的力量都要强大。我们不需在你们援助下的经济发展。我们只有一个考验,那就是力量的考验。"[4]

在这次会面中，一位目击者没有察觉到阿扎姆·帕沙的语气中带有任何仇恨。反而，他一次一次地将犹太人称之为"堂兄弟"。在两个小时的谈话中，他一次也没有表达对犹太人不友好的想法或恶意的表情。但他确实证实了阿拉伯人占据多数地位的特性——这个立场不是基于逻辑，而是基于"盲目的宿命论，像风一样无法治管理"⑤。两位领导人难过地、但毫无仇恨地互相告别。

对巴以分治决议的支持和反对，都是联合国在短暂的历史中经历过最强烈的。该决议需要联合国大会三分之二多数票通过才能生效。为了抵消阿拉伯和穆斯林国家的选票，犹太复国主义者需要 22 票赞成，而且每增加一票反对，他们就需要两票赞成票。美国杜鲁门总统对犹太人的事业深表同情。此外，他的政治直觉告诉他，犹太人的投票很可能对 1948 年的美国总统选举至关重要。杜鲁门推翻了美国国务院主要官员对进入军事基地的反对意见，亲自警告美国驻联合国代表赫舍尔·约翰逊，"一定要让巴以划分决议的投票通过，否则就会面临麻烦"⑥。在投票前两天，情况变得很明显，犹太复国主义的命运掌握在少数几个偏远小国，特别是利比里亚、海地、菲律宾和埃塞俄比亚等国手里。犹太复国主义者说服美国向这些国家施加强大的压力。然而，1947 年 11 月 29 日，结果变得非常的不肯定。犹太人事务局的"外交部长"摩西·夏里特庄严地警告联合国大会，犹太人永远不会屈服于想使他们屈从于阿拉伯多数派的任何企图。另一方面，阿拉伯联盟代理秘书长贾马尔·胡赛尼宣称，如果大会投票赞成巴以划分，巴勒斯坦的阿拉伯人在英国人一旦离开时就会对犹太人发动战争："分界线将会用战火和鲜血绘画出来。"⑦

两位目击者对 11 月 29 日那场决定性的投票进行了生动的描述：

一名助手在阿拉尼亚（联合国大会主席）面前放置了一个篮子，里面有五十六张纸条，每张纸条上都印有大厅里一个国家的名字。阿拉尼亚伸出手，慢慢地从篮子里抽出将要开始投票的国家名字。他打开那张纸，凝视片刻排列在他眼前的人们。

"危地马拉"，他喊道。他话音刚落，一阵可怕的沉默立刻笼罩着大会。连记者席都安静了下来。在那一瞬间,三百名代表、观众以及记者们,似乎团结在一起,敬畏着他们面前的时刻,意识到即将要采取的重大和庄严的决定。

危地马拉的代表站起来。就在他站起来的时候,突然从观众的走廊里,一声刺耳的哭声把会场的寂静撕开,一个像时间和男人的痛苦一样古老的希伯来人的哭声喊道:"阿娜·阿德·霍希亚,主啊,求你拯救我们。"⑧

联合国大会最终以 33 票赞成、13 票反对、10 票弃权的表决结果通过了巴以分治决议。犹太复国主义者欣喜若狂,但阿拉伯的代表们退出了大会,宣布他们政府不会受到联合国决议的约束。

听到犹太复国主义者胜利的消息,远在 6000 英里之外巴勒斯坦的本—古里安,以及对在纽约发生的巴勒斯坦问题辩论的每一句话都很关注的耶路撒冷大穆夫提都知道,这次投票并不是成立犹太人国家的保证。11 月下旬那个下午的投票和英国在巴勒斯坦的托管到期(定于第二年 5 月)之间,留下了可能是决定性的一段时间。本—古里安和大穆夫提立即开始加强他们的部队,为赫然逼近的战斗做准备。在联合国投票后的第二天,在耶路撒冷和巴勒斯坦其他地区相继发生了激烈的阿拉伯—犹太人冲突。犹太人担心,阿拉伯人的反抗可能会剥夺他们此次分治决议的胜利果实。阿拉伯人对联合国决议感到愤怒,他们认为该决议剥夺了他们祖传的东西。在双方看来,似乎没有时间可以失去了。

如何获得武器在阿拉伯和犹太领导人心中占据了主导地位。在这个至关重要的任务中,犹太复国主义者处于不利地位。主权国家才享有在国际军火市场上公开购买武器的特权。分别在 1943 年和 1946 年获得独立的黎巴嫩和叙利亚,在法律上可以自由地为阿拉伯人的事业购买武器。例如,叙利亚国防部部长就可以向捷克斯洛伐克一家领先的武器制造商订购 1 万支步枪。另一方面,犹太人不得不诉诸秘密手段购买武器。犹太复国主义的地下军队哈加纳收购了那些本打算被美国转化为废金属的多余武器和机床。为了绕开英国的武器禁运,大部分设备都被拆分成零部件,按代码分类,然后在官方的纺织机械等项目进口许可下,以随意零碎部件的名义运往巴勒斯坦。本—古里安的部下使用的另一种方法是在一个主权国家的信笺上下订单。其中一个来自"埃塞俄比亚"的订单送到了曾经为叙利亚人服务的同一个捷克武器制造商。填满这个订单的全部产品都是所需武器。因此,到1947年后期,阿拉伯人和犹太人之间的领土争端演变为有可能成为两个绝望民族之间的有组织的战争。

1947年12月,阿拉伯联盟的七个成员国在开罗开会,讨论犹太国家对它们的威胁。出席这次历史性会议的国家包括埃及、伊拉克、沙特阿拉伯、叙利亚、也门、黎巴嫩和外约旦。这些国家的领导人总共统治了大约4500万人,并支配着5支正规军队。阿拉伯联盟秘书长阿扎姆·帕沙耐心并努力地促使七名阿拉伯领导人达成共识。尽管这些阿拉伯领导人在历史上的对抗问题和未来的野心上深深分裂,但他们唯一的共同点就是对犹太复国主义的敌意。经过长时间的辩论,这些领导人决定"防止在巴勒斯坦建立一个犹太国家,并保护巴勒斯坦作为一个统一的独立国家"[9]。为此,他们承诺提供给阿拉伯联盟10000支步枪、3000名志愿者以及3000英镑支持,立即开展反对在巴勒斯坦的犹太复国主义者的游击行动。

与此同时,本—古里安召集他的"哈加纳"领导人在耶路撒冷召开紧急会议。"是开始计划对五支阿拉伯军队发动战争的时候了",他对面前的男人们说道。[10]本—古里安认为,与阿拉伯人的战争危险是一种可怕的威胁,这种威胁可能会在犹太人国家诞生之前就被扼杀。另一方面,他认为,如果阿拉伯人坚持要发动战争,那么犹太人国家的边界就不是联合国划定给它的边界,而是犹太人可以用武力夺取和持有的那些领土的边界了。本—古里安认为,如果阿拉伯人拒绝联合国决议并发动战争,这将赋予他的人民"得到我们所能得到的权利"[11]。因此,自相矛盾的是,这位犹太领导人将阿拉伯人的事业变成了犹太复国主义者愿望的帮凶。

在英国对巴勒斯坦托管的最后几个月里,两支敌对的军队彼此发起了频繁和激烈的袭击和反击,但在此期间发生在华盛顿的事件,再次将犹太国家的产生置于严重的怀疑境地。被阿拉伯暴力抵抗所动摇以及对犹太人军事力量的怀疑,杜鲁门总统非常不情愿动用美国军队来执行联合国的巴以分治决议,即使这些部队是联合国部队的一部分。此外,美国国务院继续对分治决议进行严重批评,认为它在法律上是不可执行的。1947 年 12 月,国务院说服总统宣布对中东实行武器禁运。根据各种协议,英国仍然可以自由地向阿拉伯人运送武器,所以美国的这一禁令,其实相当于禁止向犹太人提供武器。也许对犹太复国主义者的事业最具破坏性的事实是,杜鲁门总统对一些犹太复国主义领袖,尤其是拉比·希尔勒·西尔弗,感到不满。用杜鲁门的话说,就是为了支持犹太人的事业,西尔弗曾对美国施加不适当的压力。出于所有这些原因,美国放弃了对巴以分治计划的支持,转而提议在巴勒斯坦问题上建立一个国际托管。在绝望中,犹太复国主义者向年迈的、几乎已经瞎了的哈伊姆·魏茨曼求助,魏茨曼在多年里一直与美国总统保持着密切关系。1948 年 2 月 10 日,魏茨曼给杜鲁门写了一封信,要求占用他"几分钟的宝贵时间"⑫。该请求遭到杜鲁门总统的拒绝。

坐在魏茨曼的床边,"圣约之子会"主席弗兰克·高德曼想出了改变杜鲁门主意的最后一个方案。他提出给曾经是哈里·杜鲁门在一家服装店的合伙人埃迪·雅各布森打电话,认为雅各布森可能会说服杜鲁门总统接待魏茨曼博士。雅各布森亲切地回应了,并被允许于 3 月 12 日与总统会面。杜鲁门起初不接受他以前的商业伙伴的提议,但雅各布森对这项提议很坚持。他对杜鲁门总统的建议,对犹太复国主义的命运产生了决定性的影响:

哈伊姆·魏茨曼身患重病,健康几乎垮掉,但是他为了会见您以及为了声援我的人民的事业,却徒涉了成千上万英里。现在你仅仅因为被我们的一些美国犹太人领袖侮辱了,就拒绝会见他,即使你知道魏茨曼和这些侮辱你的事完全没有关系,而且知道,他是最不可能成为这些侮辱你的人当中的一员。这些听起来不像你的作为,哈利。⑬

根据同一叙述,经过长时间的沉默,杜鲁门总统直视着雅各布森的眼睛,说:"你赢了,你这个秃头的混蛋! 我要见他。"⑭一周后,杜鲁门会见了魏茨曼,并向这位犹太领袖承诺,他会为建立和承认犹太人国家而努力。

然而,犹太复国主义者并没有赢得这场战斗。3 月 19 日,奥斯汀大使在联合国安全理事会宣布,美国提议暂停巴以分治,取而代之的是在巴勒斯坦建立一个临时托管。当感到震惊和愤怒的杜鲁门想知道这样的事情怎么会发生时,他发现,对自己向魏茨曼博士做出的个人承诺并不知情的国务卿乔治·马歇尔,在 3 月 16 日指示奥斯汀在最早的、合适的时间做出这个托管演讲。犹太复国主义者陷入了绝望;而阿拉伯人欢呼雀跃。联合国秘书长特里格韦·赖伊曾短暂地考虑过辞职;而据杜鲁门总统的顾问克拉克·克利福德讲,杜鲁门本人"愤怒到极点"⑮。他不得不接受巴勒斯坦受托管的想法,至少暂时如此,因为再一次改变态度将会使美国丧失所有的信誉。

随着英国对巴勒斯坦的托管很快就要结束,在巴勒斯坦的战斗也变得越来越疯狂。1948 年 4 月,在耶路撒冷附近的一个名叫代尔亚辛的小村庄,伊尔干和斯特恩集团的极端犹太人屠杀了它的居民。尽管本—古里安亲自发电报表达他对这次屠杀的震惊,且耶路撒冷的首席拉比驱逐了参与该次屠杀的犹太人,但代尔亚辛也成为犹太人国家良心上的污点。它不仅引发了复仇和报复的冲动,而且在随后的岁月里,成为数十万阿拉伯难民无家可归的象征。在这次事件之后,受到恐吓的阿拉伯人从犹太人控制地区大批离去。阿拉伯鼓励难民离开的决定,并以恐怖的形式播放这次大屠杀事件,加剧了人们的恐慌。代尔亚辛屠杀标志着在随后几十年里困扰中东的巴勒斯坦问题的开始。

在代尔亚辛大屠杀的几天后,本—古里安派果尔达·梅尔去执行最后的和平使命。梅尔伪装成阿拉伯妇女,前往安曼与外约旦国王阿卜杜拉秘密会面,讨论防止冲突的可能性。阿卜杜拉建议推迟宣布建立犹太人国家,并要求巴勒斯坦与在他们自己的地区实行自治的犹太人团结起来。他还建议成立一个由阿拉伯和犹太人代表组成的议会。他告诉梅尔他想要和平,但是他担心,如果他的建议不被接受,战争将不可避免。梅尔回答说,推迟建立犹太人国家是不可接受的,并补充说,只要他们的力量持续下去,犹太人就会战斗。阿卜杜拉说,他意识到犹太人将不得不击退任何攻击,他可能不再有权力在阿拉伯同胞和犹太复国主义者之间充当调停人的角色了。"代尔亚辛事件已经激怒了阿拉伯人民",他说道。"在此之前,就是我一个人。但是我现在是五个人中的一个,我发现我不能独自做出任何决定。"⑯因此,最后一次避免战争灾难的努力以失败而告终。

　　5月,随着英国对巴勒斯坦托管的结束指日可待,犹太人面临着一个关键的两难境地。他们是应该立即宣布建立犹太人国家,还是应该考虑到美国对犹太人支持的缩减以及阿拉伯军队的集结,选择等待?5月12日,本—古里安召集临时全国委员会秘密会议,以便作出决定。会议意见分歧很大。一些委员会成员认为,等待是明智的,因为美国可能不会援助首先宣称独立的国家,但是如果阿拉伯人首先采取行动入侵联合国授权的国家,那么美国可能会提供援助。另一些委员会成员则认为,犹太人国家在任何条件下都必须独立存在,因此,应该毫不拖延地宣布建国。本—古里安立即宣布建国,尽管他认为这只给犹太人50%的生存机会。当表决进行时,11个委员会成员中,有6人投了赞成票。在一票之差的情况下,委员会决定在5月14日宣布新国家成立,此时距离英国在巴勒斯坦的托管期结束仅仅还有几个小时。

　　1948年5月14日下午4点,在英国对巴勒斯坦托管结束的两小时前,本—古里安宣布以色列国的诞生。这一消息在纽约联合国大会上引发了一场疯狂的辩论,但联合国无法做出决定。在本—古里安宣布以色列国成立后不久,奥斯汀大使在杜鲁门总统的个人指示下,宣布美国承认新的以色列国家。此后不久,苏联代表也宣布承认以色列国。"我们被骗了",黎巴嫩的查尔斯·马利克对美国和苏联代表团愤怒地说。当时是下午6时15分,英国的托管已经结束。本—古里安在特拉维夫向美国人民广播了他的个人感谢。当他正在说话时，他所在的大楼因阿拉伯炸弹的袭击而震荡。他对大西洋彼岸的听众说："你能听到的爆炸声是阿拉伯飞机轰炸特拉维夫。"⑰巴勒斯坦战争已经爆发。

5月15日凌晨，以色列同时遭到南部的埃及军队、东部的外约旦阿拉伯军团以及北部的叙利亚和黎巴嫩军队的攻击。攻击阿拉伯军队的总兵力约为23500人，配有坦克、飞机、重炮、备用配件和弹药。以色列拥有大约3000名正规军和14000名新兵。他们也拥有10000支步枪、3600支冲锋枪，以及从墨西哥走私的四门旧炮；他们没有坦克。美国和苏联都不赞成这次进攻。安德烈·格罗米科1948年5月29日在联合国安理会代表苏联发言时表示："这已经不是第一次阿拉伯国家无视联合国安全理事会或联合国大会的决定了。"

在数月的、偶尔伴随着停战周期的激烈战斗结束后，以色列保留了整个加利利地区，该地区是巴勒斯坦中部的一部分，连接着沿海地区和耶路撒冷以及整个内盖夫。耶路撒冷变成了一个被划分的城市。1949年，以色列控制的整个地区比1947年分割决议中分配给犹太复国主义者的地区要大一些；阿拉伯人的入侵反而使犹太人占到了便宜。接近100万阿拉伯人在冲突中无家可归，以难民身份进入叙利亚、外约旦和埃及控制的加沙地带。这些难民中的一部分人组成了阿拉伯敢死队以及巴勒斯坦抵抗战士，他们认为以色列应该为他们失去自己的家园负责。因此，在流血中诞生的以色列国，为两种形式的民族主义——阿拉伯人民族主义和犹太人民族主义——之间的致命冲突创造了条件，这两种民族主义者都同样渴望和决心得到他们心目中的圣地。

1956年西奈战争和苏伊士危机

即使在1949年停战协定缔结后，时间也没有平息巴以之间的敌意。

在阿拉伯方面,接近 100 万难民的困境不断提醒着他们外来的犹太复国主义的存在。无论以色列的政策多么具有防御性或和解性,这种阿拉伯难民的大规模流离失所都会使这个犹太国家成为整个阿拉伯世界眼中的长期挑衅。犹太人当然害怕让这些难民回到他们原来的家园。70 万犹太人怎么能允许近 100 万阿拉伯人返回他们的土地而不冒着毁灭这个新生的犹太国家的危险呢?然而,他们又怎样才能在不对无辜阿拉伯百姓施加正如他们自己在流散中遭受的不公正的情况下,拒绝他们返还呢?犹太人接受了一些难民,也对一些难民给予了补偿,但大多数阿拉伯难民继续逗留在约旦、黎巴嫩、叙利亚和加沙的难民营中。与此同时,大批的犹太人被赶出伊拉克、也门、埃及和摩洛哥。

在 20 世纪 50 年代早期,来自难民营中的巴勒斯坦阿拉伯敢死队员对以色列的领土发动日益频繁和激烈的袭击。以色列人反过来又进行了大规模且有力的报复。尽管有军事停战协议的存在,双方的交战状态持续存在。

1952 年,在巴勒斯坦战争中声名显赫的贾迈勒·阿卜杜勒·纳赛尔成为埃及总统,并很快成为阿拉伯民族主义无可匹敌的捍卫者。他对通过苏伊士运河的以色列船只实施了封锁,并在 1953 年将封锁范围扩大到包括所有运往以色列的货物。这使得以色列人只剩下了位于蒂朗海峡的亚喀巴湾最前端的以禄港。1953 年底,通过使以色列船只接受埃及海岸警卫队的检查,纳赛尔开始限制以色列通过蒂朗海峡的贸易。1955 年,他扩大了封锁,禁止以色列飞机在上空飞行。以色列总理本—古里安认为以禄港口对以色列的生存至关重要,想立即对埃及发动袭击,但被他的同僚们所阻止。到 1956 年,埃及和以色列的关系达到了沸点。

在这个时间节点,阿拉伯—以色列冲突融入阿拉伯民族主义和盎格鲁—法国后殖民主义在阿拉伯世界的残余势力之间的更大规模的对抗中。这种对抗是由两个巨大的工程,即苏伊士运河和阿斯旺大坝所引起的,一个是长期存在的,而另一个是即将建造的。纳赛尔总统认为前者是殖民时代遗留下来的,则视后者为阿拉伯民族主义复兴象征的现代金字塔。

美国最初同意通过世界银行为阿斯旺大坝提供资金，但美国国务卿约翰·福斯特·杜勒斯对纳赛尔1955年从捷克斯洛伐克购买武器的决定感到不满。因此，美国违背了其为大坝提供资金的承诺，表面上是因为埃及经济不被看好。纳赛尔因此也很生气。纳赛尔在愤怒中宣称美国"应该在暴怒中死去，但是（它）永远不能对埃及发号施令"[18]。两天后，在一份充满感情的"摆脱帝国主义"的独立宣言中，纳赛尔宣布苏伊士运河国有化，该运河的部分所有权归英国和法国的金融利益集团所有。以这种方式，英国和法国被迫为杜勒斯的政策逆转埋单，关键的是，这两个西欧国家意识到了它们与以色列的共同利益，即将贾迈勒·阿卜杜勒·纳赛尔赶下台。

英国和法国领导人的看法开始在这场愈演愈烈的巴以危机中发挥了关键作用。英国首相安东尼·艾登对希特勒在慕尼黑的记忆犹新，他将纳赛尔的行为比作20世纪30年代的德国独裁者希特勒。用当时一位对英国政策颇有见地的学生的话来说，这位英国首相"从充满佛兰德斯的罂粟花和闪闪发光的长筒靴的森林中观看埃及"[19]。法国总理居伊·摩勒持有相同看法。他在第二次世界大战期间曾是阿拉斯的反纳粹抵抗首领，因此"比任何人都更清楚地看到纳赛尔就是希特勒"[20]。两人对纳赛尔的行为如此困扰，以至于"艾登夫人据说曾抱怨苏伊士运河正穿过她的客厅"[21]。

当然，英国和法国有充分的理由感到恐慌。1888年的《君士坦丁堡国际公约》规定，"在战争及和平时期，苏伊士运河对任何商业或战争船只都应是自由开放的，不受国别旗号的限制"。因此，这两个西方大国认为纳赛尔的行为侵犯了它们的合法权利。此外，对英国来说，对苏伊士运河的控制象征着她作为一个帝国和世界强国的地位。对法国来说，其一直指责埃及支持阿尔及利亚反抗，占领苏伊士运河被看作最后一根稻草。对两国来说，关键的问题不仅仅在于维护其股东在苏伊士运河公司的经济权利；更重要的是它们对纳赛尔所代表的傲慢和希特勒式的民族主义的情绪反应。

另一方面,对纳赛尔来说,苏伊士运河已经成为国家可耻的殖民历史的象征。苏伊士运河的建筑师费迪南德·德·莱瑟普斯已经成为埃及的民间怪物。在纳赛尔看来,在他的野蛮指示下,超过 10 万名埃及工人为修建一条运河而牺牲,而这条运河不属于他们或他们的国家,而是属于为自己的利益赚取利润的一家外国公司。纳赛尔慷慨激昂地说:"苏伊士运河不是为了埃及而开,而埃及成为苏伊士运河的财产,苏伊士运河公司成为一个国中之国。但是外国人剥削我们的日子已经过去了;苏伊士运河及其收入将完全属于埃及。我们将建造高坝,我们将获得我们被篡夺的权利。"[22]

这些截然不同的看法为一场暴力冲突奠定了基础。在纳赛尔开展行动后的几个星期,冲突扩大了。艾登和摩勒私下试探了美国对这一局势的反应。杜勒斯国务卿似乎也对埃及的行动感到愤怒,这在一定程度上使他们得到了安心。在与杜勒斯的会谈中,英法两国领导人再次将纳赛尔的行为与希特勒在慕尼黑的行为进行了比较,并以最强硬的措辞表示,这种西方绥靖政策绝不被允许再次发生。杜勒斯回答说,"武力是最后一种尝试的方法,但如果其他方法都失败,美国并不排除使用武力"。[23]从这一声明中,艾登和摩勒推断,美国充其量只会与英国和法国结成统一战线,以展示对纳赛尔的武力,而最坏的情况是保持善意的中立。

英国和法国开始准备采取军事行动。它们希望对埃及发动闪电袭击,占领苏伊士运河,推翻纳赛尔,然后更强势地与纳赛尔的继任者开展谈判。在这些准备工作中,英法两国还同以色列领导人举行了数次高度机密的会议,以协调对埃及的攻击。以色列总理本—古里安和他的总参谋长摩西·达扬将军打算占领阿拉伯突击队员活动的主要基地加沙和位于蒂朗海峡的沙姆沙伊赫,由于埃及继续利用该地封锁亚喀巴湾,对付开往以禄港的船只。摩勒保证,如果以色列人进入西奈半岛,法国军队也将加入,以确保以色列占领西奈半岛,结束埃及的封锁。本—古里安犹豫了;他担心当以色列军队进入西奈时,埃及的轰炸机可能会袭击特拉维夫。[24]但是当艾登承诺使用英国空军防止埃及对以色列发动空袭时,本—

古里安同意进入西奈半岛。

这三位总理最终达成了以下计划：以色列将于 10 月 29 日发动袭击。一旦达扬的军队开始提前进入西奈半岛，英国和法国将对以色列和埃及发出最后通牒，要求它们停火，将部队撤回运河各自一侧的 10 英里外，并"接受英法联军对塞得港、伊斯梅利亚和苏伊士的关键地方的临时占领"[25]。一旦以色列同意这些条件，而埃及拒绝这些条件，英国的轰炸机就会摧毁埃及空军，破坏埃及的通信和军事能力，为英法两国从塞浦路斯的伞兵部队和来自马耳他的海上部队的进攻做好准备。然后，当这些部队占领了从赛德港到苏伊士港的运河时，它们打算发动进一步进攻，目的是占领开罗，有必要的话，并推翻纳赛尔政权。

10 月 29 日下午，以色列军队对埃及发动了四路进攻。两路进攻瞄准了这条运河，而第三、第四次路进攻是为了封锁加沙地带并夺取沙姆沙伊赫。第二天，当以色列军队在西奈半岛迅速推进时，英法两国发布了它们预先安排好的最后通牒，实际上是要求埃及人撤退，以色列人前进。纳赛尔对英法的最后通牒措手不及，并予以拒绝，但无法组织太多的军事抵抗。但是，他确信，在联合国的世界舆论会帮助他。

10 月 31 日，英法两国的轰炸机开始对包括开罗在内的埃及目标发动空袭。为了报复，纳赛尔击沉一些船只以封锁苏伊士运河。不到六天的时间，以色列占领了西奈半岛的大部分地区，并实现了其主要军事目标，即占领沙姆沙伊赫。

联合国在 10 月 30 日介入了这场军事对抗。美国代表团要求召开安全理事会会议，令英国和法国感到震惊的是，美国提出了一项决议，呼吁以色列立即离开埃及，并要求所有成员国"不要使用武力或以武力相威胁"[26]。该决议立即被英法两国否决。在安理会陷入瘫痪，英、法、以色列军事行动继续进行之际，苏联总理尼古拉·布尔加宁在莫斯科举行的新闻发布会上警告爆发第三次世界大战的可能，并宣布苏联"志愿者"准备向埃及军队提供援助。他建议美国和苏联通过联合展示武力来恢复和平。这一建议被艾森豪威尔总统拒绝，认为是"不可想象的"。美国虽然急于看到英法军事行动的结束,但它同样急于阻止苏联在中东建立势力。

到 11 月 6 日,英国不得不让步。面对联合国决议对英国发动侵略的指控、对美国行为失望,以及对国内日益敌对的反对派感到不安,艾登终止了他的冒险行动。正如一位批评英国的分析人士所总结的:"发起一场有十万多名士兵参加的战争,然而,战争只持续了一天,所有士兵又都回来了,这种场面在军事白痴的长廊中几乎无与伦比。"㉗法国别无选择,也只能跟随其后,但以色列仍然顽强地坚守着它的军队在 6 天的战争中所征服的一切。

当然,美国领导人的角色在这场危机的演变中是至关重要的,他们的个性在其中扮演了重要的角色。艾森豪威尔和杜勒斯都感到愤怒,因为在美国即将举行全国大选之际,艾登和摩勒没有就中东军事行动这样重要的问题与他们保持协商。从纯粹的军事观点来看,只有以色列人实现了他们的目标。英法对埃及惩罚性的军事远征似乎正在失败,因此不能作为既成事实提交到联合国大会。如果美国支持英法的冒险行动,甚至持中立态度,都有可能招致联合国绝大多数成员国的敌意,而且,在英法军事行动失败或陷入困境时,美国可能不得不无助地袖手旁观。

英法两国显然是苏伊士运河事件的主要输家。令它们感觉羞辱的是,它们不得不眼睁睁地看着纳赛尔从军事失败中夺取了政治胜利。被最亲密、最长久的盟友抛弃后,两国不得不承认,它们再也不能像大国那样行事了,归根结底,它们在世界政治上的主动权取决于美国的决定。它们通过用武力来纠正的问题——苏伊士运河的国际化——现在看来是不可挽回的了。出于所有实际目的,苏伊士运河危机终止了英法在中东的权威。苏伊士运河变成了另一个奠边府。

在苏伊士运河危机中,阿拉伯民族主义取得了最大的胜利。纳赛尔显然成为苏伊士运河的主人。两个超级大国支持他。他不仅在与英国和法国的对决中获胜,而且他的另一个劲敌以色列也面临着越来越大的撤军压力。联合国秘书长达格·哈马舍尔德已成功地向中东派遣了一支特别和平部队，即联合国紧急部队。在美国的强大压力下，以色列同意从占领的大部分埃及领土上撤离，从 11 月 15 日开始，联合国紧急部队的士兵取代了以色列军队。美国仅仅做出一个明确保证，即保证以色列自由和无公害通过阿卡巴湾的权利不会受到侵犯，就说服了以色列撤离他们发动西奈半岛战役所取得的最后成果——加沙地带和从西奈半岛东海岸到蒂朗海峡地区。在联合国紧急部队防止阿拉伯突击队员从约旦和加沙地带发动袭击的前提下，到 1957 年 3 月，以色列放弃了其所占领的所有领土。因此，以色列从西奈半岛战役中获得的收益是微不足道的。

纳赛尔当时处于权力的顶峰。在埃及人当中，他享有"领袖"或者"国家之船"船长的头衔。他满意地看着艾登和摩勒辞去他们的职务。在这样的鼓励下，他计划将矛头对准他的主要敌人——犹太复国主义国家。1957 年 3 月，纳赛尔任命了一位埃及人为加沙总督，此举引起了以色列的愤怒和不安。与此同时，开罗广播电台宣布，"亚喀巴湾将对以色列船只关闭，我们的突击队将继续在以色列制造恐怖"。[28]因此，十年后下一场战争爆发的种子已经被种下。

1967 年六日战争

时间再一次没有治愈而是加剧了阿拉伯国家和以色列之间的紧张。在对以色列政策这个最重要的问题上，阿拉伯世界内部出现了深刻的分歧。到 1967 年年初，三种基本的立场已经清晰地形成。

首先，叙利亚人是最激进的，由于叙利亚是开展针对以色列边境袭击的主要基地，他们创建了一个名为"征服"的法塔赫组织。该组织以早期阿拉伯突击队的传统袭击形式对以色列进行了袭击。此外，叙利亚总统阿尔·阿塔西要求对以色列发动一场类似于在越南发起的针对美国的战争。与这种极端立场相对立的是第二种立场，它的支持者是沙特阿拉伯的费萨尔国王,他对西方比较友好,对叙利亚人的暴力脾气相当不信任。尽管沙特阿拉伯巨大的石油储量为国王提供了强大的经济武器,但也使他在一定程度上依赖于西方国家的收入。因此,纳赛尔发现自己夹在这两个对立派系之间。他渴望保持阿拉伯民族主义化身的角色,因此他对阿拉伯激进派,而不是更保守和传统的阿拉伯领导人(如费萨尔国王和约旦国王侯赛因)的吸引力更加敏感。这使得他很容易受到叙利亚试图让他介入与以色列一场更大战争的努力的影响。

1967 年 4 月,在以色列和叙利亚边境发生了一场重大冲突。六架叙利亚米格战斗机在战斗中被以色列击落。法塔赫的袭击持续升级。5 月 14 日,以色列总理列维·埃斯科尔宣布,如果袭击继续下去,以色列将不可避免地与叙利亚发生严重对峙。叙利亚回应称,以色列正在边界聚集庞大的武装力量,准备对叙利亚发动袭击。埃斯科尔否认这一指控,并邀请苏联大使访问有关地区。苏联外交官对这个邀请加以拒绝。要求纳赛尔总统帮助叙利亚人的压力正在迅速增加。5 月 16 日,纳赛尔宣布埃及武装部队进入紧急状态,并采取措施制定叙利亚—埃及联合防御协定。然而,叙利亚领导人继续嘲弄埃及总统,指责他"躲在联合国紧急部队的庇护下"㉙。从卡萨布兰卡到巴格达,一股情绪在阿拉伯世界蔓延开来。几乎每个阿拉伯国家都发生了反对犹太复国主义的示威活动。5 月 16 日,开罗巴勒斯坦广播电台宣布:"以色列的威胁和挑战已经存在了太久。以色列在我们被篡夺了的土地上的存在,是出乎所有人意料的。必须结束以色列的挑战及结束它的存在。欢迎以色列的侵略,这将使我们采取行动摧毁它!欢迎加入我们期待已久的战斗!战斗的时刻即将来临。事实上,现在就是战斗的时刻。"㉚

纳赛尔总统选择了驾驭阿拉伯民族主义的情感浪潮,而不是抵制它。然而,这意味着他必须积极参与使危机升级的举动。因此,他决定终止联合国紧急部队在埃及和加沙地带的存在。5 月 18 日,埃及外交部部长穆罕默德·利雅得要求联合国秘书长吴丹"尽快撤出联合国紧急部队"。他提醒联合国秘书长说,这支部队是应埃及政府的邀请驻扎在埃及领土上的,因此其继续存在应该取决于埃及政府的批准。

这支联合国紧急部队在 100 英里长的埃及—以色列边境巡逻了 10 年。它驻扎在边界的埃及一侧,而不是以色列一侧。在这支部队维持边界巡查的十年中,边界冲突一直保持在最低限度,因此要求该支部队撤出的要求使联合国感到相当失望。虽然吴丹从未质疑过埃及要求撤军的法律权利,但他对联合国紧急部队任务的终止表示"严重担忧"。他立即将此事转交给了联合国紧急部队咨询委员会。印度和南斯拉夫代表明确表示,他们的特遣队在任何情况下都可以撤出。由于两国几乎占据该支 3300 人联合国紧急部队的一半,因此他们的态度导致了该支部队撤退的额外压力。此外,该支联合国部队已经被埃及军队挤出他们原有的阵地。因此,5 月 15 日,联合国秘书长遵从了埃及撤军的要求,理由是,如果没有东道国政府的同意,联合国紧急部队不能继续留在该地区。

在各国政府、世界媒体和公众舆论的热烈讨论中,没有什么事情比吴丹从埃及撤出联合国紧急部队更为激烈的话题了。美国、英国、加拿大,当然还有以色列的批评尤其尖锐。以色列外交部长阿巴·埃班讽刺地指出,"雨伞在开始下雨的那一刻就被取下了"。吴丹对这些指控的回答是"根据法律,他别无选择,只能接受根植于埃及主权的要求"。他还认为,如果他不遵守主权政府的要求,那么在未来的危机中允许联合国维和部队进入就可能会更加困难。考虑到所有这些相互冲突的因素,吴丹秘书长作出了这个艰难而重大的选择。

联合国紧急部队的撤出使危机进入了一个新的、更加严峻的阶段。以色列和埃及军队在边境一带直接对峙。以色列下令有限地调集军队储备,埃及于 5 月 21 日作出了同样的反应。受到轻松促使联合国缓冲部队撤离的鼓励,以及受到阿拉伯世界海啸般情感爆发的刺激,纳赛尔总统 5 月 22 日宣布了一项决定:对以色列船只关闭亚喀巴湾入口处的蒂朗海峡,从而再次封锁了以禄港,该项决定成为六日战争的直接原因。纳赛尔在西奈的埃及空军总部发表的一场激动人心的讲话里,宣布:"武装部队昨天占领了沙姆沙伊赫。这是什么意思? 它肯定了我们对构成我们领海的亚喀巴湾的权利和主权。在任何情况下,我们都不允许以色列国旗穿过亚喀巴湾。犹太人威胁发动战争。我们告诉他们,欢迎你们发动战争,但是我们为战争做好了准备。在任何情况下,我们都不会放弃属于我们的任何权利。这片水域是我们的。"[31]封锁的实施使危机迅速进入国际领域。以色列仅仅在得到明确保证,即西方大国保证它的船只通行自由后,从蒂朗海峡撤出。5月23日,埃斯科尔总理提醒西方列强它们应尽的义务,并派遣埃班外长前往巴黎、伦敦和华盛顿,以确保得到必要的保证。

西方大国对以色列请求帮助的反应是同情的,但这并不代表给予以色列保证。林登·约翰逊总统称,对以色列的封锁是"非法的,是对和平的潜在危险"。然而,鉴于美国在越南的经历,美国不太可能准备在中东冒险进行军事干预。事实上,约翰逊总统强烈敦促以色列不要采取单边行动。其他人也几乎没有给予以色列支持。英国人也表示同情,但并没有明确承诺要开放这条水道。法国总统戴高乐奉行冰冷的中立态度,表示"在任何意义上或任何问题上,法国都不对任何相关国家做出承诺"[32]。

这些反应并不能令以色列安心。埃斯科尔总理承受着越来越大的压力,要求他采取更加好战的立场。5月24日,联合国安理会召开会议,但未能采取任何行动解除针对以色列的封锁。以色列人的不祥之感越来越强烈。5月26日,当纳赛尔声称由于以色列的侵略政策,对亚喀巴湾的封锁只是解决问题的步骤之一时,以色列反应激烈。在高度压力下,以色列任命了1956年西奈战役的英雄达扬将军为国防部长。就在纳赛尔发表好战演说的同一天,他的朋友、埃及主要报纸《金字塔报》的编辑穆罕默德·哈萨内·海卡尔写了一篇非常直白和敏锐性的文章:

> 亚喀巴湾的关闭总体意味着,以阿拉伯联合共和国为代表的阿拉伯民族第一次在与以色列的对抗中,成功地以武力改变了通过武力强加给它的既成事实。对以色列来说,这是当前局势中最危险的方面,不是谁能把既成事实强加于人,而是谁拥有维护这个既成事实的实力。因此,这不仅仅是亚喀巴湾的问题,而是涉及更大的方面。

这是以色列安全的全部哲学。因此，我认为以色列必须发起攻击。㉝

这是对以色列困境的公正评估。6月1日，以色列宣布任命达扬为国防部长。这一举动被广泛解读为以色列决定不能依靠外界的帮助，因此必须采取先发制人的攻击来打破敌对包围的迹象。6月2日，巴勒斯坦解放组织（巴解组织）领导人艾哈迈德·舒凯里呼吁发起一场解放巴勒斯坦的圣战。在耶路撒冷老城的一个大型集会上，他宣称阿拉伯人需要的是"战士，而不是披头士"，呼吁阿拉伯女性穿上战斗服，并声称"现在不是涂口红和穿迷你裙的时候"。与此同时，6月3日，达扬在一场新闻发布会上表示，尽管以色列欢迎它在外交方面所能得到的一切帮助，但它希望用自己的军队作战。达扬补充说，他不希望"英国或美国的士兵在保卫以色列的过程中被杀害"。当被问及以色列是否失去了军事主动权时，达扬回答说，"如果你想说我们在战斗中没有机会，那我不能同意你的看法"。㉞战争达到了临界点。

6月5日，星期一，7点45分。六日战争开始了。以色列空军对埃及机场进行了一系列闪电袭击。到了周末，以色列军队占领了西奈半岛、加沙地带、整个约旦河西岸、整个耶路撒冷和戈兰高地。埃及、约旦和叙利亚的军队完全溃败。以色列摧毁或俘获了430架飞机和800辆坦克，给阿拉伯军队造成15000人的致命伤亡。同时，还俘虏了5500名军官和士兵。以色列自己也遭受40架飞机和676人死亡的损失。

伦敦战略研究所的迈克尔·霍华德和罗伯特·亨特的一项研究对这场战役做出以下总结：

第三次阿以战争在今后的多年里很可能都会在参谋学院被研究。就像年轻时候的拿破仑发动的战役一样，以色列国防军的表现为战争的所有经典原则提供了教科书式的说明：速度、出其不意、专注、安全、信息、进攻——最重要的是训练和士气。空军人员会以专业的认可注意到，以色列空军是如何首先通过摧毁敌方空军获得空中指挥权，然后通过拦截敌方通信、直接支持地面攻击、最后进行追击，从而参与地面战斗的。他们还可以检查以色列行政和参谋制度的灵活性，并研究年轻军官是如何被吸引到各个层面发挥领导作用的。军事激进分子会观察以色列如何在没有教官和军营广场的帮助下达到军事卓越的顶峰。战术家会强调他们对军队在晚上能够像白天一样有效地移动和战斗这一点上的重视,就像在之前的战役中那样。最重要的是,人们将看到以色列如何遵守在少数军事教科书中出现的,但武装部队却在危险中忽视了一个原则:克劳塞维茨政治背景原则,1956 年英国灾难性地忽视了该原则。以色列高级司令部知道,战争并不是在政治真空中运作。战争是以色列基于在外界压力迫使停火发生之前,会有三天时间完成军事任务这样的假设提前下发起的。㉟

在最深层的层面上,以色列军事成功的秘密可能在于它的每一个公民都意识到,战争失败将意味着他们国家的终结。在某种意义上,以色列的军事体制与 19 世纪普鲁士的军事体制完全相反,后者导致了整个社会的军事化。以色列的做法导致了其军队的文明;以色列军官不是靠正统的纪律,而是靠个人的榜样,保持自己的权威。因此,以色列从它的士兵和军事机器那里得到了最大的收获。

纳赛尔总统对以色列迅速而有效的军事进攻感到震惊,以至于他相信,或者据说相信,美国和英国通过在以色列上空维持着"空中保护伞"对犹太复国主义者提供了援助。

以色列领导人知道,他们必须迅速取得胜利,才能让胜利坚持下去。他们的行动基于这样的假设:在外界压力迫使他们停火之前,他们能有三天时间打败阿拉伯人。事实上,他们有四天的时间,也许要五天来完成这样的任务。当以色列无视联合国的停火呼吁,并在战争的第五天对叙利亚发动进攻时,甚至在西方也出现了反对的声音,这表明留给以色列的时间是多么的有限。以色列知道,倘若战争很快结束,两个超级大国之间有着不允许阿以战争升级为一场更大冲突的一种默契。一旦战争结束,大国就不愿冒第二次冲突的危险,以免破坏在第一次战争中取得的胜利。由于这个原因,以色列的先发制人以及武器装备的闪电速度得到了额外回报。

一项对六日战争后权力星座变化的分析，揭示了与1956年危机的一些有趣的对比。美国站在了胜利者的一边，表面上看，这种政策似乎是成功的。但在更深层次上，很明显，以色列的迅速胜利使美国不必做出一些艰难的决定。如果战争对以色列不利，或者没有结果，美国可能被迫进行干预。

1956年，以色列不得不撤军，但它这次决定不放弃所取得的军事成果，除非以结束交战作为交换条件。在6天内，以色列以前所未有的军事支配地位取代了它之前的脆弱地位。在短短二十年间，在巴勒斯坦的土地上诞生的一个新兴的犹太国家已经成为一支强大的力量。

1973年十月战争

以色列在1967年迅速且决定性的胜利给阿拉伯国家留下了耻辱和痛苦的遗产。外交手段未能将以色列在1967年6月从三个阿拉伯国家夺取的五块土地上驱逐出去：埃及的西奈和加沙地带；约旦的耶路撒冷老城和约旦河西岸；叙利亚的戈兰高地。在六年的时间里，联合国安理会只能通过一项关于中东问题的决议。1967年11月22日通过的这项决议，承诺以色列获得安全和公认的边界，但以色列也必须对阿拉伯国家承诺，从占领它们的领土上撤出。但是，双方都不愿迈出第一步，整个局势依然维持僵局。阿拉伯人和以色列人之间从来没有进行过面对面的谈判。当以色列计划用犹太定居者来填充这些领土时，日益愤怒和沮丧的阿拉伯人曾从停火线一侧密切注视着以色列的一举一动。以色列似乎倾向于事实上的吞并，而阿拉伯人似乎同样决心要阻止此种情况的发生。

1970年纳赛尔去世后，安瓦尔·萨达特成为埃及新总统。他没有大肆宣传，但逐渐为阿拉伯国家的反击做准备。与纳赛尔不同，萨达特个性缺少张扬，没有制造阿拉伯世界的分裂，而是坚持不懈地致力于达成共识。到 1973 年,阿拉伯人受到鼓舞,认为至少有一些失去的领土可以通过武力收复。就这样,又一场暴力冲突拉开了序幕。

在犹太人的"赎罪日",叙利亚和埃及对以色列发动了一场精心策划的突袭。在北部,叙利亚袭击了至关重要的戈兰高地,试图夺回对下方山谷的以色列定居点的有利位置。在西奈半岛,埃及派遣一支主要的军事力量越过苏伊士运河,占领了以色列苏伊士运河东岸的阵地,并将以色列的守军赶回到沙漠中。

阿拉伯人的袭击对以色列领导人来说并不完全出乎意料。国防部部长达扬几天后声称,他事先得到了有关某种形式的袭击即将发生的情报,但决定不采取先发制人的打击。根据达扬的说法,做出这个决定的理由是"即使是以牺牲军事优势为代价,也要获得不首先发动战争的政治优势"㊱。因此,以色列在国外的形象也因此得到改善,从而给其带来长期的政治利益。

以色列为这种明显是自我克制的行为付出了巨大的代价。大量埃及军队越过苏伊士运河,架起桥梁,投放了数百辆坦克和其他战争物资。他们以猛烈的空袭和炮火攻击,占领了著名的以色列防御设施——"巴列夫防线"。以色列不得不放弃防守薄弱的阵地。在戈兰高地,配备了 800 辆坦克的一支庞大的叙利亚部队从四个地点纵身越过停火线。阿拉伯突击队通过直升机降落在赫尔蒙山,并占领了以色列的一个主要阵地。由于受到攻击力量的打击,以色列的守军不得不撤离多个哨所。

阿拉伯部队取得初期胜利的一个原因,是以色列对自身军事优势的过于自信以及认为阿拉伯部队是由贫穷、笨手笨脚的士兵构成的。以色列领导人深信自己在某种程度上具有优越性,以至于认为阿拉伯国家的任何袭击都无异于自杀。简而言之,以色列正沉浸在军事傲慢之中。

到战争开始的第一个星期结束,以色列已经阻止了阿拉伯国家的进攻,但是以色列不可战胜的神话被粉碎。埃及在苏伊士运河东岸部署了近 10 万名士兵,在西奈沙漠和戈兰高地开展了自第二次世界大战以来最激烈的坦克战。双方伤亡都很惨重,新的地对空导弹对以色列空军构成了严重威胁。受到叙利亚和埃及军事成功的鼓舞，其他阿拉伯国家也加入了这场战斗。伊拉克和约旦为叙利亚前线作战提供军队，沙特阿拉伯和其他石油资源丰富的阿拉伯酋长国向美国施加越来越多的压力，要求美国放弃对以色列的支持。

战争开始后的第二周，以色列逐渐在与叙利亚和埃及的战线上占据了上风。在戈兰高地激烈的坦克战之后，以色列不仅击退了叙利亚，而且还踏上了通往大马士革的道路。用达扬的话来说，"我们必须向他们（叙利亚人）表明，这条路不仅是从大马士革通向特拉维夫，而且还从特拉维夫通向大马士革"。[37]以色列向叙利亚的军事挺进在距离叙利亚首都20英里的萨撒村停顿下来。

在埃及前线，以色列军队采取大胆的策略性举动，进入埃及苏伊士运河的西岸。以色列的目标是包围西奈东岸的埃及军队，切断埃及军队穿越运河返回埃及的退路。在大规模的空中和坦克战之后，以色列的目标达到了。埃及军队被困在西奈的两个如口袋似的大包围圈里，第三支军队在以色列的仁慈下得到食物和水的供应。在这个关键时刻，随着战争的天平迅速向以色列倾斜，超级大国再次介入。

10月21日，苏联领导人与美国国务卿基辛格就停火协议达成一致。该决议于次日上午在苏美的联合支持下，在联合国安理会匆忙通过，规定交战方实行停火，并呼吁各方立即开始谈判，以执行1967年安理会中东和平计划。停火开始执行，但基础不牢。被困在以色列防线后面的埃及军队试图突围，而以色列则试图一劳永逸地摧毁埃及军队。第二次停火呼吁仍然没有结束战斗。因此，苏联建议向中东派遣一支苏美联合和平部队。该建议遭到美国的拒绝，因为美国担心两国在该地区可能发生军事对抗。

在"军事警戒"危机期间，美苏双方达成了妥协。联合国安理会批准了由不结盟国家发起的第三个决议，授权联合国秘书长向该地区派遣一支联合国缓冲部队。这支由7000人组成的紧急部队将效仿1956年由达格·哈马舍尔德创立的联合国紧急部队。其目的是排除安理会常任理事国的积极参与。不过,为了挽回面子,美苏两个超级大国坚持派少量观察员进入停火区。第一批联合国部队于 10 月 27 日从塞浦路斯抵达。到那时,所有的前线都很安静。不稳定的苏美缓和最终还是维持了下来。

随着"十月战争"经过 17 天的激烈战斗接近尾声,以色列赢得了又一场胜利,但是鲜血和财富的付出证明其代价高昂。尽管以色列成功地击退了阿拉伯国家最初的进攻,并在两条战线上都获取军事优势地位,但其为此所付出的人员伤亡代价远远高于在 1967 年战争期间所遭受的损失。重大的损失使得这次军事胜利有些令人不愉快。此外,战后以色列在被占领领土问题上的态度立即变得更加强硬。如果阿拉伯国家的突然袭击发动在 1967 年前的停战线一带,那么特拉维夫和耶路撒冷——而不是戈兰高地和巴列夫防线——将不得不承受最初的打击。因此,在以色列看来,只要袭击比 1973 年 10 月发动的袭击稍微成功一点,那么就可能造成成千上万以色列人的死亡。用埃班的话说,"如果我们足够疯狂到放弃戈兰高地、沙姆沙伊赫、所有西奈半岛和整个约旦河西岸,10 月 6 日发起的大规模袭击就不会杀害我们成千上万的平民、不会摧毁我们的人口中心,以及不会给我们带来灾难吗? 我告诉你,一场比奥斯威辛更可怕的屠杀一直是一个真实的前景,以色列的生存将会受到质疑。鉴于已经揭露出来的情况,建议恢复 1967 年前的边界线是完全不负责任的"。㊳

正如在战争的头几天所遭受的挫折深深铭刻在以色列人的脑海中一样,阿拉伯人珍视并颂扬他们短暂的胜利。尽管遭遇最终的失败,但萨达特总统宣称"按照任何军事标准,埃及军队都完成了一个奇迹",并因此"恢复了国家的荣誉"。埃及和叙利亚已经能够摆脱无休止的外交僵局所带来的挫败感和徒劳无益。他们已通知以色列,认为以色列不能无限期地霸占它们被占领的领土,除非以色列准备接受于己不利的另一场战争的危险。正如埃及外交部部长穆罕默德·安瓦尔·泽亚特(Mohamed el-Zayyat)所说:"以色列的态度是假定他们是不可战胜的,而我们是温顺和软弱的。他们把埃及人描绘成永远不会战斗的人。认为这块被占领的领土是以色列的保护地——是希特勒的论点。我们的要求很简单:我

们的领土完整以及巴勒斯坦人的权利得到尊重。这两个要素是中东和平的必要条件。"㊴

因此，第四轮战争结束后，双方依然立场坚定，热情不减。以色列人对阿拉伯国家在赎罪日的突然袭击感到愤怒，在怨恨中，他们倾向于忘记阿拉伯国家的这次袭击是为了夺回它们失去的领土。阿拉伯国家如此急切地恢复它们的尊严和收复失地，以至于相信它们赢得了战争，即使它们实际上已经输了。双方再也不能理解对方的恐惧，不再具有任何的同情心。两个星期以来，美苏两个超级大国把沙漠变成了新的毁灭性武器的试验场。当国王们在下棋时，他们的士兵们却在流血沙场。只有当国王们害怕战争会将他们自己也吞噬时，他们才会停止流血战争。处在深渊的边缘，联合国再次担负起救援行动。疯狂的停火决议不得不取代预防性外交。只有超级大国之间脆弱的缓和，避免了又一次会给人类带来可怕后果的致命的冲突升级。

1973年的十月战争产生了一个积极的结果。在超级大国的压力下，以色列和阿拉伯国家终于同意于1973年12月在日内瓦举行和平会议，这是25年来它们第一次面对面的外交接触。正如埃班所说，"父母必须至少见一次面，孩子才可能出生"。经历过四场战争的重创，阿拉伯人和犹太人都开始觉得，他们唯一的选择将是互相毁灭，除非智慧和理性最终占据上风。

美国在10月战争期间和之后所扮演的角色主要是由国务卿亨利·基辛格来界定的。在接下来的三年里，这位卓越的政治家为缔造和平付出的孜孜不倦的努力贯穿在整个中东和平进程中。

基辛格在10月战争中所扮演的既不是亲以色列，也不是亲阿拉伯，而是实质上的亲均衡的角色。在战争爆发前，基辛格认为以色列是更强大的一方，因此警告犹太领导人"不要先发制人"。但当事实证明他错了，叙利亚和埃及对以色列发动了联合突袭时，基辛格改变了立场，向以色列提供军事援助，以恢复军事平衡。当以色列人在美国的帮助下占据上风时，基辛格再次改变立场，坚持要营救10万名被困的埃及士兵。当联合国最终宣布停火时,作战双方都已精疲力尽,而且基本上攻守平衡——这正是基辛格所希望的。他始终坚信,只有一场没有胜利或失败的战争才能孕育和平的种子。

当基辛格审视十月战争的破败景象时,他构想出自己的中东和平计划。他决定把问题细分成能管理的不同部分,而不是将它当着一个整体来解决。他一步一步地接近问题,先从解决最易突破的问题开始,然后,在对手之间建立信任的基础上,他尝试着谈判解决更艰巨的问题。试探性的第一步已经迈出。埃及同意与以色列进行对话。如果基辛格能够在以色列和埃及之间实现军事上的脱离,那么和平的势头可能就会启动。届时,他或许能跨越另一个障碍,在叙利亚和以色列之间实现军事上的脱离。如果有可能缔结这样的临时军事协议,或许有人能够将不同的对手推向政治和解。一旦埃及和叙利亚开始与以色列谈判,沙特阿拉伯就可能会被说服解除石油禁运,如果运气不错的话,它甚至可能会考虑帮助以色列和巴勒斯坦之间达成妥协以及促成耶路撒冷的解决方案。这就是基辛格的思路。和平进程就像一场障碍赛,每一个障碍都越来越高、越来越危险。但是基辛格认为,循序渐进的做法至少会取得一些有限的成功,不应该是彻底的失败。

当然,基辛格心中的目标是"保持均衡"。以色列将不得不从被其征服的一些土地上撤军,但这是在其国家安全得到保障的背景下进行的。阿拉伯国家的外交活动将受到鼓励,但这是在现实主义和有着责任感的背景下进行的。它们将会有求于美国,因为按照基辛格的判断,"它们可以从苏联获得武器,但只能从美国获得领土"。因此,通过向阿拉伯国家提供一些土地,美国的影响力将会增强。然而,要实现这一目标,就必须向以色列施加压力,就必须鼓励以色列"以土地换安全"。如果基辛格的推理是错误的,那么他就必须永远慷慨地使用武力来保护以色列。

这些批评人士认为,基辛格通过把注意力集中在埃及上,是想把温和的萨达特从阿拉伯阵营拉拢过来。这不仅会使最具和解性的声音从阿拉伯委员会中消失,而且还会推迟"真相时刻"并最终使它的到来变得更加困难。基辛格的批评者宣称,问题的核心既不是埃及也不是叙利亚,而是巴勒斯坦人的问题。基辛格选择无限期地推迟这个问题。除此之外,他还选择完全忽略耶路撒冷问题。正如基辛格最犀利的批评者之一乔治·鲍尔所言,"当时代需要战略家时,循序渐进的方法却被一位战术家所选择"。

面对这些攻击,基辛格毫不畏惧。他认为,一场无结果的战争为致力于和平的努力提供了最佳时机。在作战双方发出最后一枪后不久,基辛格决定将自己的技能、精力和声誉投入到高度个人化的中东地区外交和平努力中。在接下来的几个月里,他访问了几乎每一个阿拉伯国家首都,穿梭于阿斯旺和耶路撒冷,以及后来大马士革和耶路撒冷之间。萨达特称他为"兄弟";尽管是犹太人,费萨尔也对他表示欢迎。侯赛因带着他驾驶自己的皇家直升机;甚至阿萨德也会学着喜欢他;格尔达·梅尔在自己的厨房里和他没完没了地交谈。这次特别的外交行动的最终结果是成功地就前两个障碍进行了谈判。1974年1月,基辛格帮助以色列和埃及达成了一项军事脱离协议,四个月后,经过巨大努力,他又成功地帮助以色列和叙利亚达成了类似的协议。

基辛格"穿梭外交"的高潮部分是促成以色列和埃及于1975年9月在日内瓦签署了西奈协议。西奈协议批准了基辛格的和解提议。双方对此都不满意,但双方都不能提供另外一个令彼此都能接受的更好的选择。以色列承诺归还两座山口和一块油田。作为交换,它得到了萨达特总统的保证,即埃及将不以武力威胁或使用武力对付以色列。萨达特还同意继续就最终的和平协议进行谈判,并将联合国缓冲部队的任务期限延长至少三年。

然而,最终使以色列达成协议成为可能的是基辛格做出了之前美国没有做出的具体承诺。基辛格提议派200名美国文职技术人员到西奈半岛的交战双方之间,作为一种早期预警系统,以防一方计划攻击另一方,并向以色列和埃及报告。此外,基辛格还承诺将建议美国对以色列提供23亿美元的援助承诺。以色列不信任联合国缓冲部队,但发现美国象征性地做出在该地区存在的承诺令人放心。援助计划也很有吸引力,此外,以色列总理伊扎克·拉宾可以告诉反对派,以色列仍然能保留超过85%的西奈半岛和整个加沙地带。萨达特收到了梦寐以求的山脉通行证和油田,以及美国为贫困的埃及的经济发展提供7亿美元的援助承诺。200名美国文职技术人员也受到了欢迎,因为他们的存在仅仅突出了萨达特日益独立。因此,埃及获得了一些领土补偿,而以色列获得了政治上的让步。由于美国的承诺,双方之间架起了之前不能直接架起的桥梁。一些参议员抱怨,在西奈的美国人提醒他们注意美国在越南的初期,但是基辛格很快指出,被派驻西奈的美国人仅仅是援助双方维持和平的平民,不是帮助任何一方赢得战争的军事人员。

总体上来看,基辛格对第二份西奈临时协议感到满意。毕竟,这是以色列和阿拉伯国家之间的第一份协议,而不是战争的直接后果。基辛格知道这远远不是一项真正的和平条约,但他确信,他的循序渐进的方法仍然是最好的办法。根据他的判断,大多数美国人仍然愿意冒着巨大的风险来保护以色列国,但不愿意冒着这样的风险来保护以色列的战利品。

在1975年和1976年的大部分时间里,一场"天灾军团"推迟了以色列的"真相时刻"。以色列最大的两个对手——叙利亚和巴勒斯坦解放组织,开始在蓄谋已久的黎巴嫩战争中互相攻击。尽管这种状况得以持续,以色列却没有心情做出让步。然而,到了1977年,当吉米·卡特担任美国总统、梅纳赫姆·贝京成为以色列总理时,黎巴嫩战争已经逐渐平息,阿拉伯国家重新联盟与以色列形成对抗。

到1977年,情况变得再清楚不过,即渐进式和解的方式已经走进了死胡同。问题的核心是巴勒斯坦人的命运。以色列面临着一个可怕的选择。如果它同意与巴解组织进行谈判,并归还一些用于建立巴勒斯坦国的领土,这样的国家显然是指向以色列心脏的一把匕首。另外,如果以色列拒绝谈判,它将面临另一场战争或又一次石油禁运,以及缓慢的经济窒息和越来越多的孤立。尽管存在风险,卡特认为,最终以色列将不得不面对巴勒斯坦人这个无法消除的现实。当时有300万以色列人和300万巴勒斯坦人。两者都是永久性的现实，迟早都要找到一个折中的解决办法。另一种选择就是发动另一场战争。

1977年11月，当萨达特以一种壮观的、史无前例的方式访问了以色列，并在以色列议会发表讲话时，全世界都屏住了呼吸。尽管萨达特和贝京在耶路撒冷的第一次面对面会谈中都没有作出任何实质性让步，但两国领导人都郑重承诺再也不与对方开战。萨达特对以色列的出访被广泛认为是阿拉伯和犹太人之间长达30年冲突的主要转折点。一位阿拉伯政治家终于公开承认了这个犹太国家。两个老对手突然成了朋友。

为了竭尽全力促成贝京和萨达特之间达成和平解决方案，1978年9月，卡特邀请两位领导人在戴维营举行首脑会议。经过两周紧张而秘密的讨论，两项重要的协议最终被敲定。首先，贝京和萨达特就"埃及和以色列之间的和平框架"达成一致，该框架规定以色列军队分阶段撤出西奈半岛，并签署一项全面的和平条约。其次，两国领导人商定了一个更广泛的"中东和平框架"，旨在使巴勒斯坦问题和约旦河西岸问题在5年内逐步得到解决。

但是，在这些协议被签订的那一刻，伊朗国王被忠于阿亚图拉·鲁霍拉·霍梅尼的原教旨主义伊斯兰势力罢免并驱逐出境。随着伊朗石油出口量急剧下降，美国变得越来越依赖沙特阿拉伯的石油。沙特人认识到他们的优势，坚持将埃及与以色列签订独立的和平条约与西岸犹太人、巴勒斯坦人和耶路撒冷地位等更为棘手的问题上取得进展联系起来。受到美国能源需求的推动，卡特反过来对以色列施加压力，要求其在立场上更加灵活。1979年3月，在卡特再次访问中东后，贝京和萨达特签署了一项单独的和平条约，卡特的坚韧和信念终于取得了成果。经过三十年的战争，中东向和平迈出了一大步。

当然，许多棘手的问题仍然没有得到解决。西岸犹太人定居点的命运继续折磨着以色列人，他们也担心最终建立巴勒斯坦国的可能性。

1981 年,以色列使用美国制造的飞机摧毁了一座伊拉克核反应堆,该反应堆是在法国和意大利的帮助下建造的。这次先发制人的打击引发了美国和以色列之间的外交危机。在阿拉伯方面,约旦和沙特阿拉伯对以色列与埃及签订的条约持怀疑态度;叙利亚和巴解组织对该条约强烈反对,并将萨达特视为叛徒。或许最重要的是,所有阿拉伯人都坚持要求以色列从耶路撒冷撤出并放弃将这座城市作为其首都。以色列反过来在1980 年宣布耶路撒冷仍然是其"永恒"的首都。1981 年,萨达特总统被穆斯林狂热分子暗杀。在他的继任者胡斯尼·穆巴拉克的领导下,埃及与以色列的关系大大降温。最糟糕的是,以色列发动了对黎巴嫩的入侵,这不仅使该地区的暴力事件进一步升级,而且还破坏了中东地区的整个实力平衡。

黎巴嫩的悲剧

黎巴嫩有一段时间曾经是一片宁静、幸福的土地,一种类似于中东的瑞士,其优雅的海港首都贝鲁特是主要的一个旅游景点。这种宁静取决于该国穆斯林和基督教人口之间良好的平衡。当这种平衡崩塌时,黎巴嫩逐渐陷入了毁灭的深渊。各个派别之间互相嫉妒,为了草皮进行了血腥的争斗,直至将黎巴嫩演变成一个没有有效政府的国家。无法控制自己命运的黎巴嫩,被拖入世界政治中大国争斗的旋涡之中。黎巴嫩变成了一个分裂的国家,贝鲁特也因此变成了一个分裂的城市。

自从以色列于 1967 年占领约旦河西岸后,多年来数十万巴勒斯坦人移居黎巴嫩,逐渐打破了穆斯林与基督徒之间脆弱的平衡。1975 年,在一系列当地谋杀事件的引发下,黎巴嫩国内爆发了内战,这些谋杀事件后来成为黎巴嫩内乱的典型特征。贝鲁特也因此第一次被摧毁。叙利亚总统哈菲兹·阿萨德看到了扩张的机会,向黎巴嫩派遣了一支"维和部队"，这标志着叙利亚占领黎巴嫩中部的开始。以色列总理贝京对叙利亚的干预感到担忧，于1978年在黎巴嫩南部为以色列划出了一条"安全带"。四年后，即1982年6月，以色列军队全力入侵黎巴嫩，一路进军贝鲁特。它的目标是将巴勒斯坦游击队赶出黎巴嫩南部，并抗击叙利亚在饱受战争蹂躏的黎巴嫩的日益增长的影响力。

美国此时担心黎巴嫩的明显解体可能会被苏联人利用，于是决定介入。里根政府与其三个盟国——英国、法国和意大利——达成协议，向黎巴嫩派遣约5000名海军陆战队员。这支"多国维和部队"的目标是监督巴勒斯坦解放组织部队撤离黎巴嫩，并最终说服以色列撤出，以便叙利亚也可以撤军。简而言之，美国认为，将黎巴嫩归还黎巴嫩人可能会对中东局势有所帮助。不幸的是，情况并非如此。

随着巴勒斯坦人被撤离出来，以及以色列人将贝鲁特西部归还给总统阿明·杰马耶勒的部队，四国维和部队的任务变得有些不太明确。逐渐地，该支部队被重新定义为杰马耶勒政府提供支持。但这位年轻的总统更像是基督教派的领袖，而不是整个国家的领导人，而且该支部队很快就被认定为亲基督教和反穆斯林。因此，一场新的悲剧正在发生。

1983年10月，在贝鲁特，一名类似神风队队员模样的穆斯林狂热分子，驾驶一辆装满炸药的卡车撞入美国海军陆战队在贝鲁特的住所。车辆爆炸的力量如此之大，以至于整个建筑物在数秒内倒塌，导致241名美国士兵丧生。与此同时，另一项自杀任务导致58名在自己营房里睡觉的法国士兵丧生。这是自越战以来美国遭受的最高死亡人数；对法国来说，这是其自阿尔及利亚战争以来最严重的一次伤亡事故。

如果放在政治分析的冷光下观察，这一可怕的悲剧带有新殖民主义冲突的所有色彩。犯下这些谋杀案的穆斯林原教旨主义者可能认为，美国、英国、法国和意大利士兵不仅偏袒黎巴嫩的基督教事业，而且充当新的西方帝国主义的先锋。毕竟，没有多少年前，这四个国家是从事殖民冒险的国家：黎巴嫩是法国的殖民地；利比亚属于意大利；中东大部分地区属于英国；当然，美国是这次新殖民入侵的主要煽动者。伊斯兰教，尤其是受到伊朗启发的什叶派穆斯林，认为自己是抵御西方侵略的主要堡垒。因此，谋杀者并不被认为是杀人犯。他们被认为是自由战士，他们的行为使得他们能立即进入天堂。

在贝鲁特灾难之后，多国维和部队在黎巴嫩驻扎的日子已变得屈指可数。正如南卡罗来纳州参议员欧内斯特·霍林斯在呼吁总统罗纳德·里根在六十天内撤出美国海军陆战队时所说的，"如果为了战斗将他们派遣到那里，那他们人数太少了"，"但是，如果将他们派到那里是为了将他们屠杀，那么他们又太多了"。因此，在新泽西号驱逐舰进行了几次毫无结果的轰炸之后，美国士兵于1984年2月从黎巴嫩撤出。此后不久，法国、英国和意大利的海军陆战队队员也陆续撤离。到那时为止，黎巴嫩犹如一具被肢解了的尸体。实际上，到1984年中期，黎巴嫩已经变成一个分裂的国家。在派别分裂内，还存在着进一步的派别分裂，使黎巴嫩看起来像一块碎布缝成的被褥。杰马耶勒总统在西方军队撤出后几乎没有权力，不得不接受叙利亚人的无限期存在，他甚至觉得有必要在贝鲁特常设一个苏联代表团。1985年年初，当以色列开始从黎巴嫩分阶段撤军时，杰马耶勒对权力的掌控变得更加岌岌可危。从历史的角度来看，以色列入侵黎巴嫩似乎是一个不祥的预兆：经过三年的战争，以色列不得不撤军，留下未完成的使命。更糟糕的情况还在后面。

到20世纪80年代末，黎巴嫩已经变成了一个灾难区，一个所有人都为自己而战的地方。不仅穆斯林再次与基督徒发生冲突，而且一些外部势力继续加剧该地区的冲突：叙利亚有2.5万名士兵驻扎在黎巴嫩60%的领土上；伊朗通过什叶派穆斯林和伊朗东部的革命卫队对该地区施加影响；以色列继续占领黎巴嫩南部的一块飞地，把它称之为"安全区"；40万巴勒斯坦人，包括1万人的游击队，生存在黎巴嫩各地。黎巴嫩自己实际上没有政府，只有一支37000人的正规军队。这些军队中，穆斯林占普通士兵中的多数，但基督徒控制军官团。总理是逊尼派穆斯林，议会发言人是什叶派，总统阿明·杰马耶勒是基督徒。

所有这些派系的存在，都决定了只有军事力量才能继续决定谁能控制黎巴嫩，或者更准确地说，谁能阻止黎巴嫩被别国控制。1975年爆发的破坏性内战似乎没有结束的迹象。黎巴嫩仍然是一块悲惨的、被肢解的土地。

巴勒斯坦起义

1988年5月，以色列在庆祝自己40岁的生日。正如以前一样，这段时间被枪声所破坏。这一次的暴力并不是来自入侵的军队，而是来自在1967年的六日战争中被以色列占领的约旦河西岸和加沙地带这两个地区。以色列20年的占领，终于激发起渴望建立自己独立国家的近200万巴勒斯坦人的热情。

到1988年，在加沙地带和约旦河西岸超过一半的巴勒斯坦人一直在以色列的统治下生活。这些年轻的巴勒斯坦人是中东受教育程度最高的群体之一，但他们施展技能的机会有限。大多数人在拥挤的村庄、城镇和难民营里勉强度日。这些年轻人的愤怒和沮丧终于在西岸爆发了。成千上万的巴勒斯坦年轻人开始向以色列安全部队投掷石块、铁棒，偶尔还会投掷燃烧瓶，并坚持高举被禁用的巴勒斯坦国旗的颜色——红、白、绿、黑。

一开始是一群怨恨的年轻人偶尔发起的抗议活动，很快演变成有着地下领导人、具有精心策划战略的、有组织的一场抵抗运动。到1988年春天，运动已经远远超出了单纯的投掷石块，进而转向对以色列产品的经济抵制、拒绝向以色列缴税、以色列任命的阿拉伯警察和地方政府官员的集体辞职，以及导致贸易、运输、教育和其他基本公共服务关闭的罢工。这场运动也有一个名字：以色列占领区的巴勒斯坦人暴动，即"巴勒斯坦起义"。在阿以冲突的背景下，它已经发展成为一种全新的形式：大规模的公民抵抗运动，要求民族自决和结束对巴勒斯坦的军事占领。以色列突然面临一种全新的挑战：来自内部的战争。

以色列通过数以千计的人员逮捕、监禁和殴打来镇压起义的努力并没有带来真正的缓解。逮捕的人数越多，起义的规模就越大。渐渐地，尽管巴勒斯坦人并不是以色列的军事对手，但他们获得了一个重要的政治优势：反抗提高了巴勒斯坦人的民族意识，并再次将世界的注意力集中到巴勒斯坦问题上来。到 1988 年夏天，许多外界人士认为以色列是占领国，而巴勒斯坦人则处于弱势地位。令以色列当局沮丧的是，一些西方媒体甚至开始把以色列的政策与南非的占领政策做比较。之前外界对以色列的同情开始转变。在一个民族自决的时代，一个拥有 300 万人口的国家把 200 万人口永久地置于其统治之下，会产生反作用。

巴勒斯坦人的反抗进一步加深了以色列内部对被占领领土的深刻分歧。总理伊扎克·沙米尔的利库德党认为这种反抗是结束以色列生存的一种阴谋。在利库德看来，巴勒斯坦人并不是在追求加沙和约旦河西岸的巴勒斯坦国，而是一心要毁掉以色列。因此，强硬的政策被认为是唯一恰当的回应。另一方面，在其领导人西蒙·佩雷斯领导下的工党则主张执行更灵活的政策。工党认为，如果以色列继续占领这些领土，最终犹太人在本国的人数将会被巴勒斯坦人超过，因此工党支持谈判。例如，美国国务卿乔治·舒尔茨的和平倡议受到工党的欢迎，但因利库德集团的拒绝妥协而搁浅。

从某种意义上来说，巴勒斯坦人的反抗重新分裂了以色列。许多以色列平民不愿进入这些领土，居住在以色列的 70 万阿拉伯公民越来越"巴勒斯坦化"。甚至被市长特迪·科勒克热情地形容为阿拉伯人和犹太人的统一城市的耶路撒冷，实际上也再次分裂。犹太人很少敢进入这座城市里的日益敌对的阿拉伯人地区。同样，也很少有巴勒斯坦人进入新的犹太人为主的地区。时钟已经倒转。

到 1988 年年底，阿以冲突已完全陷入僵局。巴勒斯坦人要求完全的自决，而以色列完全没有准备好同意。巴勒斯坦人声称巴解组织是他们唯一的合法代表，这一提议遭到以色列的拒绝。1988 年 8 月，约旦国王将约旦河西岸的主权拱手让给巴解组织，使美国试图寻找约旦国王侯赛因等调停者的努力化为泡影。一场意志上的较量开始形成，尽管以色列在军事力量上依然保持更强大，但却在政治主动权上输给了巴勒斯坦人。在经历了五次失败的战争之后，阿拉伯人终于发现了一个行之有效的方法。

事态开始迅速发展。1988 年 11 月，巴解组织在阿尔及尔举行会议，欢欣鼓舞的亚西尔·阿拉法特宣布巴勒斯坦国家民族独立。然后，他向美国申请签证以便能在联合国大会上发言。当美国国务院以阿拉法特是恐怖主义的帮凶为由拒绝授予他签证时，联合国决定在日内瓦再次召开会议，以压倒性的投票结果决定承认巴勒斯坦独立，并将以色列占领的约旦河西岸和加沙地带置于联合国的监督之下。阿拉法特做出了一次精明的政治行动，在日内瓦也宣称，他承认"中东冲突所有各方都有权在和平与安全中生存"，这意味着承认以色列的存在。此外，他宣布放弃"一切形式的恐怖主义，包括个人、团体和国家恐怖主义"。美国国务卿亨利·基辛格在 1975 年宣布，如果巴解组织承认以色列并放弃恐怖主义，美国将准备与巴勒斯坦展开对话。根据他的继任者乔治·舒尔茨的说法，这些条件当时已经实现了。1988 年 12 月，美国在突尼斯与巴解组织代表举行了第一次会议。以色列政府相当沮丧地重申，它不会在任何情况下与巴解组织进行谈判。阿拉法特显然成功地在以色列和它的美国盟友之间插入了一个巨大的楔子，而且，他还赢得了相当大的宣传胜利。阿拉法特可以声称，联合国在 1947 年以多数票创建了以色列，40 多年后，联合国代表巴勒斯坦人民通过了一项更为压倒性的投票；因此，建立巴勒斯坦国的时间终于到了。

1991 年，呈现出一线希望。美国国务卿詹姆斯·贝克经过不懈的努力，成功地说服冲突各方参加在马德里举行的和平会议。以色列人、阿拉伯人和巴勒斯坦人四十年来第一次坐在一起开会。尽管每个代表都利用这一机会重申熟悉的立场，没有对自己的立场作出让步，但对立各方聚集在同一间屋子里并互相握手这个事实，标志着各方朝着实现中东和平这一艰难的目标迈出了第一步。

和平进程：在恐惧和希望之间

受到在马德里所发生的事态的鼓舞，一小群有着良好政治关系的以色列和巴勒斯坦学者于1992年在挪威奥斯陆附近的一所国家大厦会面，讨论和平问题。为了这个明确的目的，挪威政府为这次会面提供了该地点。谈判者通过长时间的散步，享受丰盛的饮食，以及举行几十次共同的工作会议后，拿出了一份和平解决方案的草案，提交给各自的政治领导人。这次会谈的时机非常好。在以色列方面，1967年战争的英雄伊扎克·拉宾认为，是时候用领土换取和平了。佩雷斯表示同意。在巴勒斯坦方面，亚西尔·阿拉法特渴望重振他作为一个果断领导人的形象，并决心成为第一个巴勒斯坦自治政府的总统，因此他接受了比尔·克林顿总统的邀请，在华盛顿会见拉宾和佩雷斯，签署一项和平协议。因此，在1993年白宫举行的历史性仪式上，这位以色列老兵和前巴勒斯坦恐怖分子握手言和，并将他们的名字写在一份宣告以色列和巴勒斯坦和平的文件上。仅仅轻轻一笔，拉宾和阿拉法特就变成了对抗双方极端分子的准盟友。

由于将加沙和约旦河西岸归还给阿拉法特新建立的巴勒斯坦权力机构是新的和平条约的组成部分，所以许多在西岸的以色列定居者强烈反对它。甚至在和平协议签署之前，一名狂热的犹太人冲进希伯伦附近的一座清真寺，在祈祷时向几十名穆斯林开枪。不久之后，有炸弹在特拉维夫和耶路撒冷爆炸，造成多名以色列平民死亡。尽管如此，拉宾和阿拉法特还是不顾狂热分子的反对，继续推进和平进程。为了巩固他们的新协议，拉宾严厉谴责以色列极端分子，阿拉法特设法逮捕了一些巴勒斯坦恐怖分子。1995年，和平进程取得了第二次重大突破。这两名和平缔造者再次在美国总统克林顿的主持下，在白宫的草坪上与以色列缔结和平。

拉宾总理和约旦国王侯赛因国王进行了另一次历史性握手，并签署协议。只有一个人不愿参与，那就是叙利亚总统阿萨德。

正当拉宾和佩雷斯决定与叙利亚达成协议时，一场悲剧发生了，对整个和平进程造成了可怕的打击。1996年，拉宾总理被一名以色列极端分子枪杀，这在犹太人的历史上是没有前例的。在这场灾难事件的鼓舞下，巴勒斯坦恐怖分子加大了袭击力度，促使拉宾的继任者西蒙·佩雷斯对黎巴嫩的恐怖主义据点进行报复性袭击。到1996年中期，狂热分子似乎将和平缔造者逼入绝境。在5月的全国大选中，以色列人以微弱优势选择利库德集团领导人本杰明·内塔尼亚胡担任总理，而不是拉宾的继任者西蒙·佩雷斯。毫不奇怪，在内塔尼亚胡的领导下，巴以和平进程如蜗牛般向前推进，有时甚至停滞不前。在一次暴力事件中，76名巴勒斯坦人和以色列人被杀。克林顿总统为了拯救和平进程，孤注一掷地邀请内塔尼亚胡、阿拉法特和侯赛因国王参加由美国在华盛顿附近的怀伊仓促安排的一次峰会。领导们进行了会谈，但作出很少让步。内塔尼亚胡同意以色列从约旦河西岸10%的地方进一步撤出，但后来食言了。被困在希望和恐惧之间的领导人，选择了屈从于后者，至少暂时如此。

然而，两年后，当对停滞不前的和平进程感到沮丧的以色列人民选出了他们最优秀的战士来领导他们的国家时，钟摆又重新转向了希望。埃胡德·巴拉克心目中的榜样角色是伊扎克·拉宾。与他的这位被暗杀的前任一样，巴拉克信奉"勇敢者的和平"，但与拉宾不同的是，他在"一个以色列"的旗帜下建立了广泛的全面联盟。在1999年7月的一次充满激情的就职演说中，他把自己描述为一个"双手因战争而变黑，鼻孔里充满了死亡的灰色战士"。他引用犹太诗人希勒尔的话说，"我们的舌头在行进中变得干燥，我们将爱呼唤进你们的灵魂深处"。[40]他给自己设定了一个15个月的最后期限，与巴勒斯坦、黎巴嫩和叙利亚达成全面和平的框架。非常有趣的是，这个雄心勃勃的计划赶在克林顿总统任期内的最后时间。

在1999年的剩余时间里，随着巴拉克继续修复与他的阿拉伯邻居的关系，气氛极大地改善。这种比喻很贴切，因为巴拉克相信，在经历了几十年的血腥冲突后,只有隔离的和平而非融合才能发挥作用。他甚至喜欢引用罗伯特·弗罗斯特的著名诗句"篱笆筑得好邻居"。首先,他拜访了埃及总统穆巴拉克,穆巴拉克给予了他热情的支持。接下来,他向阿拉法特保证,如果阿拉法特能够协调与以色列人达成的建国进程,以色列将继续从约旦河西岸撤军。到 1999 年年底,巴拉克实现了他的前任未能实现的目标:与叙利亚总统阿萨德就用戈兰高地换取叙利亚对以色列的承认进行谈判。巴拉克知道阿拉法特和阿萨德都年事已高且身体不好。他渴望与他们,而不是与他们不知名的继任者们和解。第三个阿拉伯主角——约旦国王侯赛因,已经安息,但他在逝世前做出最后的英雄般的努力,为国家的和平作出贡献。对于老一辈人来说,时间已经所剩无几,但是巴拉克却给予他不可动摇的内心指南针以希望,而不是恐惧。

到 2000 年仲夏,巴拉克已经准备好结束渐进式和平的做法,转而以一种大胆而冒险的赌博形式,立即将所有问题都抛到谈判桌上。由比尔·克林顿总统主持的巴拉克和阿拉法特之间的戴维营首脑会议提供了这样的场合。狡黠的阿拉法特意识到巴拉克渴望成为中东的夏尔·戴高乐。每次当巴拉克提出提议时,阿拉法特都犹豫不决,要求更多。巴拉克甚至提出他之前的每一位以色列领导人都发誓绝不放弃的东西——放弃东耶路撒冷的一部分,并允许巴勒斯坦人将其称之为他们的首都。当阿拉法特甚至拒绝了这个提议并坚持要求所有巴勒斯坦人有权返回以色列时,巴拉克意识到和平的希望正在迅速破灭。他和克林顿都明白,这种要求是交易的破坏者:如此众多的巴勒斯坦人返回以色列将使犹太人在他们自己的国家成为少数民族。最后,尽管巴拉克答应归还约旦河西岸96%的土地,但阿拉法特仍然坚持巴勒斯坦人有"返回的权利"。他的固执让他从巴拉克那里得到更好的承诺,也巩固了他在国内的政治基础。在巴勒斯坦人中间,在返回时他被视为英雄而受到欢迎,而巴拉克却陷入焦虑并隐居起来。

2000 年 12 月,比尔·克林顿在埃及的塔巴为打破僵局做出最后努力,但没有成功。2001 年 1 月,在克林顿总统离任前三天,阿拉法特与克林顿通电话告别时，对他说："你是个伟大的人。""绝不是"，克林顿回答。"我是一个巨大的失败者，是你让我失败的。"㊶巨大的希望再次破灭，恐惧和恐怖将取而代之。

第二次巴勒斯坦起义和路线图

2000 年 9 月，利库德党的总理候选人阿里埃勒·沙龙访问了神圣的阿克萨清真寺，那里也是犹太圣殿山的场地。在 1000 多名士兵和保镖的簇拥下，他在未经许可的情况下参观了几个巴勒斯坦圣地。他的行为引发了第二次巴勒斯坦人的起义，并将该地区的暴力升级到前所未有的高度。在卸任总统之前，克林顿告诉阿拉法特，正是由于阿拉法特拒绝了所能达成的最好的和平协议，才保证了以色列鹰派人物阿里埃勒·沙龙的当选。这是确实发生了的事情。

2001 年 2 月，在乔治·W.布什上台后的几周，沙龙以压倒性的优势当选。不久，一场致命的决斗在沙龙和阿拉法特之间开始形成。阿拉法特继续着在和平会谈和诉诸暴力之间交替使用的传统做法，他支持一个名叫阿克萨烈士旅的新的恐怖组织。这些烈士向奥萨马·本·拉登学习，向以色列引入了一种新的武器——自杀式袭击。这些男人和女人通常两三个人一组地工作，他们会在以色列的城镇中心开枪，射击每一个在视线范围内的人，然后开枪自杀。其他人则会进入市场、夜总会和其他拥挤的地方，在腰上系着炸药腰带，然后引爆自己，剥夺掉在他们附近几十个无辜人的性命。有一次，一个 17 岁的巴勒斯坦女孩走进一家杂货店，引爆了自己身上的炸弹，炸死了一个正在购物的 17 岁以色列女孩。沙龙进行了报复，使用 F-16 战斗机、阿帕奇攻击直升机、坦克和其他重型武器，反复打击恐怖分子的藏身之处，试图铲除他们。此外，以色列坦克将加沙的整个社区夷为平地。当被记者问及以色列是否处于战争状态时，沙龙的回答是肯定的,并补充说每天都会有葬礼。出于完全的挫败感,沙龙多次将狡猾的阿拉法特置于软禁状态,但自杀式炸弹袭击者在表面上成功的鼓舞下,进一步加大了他们的袭击力度,哈马斯和黎巴嫩真主党等其他恐怖组织的加入使暴力烈度进一步加强。经过近三年不断升级的恐怖活动后,暴力事件本身达到了一种可怕的内在逻辑:人们已经无法区别哪些是主动攻击和被动反应,哪些是挑衅行为和报复行动。

到2003年春天,以色列和巴勒斯坦都感到精疲力尽。长期以来,布什政府一直承诺要制定一份所谓的路线图,以解决这一最顽固的冲突,但它的精力已被伊拉克战争消耗殆尽。随着萨达姆·侯赛因被推翻,英国首相托尼·布莱尔鼓励他的这位美国盟友将注意力转向阿拉伯和以色列。这位未经受考验的美国新总统似乎面临成熟时机来调解这场曾使他的许多前任希望破灭的冲突。

也许,对布什政府最有利的事,是阿拉法特长期受到排挤,以及新的温和派巴勒斯坦总理马哈茂德·阿巴斯的出现。马哈茂德·阿巴斯又名阿布·马赞。小布什政府坚决拒绝与阿拉法特打交道,这最终剥夺了他在巴勒斯坦选民中的权力基础。因此,在2003年3月18日,阿拉法特同意设立一个新的总理职位,第二天,68岁的阿布·马赞成为巴勒斯坦权力机构的新领导人。

新的路线图是在美国与欧盟、苏联和联合国的合作下设计的。这是自1993年《奥斯陆协议》签订后结束巴以冲突最协调一致的努力。路线图的基础是小布什于2001年11月10日在联合国大会上发表的一项引人注目的声明,该声明承诺美国将为以色列和巴勒斯坦达成一项两国并存的解决方案,两国将在安全和公认的边界内和平共处。这一承诺在阿富汗和伊拉克战争期间处于休眠状态,但后来又被注入了新的生命,并配备了路线图和时间线(历时三年)以便立即开始,并在2005年最终达成和解。

首先,阿巴斯总理将"结束巴勒斯坦所有的武装活动和所有针对以色列人的暴力行为"。作为回报,以色列开始拆除自2001年3月以来修建的定居点,并冻结所有定居点的建设活动。第一阶段结束后,将举行新的巴勒斯坦选举,接着是成立一个"具有主权属性"的巴勒斯坦国家,最初在尚未划分的区域内具有临时边界。最后,巴勒斯坦国将与以色列举行永久的协议谈判,希望解决耶路撒冷、定居点、边界和难民等棘手的问题。有趣的是,在巴勒斯坦人重返以色列的权利这一关键问题上,路线图始终保持沉默。各方都意识到这样一种权利将意味着以色列的毁灭,所以宁愿保持沉默,也不愿看到一份在送达时就意味着流产的文件。

在两位领导人拟定的路线图中,最有希望的一点是,他们显然有意愿第一次面对最棘手的问题:面对自己身边的破坏者。因此,在约旦的亚喀巴与巴勒斯坦新任总理的首次会晤中,阿里埃勒·沙龙鼓起勇气,承诺遏制以色列的定居点建设。阿布·马赞以同样的勇气,发誓要打击巴勒斯坦运动边缘的狂热分子,并表示决心使用新建的警察部队结束针对以色列的暴力活动。

为了在中东实现和平,以色列和巴勒斯坦领导人意识到,他们可能不得不走向与自己的人民内部冲突的边缘。沙龙总理将不得不接纳杀害伊扎克·拉宾的定居者,而阿巴斯无疑将面临被巴勒斯坦恐怖组织暗杀的危险。当以色列定居者和巴勒斯坦激进分子谴责亚喀巴会议及其决定时,两位领导人面临任务的艰巨性立即得到了强调。

希望是美好的,但风险也很明显。在中东,无论什么时候,当和平缔造者接近他们的目标时,狂热分子就会将他们杀害。令人震惊的是,暗杀者通常不是来自敌人一方,而是来自他们自己的人民。是一个犹太人刺杀了拉宾,一个埃及人刺杀了萨达特。20世纪最伟大的和平缔造者圣雄甘地也是被一名印度教教徒杀害。

一如既往的,激进分子没有等太久。亚喀巴会议两天后,巴勒斯坦的三个主要恐怖组织——哈马斯、伊斯兰圣战组织和阿克萨烈士旅——在从加沙进入以色列的边界发动了联合袭击。他们身着以色列军装,杀害了四名以色列士兵。他们深信阿巴斯对以色列过于妥协,因此决定除掉他。另一方面,沙龙也面临着自己的强硬派。"滚回家去吧",他们嘲笑他,"你屈服于恐怖主义"。㊷第二天,以色列直升机向载有哈马斯激进分子的汽车如暴雨般投掷了导弹,造成 5 人死亡,以及一名领导人——阿卜杜勒·阿齐兹·拉蒂西——受伤,他在他的病床上发誓要进行复仇。第二天,一名伪装成东正教犹太人的哈马斯人体炸弹在耶路撒冷的一辆公共汽车上炸死 16 名以色列人,炸伤 100 多人。沙龙发誓"追捕"哈马斯成员,直到巴勒斯坦安全部队将他们镇压下去。穆罕默德·阿巴斯发现自己陷入了一个再熟悉不过的两难境地。正如他的一位官员所说:"为了与哈马斯达成协议,我们必须与以色列达成协议;为了与以色列达成协议,我们必须与哈马斯达成协议。"㊸暴力事件的恶性循环重新开始。小布什总统做了他的许多前任做过的事,向遇难者家属表示哀悼,并敦促沙龙和阿巴斯停止死亡旋涡。他的"路线图"似乎偏离了轨道。

一个可怕的例子证明了这场冲突的极端残暴性。巴勒斯坦在希伯伦的最优秀的足球队队员,在针对以色列人的自杀行动中一个个死去。他们的教练原来是哈马斯在希伯伦的军事派别的领导人,当时正在招募他的队员。以色列人突然明白了这支足球队的双重生活,随即杀死了这个教练。

最终,在与自己的异见分子作斗争而接近精力耗尽后,沙龙和阿巴斯7月初决定在布什的路线图上迈出试探性的第一步。阿巴斯设法说服了哈马斯和伊斯兰圣战组织接受三个月的休战,沙龙从加沙部分地区和约旦河西岸的伯利恒镇撤出以色列军队。7 月 1 日,两位领导人在耶路撒冷肩并肩站在一起,这一次没有中间人,再次承诺要把过去抛在身后。用穆罕默德·阿巴斯的话来说,"失去的每一个生命都是人类的悲剧。我们应不再有苦难,不再有死亡,不再有痛苦"。㊹

几周后,布什邀请沙龙和阿巴斯前往白宫分别与他们会见,鼓励两位在他的路线图上采取更加具体的步骤。他向阿巴斯提出了一项经济刺激计划,以启动巴勒斯坦的发展,但他警告说,恐怖活动是不能容忍的。阿巴斯承诺尽最大努力延长停火，并控制武装分子。沙龙开始拆除约旦河西岸的几个检查站和前哨，并做出一项重大让步，释放以色列监狱里的数百名巴勒斯坦人。然而，他坚持要完成一个"安全围栏"，以防止自杀炸弹袭击者从约旦河西岸渗入以色列。

当阿巴斯与伊斯兰圣战组织和哈马斯领导人在加沙城会面，试图延长停火时，一名自杀炸弹手在耶路撒冷一辆拥挤的公共汽车上引爆炸弹，造成 20 人死亡，包括 6 名儿童，数十人受伤。以色列立即中止了与巴勒斯坦的所有谈判，而沮丧的阿巴斯也对被认定为哈马斯和伊斯兰圣战分子的恐怖分子发出了逮捕令。不久之后，以色列人在加沙城杀死了几名哈马斯成员，其中包括两名哈马斯高级领导人。事情更糟糕的是，美国国务卿科林·鲍威尔呼吁遭到边缘化的阿拉法特，支持在与巴勒斯坦激进分子斗争中的阿巴斯。阿巴斯夹在重新复出的阿拉法特和他自己的激进分子之间，面对着对巴勒斯坦议会的不信任投票，决定辞去总理一职。阿拉法特接受了他的辞呈，但是阿拉法特又立即被以色列拒绝作为谈判伙伴。的确，以色列威胁要驱逐甚至杀死阿拉法特，但当联合国安理会试图通过一项决议呼吁以色列撤销这一威胁时，美国投了否决票。阿拉法特不慌不忙地任命了新总理艾哈迈德·库赖接替穆罕默德·阿巴斯。作为回应，沙龙重申不再理会阿拉法特，继续追捕巴勒斯坦激进分子的决心。这场冲突似乎已归结为两个年迈的男人——沙龙和阿拉法特——之间的死亡斗争。在赎罪日，也就是犹太人日历上最神圣的一天的前夕，一名巴勒斯坦自杀式炸弹手在海法一个拥挤的餐馆内引爆炸弹，造成 19 人死亡，50 多人受伤。沙龙对在接近叙利亚首都大马士革的他认为是巴勒斯坦的一个恐怖分子营地进行了报复性空袭。小布什总统宣布以色列有权进行自卫。这是 30 年来以色列首次公开对一个阿拉伯国家发动军事打击，从而将冲突扩大到了包含叙利亚在内。正如鲍威尔所警告的，这张和谈的路线图不仅从悬崖上滑落下来，而且整个地区有着可能被拖入以色列与巴勒斯坦之间致命的冲突旋涡的危险。更糟糕的是，10 月中旬，巴勒斯坦武装分子杀害了三名美国安保人员，打伤了一名美国外交官。这是自第二次巴勒斯坦人起义开始以来,首次开展针对美国目标的致命袭击。

然而,当沙龙和阿拉法特表现得像一只瓶子里的两只蝎子时,希望又一次出现,这次来自非官方的消息。以色列前安全部队长官阿米·阿亚龙和一名巴勒斯坦大学校长萨利·努赛贝赫设法起草了一份由10万名以色列人和7万名巴勒斯坦人签署的原则声明。在声明中,以色列将被承认为"犹太人民族国家",耶路撒冷的主权将被分割和共享,巴勒斯坦人的"重返权利"将不包括重返以色列。⑤

2003年12月1日,来自以色列和巴勒斯坦政治派别的民间领导人聚集在瑞士日内瓦,宣传一项已经谈判了的、但是为非官方的被称为《日内瓦协议》的框架协议。该协议的核心概念是,作为与以色列保持和平的交换,巴勒斯坦人最终将获得一个非军事化的国家。该计划设想,巴勒斯坦国家占据了几乎约旦河西岸和加沙地带的所有地区,但约旦河西岸沿边境的犹太人定居点和耶路撒冷大部分地区都给予以色列。作为回报,巴勒斯坦人将获得对东耶路撒冷部分地区和圣殿山圣地的主权。

尽管沙龙政府拒绝了"日内瓦计划",但美国国务卿科林·鲍威尔还是决定与以色列前司法部部长约西·贝林以及领导巴勒斯坦代表团的亚西尔·阿布德·拉贝会面。鲍威尔赞扬了《日内瓦协议》的这两名发起人的工作,但表示更倾向于接受布什政府的路线图,强调巴勒斯坦人有必要打击恐怖分子,以色列人有必要为巴勒斯坦人在约旦河西岸提供便利条件。"日内瓦计划"似乎涉及最终地位问题,而"路线图"指出了实现这一目标的途径。

2004年11月,受到排挤的阿拉法特在巴黎的一家医院去世,以及随后他在拉马拉的安葬,除了在他最热心的支持者之间,几乎没有引起什么反响。巴勒斯坦权力机构的领导权现在移交给穆罕默德·阿巴斯。阿巴斯尽管做出了英勇的努力,但似乎无法阻止他自己的人民继续对以色列发动恐怖主义袭击。

历史的中断

2005 年夏天，一切都开始改变。在接下来的几个月里发生了五起没有人预料到的事件，为以色列和巴勒斯坦创造了一个全新的局面。

总理阿里埃勒·沙龙是以色列最典型的战士。然而在 2005 年，作为以色列定居点政策的设计师，沙龙做了一件以色列领导人从未做过的事：他单方面割让了以色列在 1967 年战争期间夺取的土地，宣布以色列立即从加沙撤军。尽管利库德党发出了强烈抗议，加沙地带的以色列定居者也零星地发起了抵抗，但对该块土地的转交几乎没有遭遇到暴力抵抗。作为勇士，沙龙已经认识到当地人口的现实：通过剥离加沙地带，以色列将保留自己的犹太身份。

更令人惊讶的是，沙龙在从加沙撤军后不久宣布，他将离开利库德党，组建自己的政党，将之命名为"前进党"。沙龙已经变成了一个中间派，准备用更多的土地换取和平，而利库德集团在过去三十年一直保持不变，在右翼分子本杰明·内塔尼亚胡的领导下受到边缘化。在前进党的领导下，多年来遭受巴勒斯坦自杀式炸弹袭击的大多数以色列人，不得不接受进一步的领土让步。然而，在随后的这种过渡过程中，沙龙被击倒了，不是像十年前的伊扎克·拉宾那样被刺客的子弹击倒，而是在一次严重的中风中瘫痪，并陷入了不可逆转的昏迷状态。

在沙龙弥留之际，又发生了一件令人震惊的事。在 2006 年 1 月的巴勒斯坦选举中，激进的伊斯兰组织哈马斯赢得了绝大多数席位，哈马斯发誓要摧毁犹太人国家。突然的，就像在一代人之前，以色列发现自己没有了谈判伙伴。尽管穆罕默德·阿巴斯在哈马斯领导人组建内阁期间担任过渡职位，但哈马斯宣布，它既不承认犹太人国家，也不受巴勒斯坦权力机构与以色列之前达成的任何协议的约束。

布什总统陷入进退两难的境地。如果他承认哈马斯，这将会断然否认他的全球反恐战争,因为美国和欧盟早已将哈马斯定性为恐怖组织。但如果他不承认哈马斯,这就会断然与他的全球民主运动相抵触,因为哈马斯在布什倡导的整个中东自由选举中赢得了明显的多数席位。"你越担心得到什么,你就越可能得到什么!"对布什总统来说,这或许是一个恰当的座右铭。然而,阿拉法特的旧党法塔赫花了几十年才从一个恐怖组织演变成一个外交伙伴,而沙龙花了几十年才从一个战士变成一个和平缔造者。哈马斯可能会沿着类似的路线演进,但它在开始时会步履维艰。以色列尽管有义务向一群官员、警察和教师支付工资和薪水以及应向在加沙符合条件的巴勒斯坦人支付医疗和丧葬费,但它暂停向哈马斯支付所有已到期应付款。之前将哈马斯列为恐怖组织的美国和欧盟也停止了所有对巴勒斯坦的支持。结果,哈马斯甚至在开始执政之前就面临着严重的金融危机。然而,哈马斯设法认可了在特拉维夫发生的一起自杀式炸弹袭击是"合法的",该起袭击导致 9 名以色列人和 20 名其他种族人员死亡,而穆罕默德·阿巴斯则谴责该行为是"卑鄙的"。此外,哈马斯还任命了被以色列列入"通缉名单"上的一名激进分子为安全部长。一位以色列发言人认为"狐狸现在被派去保护鸡舍"。

2006 年 3 月的以色列大选,对观察未来形势的发展提供了一些线索。沙龙的亲密盟友埃胡德·奥尔默特担任了新前进党的领导人。选举结果使他对进一步单方面的让步表示了低调支持,即对约旦河西岸部分仔细划定的地区做出进一步的让步,这些让步将使在中段将约旦河西岸分开的以色列的一些主要定居点得以保留。在这种精心调整的单方面让步中,即使是耶路撒冷也可能无法幸免。布什总统在批准奥尔默特的倡议的同时,敦促他与阿巴斯进行沟通。

与此同时,为了阻止法塔赫和哈马斯之间日益加剧的暴力冲突,阿巴斯根据被关押在以色列监狱中的巴勒斯坦囚犯的提议,敦促举行全民公投。这份得到关押在监狱中的几名哈马斯主要成员批准的"囚犯文件",敦促恢复与以色列的谈判,以便建立巴勒斯坦国。这是阿巴斯的聪明举动,它使哈马斯处于守势。

在对约旦国王阿卜杜拉的访问中,奥尔默特承诺,在采取单方面行动前,他将尽一切努力推动谈判达成和解。不幸的是,在奥尔默特向阿卜杜拉国王做出承诺的几个小时后,以色列空袭了加沙的一个武装分子训练营,杀死了哈马斯政府的一名高级成员。尽管奥尔默特立即否认已故的哈马斯安全部长贾马尔·阿布·萨米哈达纳是其打击的目标,但以色列的打击破坏了奥尔默特的可信度,也破坏了阿巴斯的新举措。不久后,一艘以色列炮艇向加沙海滩开火,杀死了几名平民,哈马斯随即中断了与以色列的停火。哈马斯没有考虑阿巴斯的全民公投提议,而是选择无视以色列的道歉,以火箭袭击为报复,导致许多平民丧生。阿巴斯称以色列的海滩袭击是一场"血腥屠杀",但他仍然继续推进他的公投倡议,签署了一项命令,将 7 月 26 日设定为公投日期。哈马斯领导人立即呼吁阿巴斯放弃公投。阿巴斯反驳说,如果哈马斯同意接受"囚犯文件"中提出的原则,就没有必要进行公投。"我们的目的就是达成一致",他说道。

与此同时,由拉马拉比尔泽特大学的社会学教授纳德尔·赛德做出的一项民意调查显示,巴勒斯坦人普遍支持传统的法塔赫议程,即通过谈判与以色列达成永久的两国解决方案。[46]阿巴斯的常识似乎正在赢得普通巴勒斯坦人的支持,尽管武装的法塔赫帮派和武装的哈马斯帮派陷入交火状态。约旦国王阿卜杜拉和诺贝尔和平奖得主埃莉·威塞尔实际上成功地让埃胡德·奥尔默特和穆罕默德·阿巴斯在约旦的佩特拉举行了会面,双方领导人同意安排一系列实质性会晤。[47]

就在形势好转之际,八名哈马斯激进分子从加沙南部一处距以色列300 码的隧道中出现,打死两名士兵,打伤三名,绑架一名。其中两名武装分子被抓获,其余的武装分子则在俘获一名以色列士兵后逃跑了,这是十多年来以色列士兵第一次被绑架。作为回应,以色列坦克驶进加沙,这是自以色列一年前从加沙撤军以来的首次坦克入侵。以色列宣布,它的目标不是重新占领加沙,而是营救那名 19 岁的被俘士兵。当数天后那位年轻的以色列人仍在哈马斯手中时,以色列在约旦河西岸逮捕了 64 名哈马斯成员,其中包括三分之一的巴勒斯坦内阁成员和 23 名议员。"只要他们足够聪明,不公开进行恐怖活动,就没有人碰他们",一名以色列发言人说。"但现在他们又回归到了恐怖活动,所以我们有权以不同的方式对待这个恐怖主义政府,并试图将他们赶下台。"㊽哈马斯总理伊斯梅尔·哈尼亚将以色列的行动称为之前驱逐哈马斯计划的一部分。第二天,以色列的飞机轰炸了哈尼亚的家,这表明没有人,包括哈马斯高级官员,可以幸免于以色列的军事打击。

随着进出加沙的边境被关闭,食品变得稀缺,水和电力也成为奢侈品。面对以色列的军事打击,巴勒斯坦的"街道"被加固起来,在哈马斯的领导下日益变得封闭,尤其是当以色列的飞机轰炸法塔赫办公室时。来自加沙的一枚火箭弹在以色列境内六英里处爆炸,引发了以色列一次报复性袭击,对加沙城内的内政部造成了广泛的破坏。作为一次重要的让步,几天后,哈尼亚呼吁双方停火。但是以色列拒绝了该停火提议,认为只要以色列士兵吉拉德·沙利特下士仍然作为囚犯被关押,双方就不可能停火。穆罕默德·阿巴斯也提议恢复谈判。沙利特的父亲公开表示支持双方达成协议,一项民意调查显示,大多数以色列人支持他的立场。

然而,虽然得到被绑架的以色列士兵父亲的响应,穆罕默德·阿巴斯的和平请求在第二天却被双方的火箭弹淹没。随着局势的严重升级到有可能将一场相对局部的冲突演变成一场地区性的冲突,战争的浩劫再次出现。

"给战争一个机会":美国、以色列和真主党

2006 年 7 月 13 日,伊朗支持的黎巴嫩游击队组织真主党,在光天化日之下在边境对以色列出其不意地发动了猛烈袭击。双方的战斗随后发生,导致两名以色列士兵被捕,至少 8 人死亡。

作为回应,已经在加沙发动军事行动,并营救出其被俘士兵的以色

列,六年来首次派遣装甲部队进入了黎巴嫩南部,并向在黎巴嫩的真主党据点发射火箭。在以色列看来,黎巴嫩的真主党比加沙地带的哈马斯要危险得多。真主党的攻击完全没有任何原因。

在几天内,冲突急剧升级。真主党的火箭弹袭击了以色列城市海法和拿撒勒。以色列做出了激烈的反应,一名高级军事指挥官宣称“黎巴嫩的任何东西现在都不安全”[49]。黎巴嫩被置于全面的海军和空中封锁之下,贝鲁特和泰尔被大规模轰炸,甚至通往叙利亚的边境口岸也遭到袭击,以阻止被真主党绑架的以色列士兵被转移到叙利亚。

双方的温和派很快受到排挤,激进分子取而代之。处于极度沮丧中的穆罕默德·阿巴斯威胁说,由于他既没有权,又没有钱,他可能会辞去巴勒斯坦权力机构的职务,离开这个国家。真主党领导人赛依可·哈桑·纳斯鲁拉向以色列公开宣战,在加沙街头被当作英雄受到欢呼。伊朗脾气暴躁的总统马哈茂德·艾哈迈迪·内贾德也加入进来,呼吁“对犹太复国主义入侵者发动伊斯兰战争”。黎巴嫩总理福阿德·西尼乌拉呼吁在联合国的帮助下立即停火。以色列对真主党袭击的反应被欧盟国家广泛地批评为“不合适”,它们不理解为什么三名士兵的绑架会引起以色列如此强烈的愤怒。

也许在这里需要一些言语来解释以色列的心理。即使是一次单个以色列人的绑架或死亡,也会勾起犹太人对大屠杀的回忆。就好像一个家庭的儿子被谋杀或绑架后,这个家庭再次受到无家可归甚至死亡的威胁。那些从未有过国家但现在有了国家的犹太人,会害怕再次失去它;反过来,巴勒斯坦人也有自己痛苦的回忆。他们从来没有一个现代的国家,所以着迷于拥有他们自己的主权国家。双方都有一种集体的无意识。正如西格蒙德·弗洛伊德曾经说过的,“自我(或意识思维)是骑在烈马上(无意识)的一名弱者”。而且,这里可能需要再增加一点,无意识是非常顽固的,从来不学习任何东西。

随着中东敌对行动继续升级,八个工业大国在苏联圣彼得堡举行了他们预定中的峰会。八国集团领导人起草了一份联合声明,宣称“这些极端分子和他们背后支持者不能被允许使中东陷入混乱"⑤⁰,这显然是在暗示真主党及它的伊朗支持者。但是,八国集团也敦促以色列在黎巴嫩的行动中采取"最大克制",以避免伤害无辜平民的生命。在这个限制下,以色列只能靠自己来对付真主党,因为停火被美国认为还未成熟而被排除。

随着时间的流逝,危机愈演愈烈。以色列决心给哈马斯和真主党同样一个教训,即在以色列的土地上绑架以色列士兵将会付出沉重代价。因此,不仅以色列坦克深入加沙,以色列轰炸机还摧毁了巴勒斯坦外交部,而且以色列决心将真主党作为一种有效的战斗力量彻底消灭。然而,这并不是一件容易的事。真主党拥有伊朗赞助的先进火箭,这些武器深入以色列,甚至威胁到特拉维夫的安全。

随着以色列的空袭越来越残酷,黎巴嫩被夹在了中间。尽管无助的黎巴嫩总理请求双方停火,但是美国想给以色列足够的时间去摧毁真主党,或者更直接地说,想给战争一个机会。一开始,小布什总统反复宣称以色列有权进行自卫,这种说法在黎巴嫩看起来有道理,但随着平民伤亡的日益增加,黎巴嫩的同情逐渐转向真主党,而在叙利亚边境,纳斯鲁拉则成了英雄。然而,伊朗从新的冲突中获益最多。它成功地转移了所有人对它的核野心的注意,它可以事实上不受干扰地追求它的核野心了。此外,伊朗几乎没有风险地成为冲突中的主要参与者。

严重的人道主义危机带来了一系列新的问题。在以色列的空袭和封锁下,成千上万的美国人和其他外国公民突然被困在黎巴嫩。他们不得不通过船只撤离到塞浦路斯,并在美国海军陆战队的护送下离开贝鲁特。这是自1983年贝鲁特恐袭事件发生以来,美国海军陆战队首次踏上黎巴嫩领土。联合国秘书长安南强烈谴责以色列和真主党不断升级的暴力活动,并要求立即停火,以便给外交一个机会。他还提到2004年安理会通过的联合国第1559号决议,该决议要求解散真主党并将其纳入政治进程。

黎巴嫩总理福阿德·西尼乌拉支持安南,认为他的国家正在被"撕成碎片"，有 50 多万黎巴嫩人受到敌对行动的影响。然而，美国继续支持以色列，后者坚持认为自己需要更多的时间来完成这项任务。阿拉伯世界仍然存在分歧，埃及、约旦和沙特阿拉伯仍然对真主党持批评态度。特里·韦特是一名著名的英国人道主义者，多年来一直是真主党的人质，他评论说，时间并不在以色列方面，认为如果以色列袭击持续的时间再长些的话，黎巴嫩将成为真主党招募新兵的一片新的沃土。

7 月 21 日，也就是危机爆发以来的第 10 天，当以色列坦克集结在黎巴嫩边境发动明显的地面入侵时，冲突达到了高潮。黎巴嫩总统埃米尔·拉胡德宣布黎巴嫩军队将与入侵者作战。这显然使布什政府相信外交的时机已经到来。美国国务卿康多莉扎·赖斯宣布，她将前往该地区，与各方会面，以便敲定一项协议。英国首相布莱尔提出了建立一支强大的国际部队的想法，在北约的支持下，这支部队可以作为以色列—黎巴嫩边境的缓冲地带。以色列和美国对这一想法表示了兴趣，尽管两国都排除了停火的可能性。与此同时，以色列向黎巴嫩深入推进，以确保自己的缓冲区安全，真主党也继续对以色列发动火箭袭击。赖斯承诺向黎巴嫩提供大量人道主义援助，以修复由美国向以色列提供的炸弹对黎巴嫩造成的破坏。赖斯开始对以色列和黎巴嫩，甚至加沙地区进行闪电访问，并建议建立两支稳定部队，以确保以色列—黎巴嫩的边界中立化：第一支部队是由从埃及和土耳其招募的 1 万名士兵组成，第二支部队，更为强大，是由 3 万名主要来自欧洲的士兵组成，由北约指挥。然而，存在一个迫在眉睫的问题。没有国家自愿为建议中的北约部队提供人力。英国声称在伊拉克的行动过于拉长，法国直接拒绝，德国坚持要求这必须得到真主党的同意，这是一项不可能的前提。与此同时，随着真主党向以色列北部发射火箭弹，以色列进一步向黎巴嫩推进，并恢复对泰尔和贝鲁特的空中轰炸。以色列的海法市以及黎巴嫩的泰尔和贝鲁特市都遭受了严重的平民伤亡。此外，由于真主党将其火箭发射器藏在村庄的平民中，并用村民作为人肉盾牌，以色列若能彻底摧毁真主党的作战能力，似乎需要时间。

很明显，美国和以色列"给战争一个机会"的共同政策有一个临界点,超过这个临界点,它就会变得弄巧成拙。这场战争与以色列以前发动的战争不同。

7月25日,当18个国家齐聚罗马时,分歧依然无法弥合。美国国务卿赖斯坚持要"可持续"停火,以便给予色列更多的时间。其他大多数外交官都同意联合国秘书长安南的要求,即各方立即停止敌对行动。缺乏行动使得黎巴嫩总理福阿德·西尼乌拉发出绝望的呼喊。"难道黎巴嫩人的生命价值比其他国家的生命价值要少吗?"他问道。"我们是失宠于上帝的孩子吗?"更糟的是,联合国秘书长安南指责以色列故意把设在以色列边界的联合国驻黎巴嫩的一个哨作为打击目标。

以色列否认轰炸是其有意为之,并进行了公正的调查。与此同时,以色列获取了黎巴嫩南部的两个城镇,并继续轰炸泰尔和贝鲁特。反过来,喀秋莎火箭弹继续如雨点般落在海法市,真主党领袖纳斯鲁拉显然没有被吓倒,并承诺会发动更多的意外袭击。第二天,真主党渗透到两个被占领的城镇,9名以色列士兵在试图重新夺回它们时被杀。显然,真主党从费卢杰叛乱分子那里学到了很多。

以色列前总理西蒙·佩雷斯在接受CNN采访时被问及,以色列将如何应对真主党在黎巴嫩人的家中藏匿火箭弹的政策。"导弹不像狗",佩雷斯回答说。"你家中是不能有宠物导弹的。要么你扔掉导弹,要么你离开你的房子!"

真主党显然已成为一个可怕的敌人。以色列内阁决定不发动全面的地面入侵,而是要在沿着边境建立一个狭窄的缓冲区这是一个更温和的目标。赖斯曾将此次流血事件描述为"新中东的诞生阵痛",她致力于建立能将以色列人重新安置在缓冲区的一支强大的和平部队。战争爆发两周后,阿拉伯人的观点已经背离了美国的立场。最初谴责真主党的埃及、约旦和沙特阿拉伯强调需要立即停火。基地组织二号人物艾曼·扎瓦赫里利用真主党日益上升的声誉,呼吁各地的基地组织武装分子发动一场新的圣战,"解放从西班牙到伊拉克的曾经是伊斯兰领土的每一块土地。"真主党向除海法以外的以色列北部发射了比喀秋莎射程更远的火箭弹。以色列之前显然低估了真主党游击队的战斗力，召集了3万名预备役军人，暗示它可能为一场旷日持久的战斗做准备。与此同时，以色列继续对黎巴嫩发动空袭，这反过来又引起向受伤的平民和难民提供紧急援助的救援人员的愤怒抗议。所有这些局势的发展使得美国"给战争一个机会"的政策越来越成问题。

显然是在要求尽快结束冲突的压力下，美国总统布什和英国首相布莱尔7月28日在白宫举行了新闻发布会。布什宣布赖斯将返回中东，并指示她起草一份联合国安理会决议，授权成立一支国际部队协助黎巴嫩执行2004年通过的第1559号决议，解除真主党的武装，恢复黎巴嫩政府的权威。两位领导人充分认识到欧洲和阿拉伯世界舆论的变化趋势，强调这些应该在几天内尽快实现。当被记者追问真主党的角色时，布莱尔首相认为，这个游击队组织会同意该计划，使敌对行动的停止成为现实。但这种假定是令人怀疑的。

两天后，以色列对贝鲁特附近的卡纳镇发动空袭，造成50多个平民死亡，其中大多数是妇女和儿童，整个外交努力几乎付之东流。以色列人错误地空袭了一处难民们在那里寻求庇护的房屋，而不是预定的目标，即距离仅50码外真主党的一个藏身之地。接下来发生的事情令人一片哗然：黎巴嫩总理告知在耶路撒冷为联合国安理会的一项决议而奔波的赖斯，她在贝鲁特不受欢迎，他要求立即停火。真主党的纳斯鲁拉承诺将开展报复。阿拉伯世界团结一致反对以色列，甚至约旦国王阿卜杜拉也谴责以色列的"犯罪侵略"。在黎巴嫩的敦促下，联合国安理会召开紧急会议，考虑通过一项决议，要求立即停火。以色列是唯一反对该决议的国家，尽管美国是以色列仅存的唯一盟友，但是也受到大多数联合国成员国的压力。安理会设法通过了一项决议，对发生在卡纳的悲剧表示"极度震惊和悲痛"，并要求结束暴力，但没有要求立即停火。然而，作为卡纳灾难的直接后果，美国国务卿赖斯说服以色列同意对黎巴嫩的空中打击暂停48小时，允许人道主义工作人员履行职责，并允许希望离开黎巴嫩的平民离开黎巴嫩。赖斯希望能够将这种战术上的停顿转变为永久停火,立即着手制定一项更全面的联合国决议,以期在48小时歇期内由安理会审议并通过。

卡纳灾难唤起了人们对十年前发生的同样一场悲剧的记忆,那场悲剧不仅使整个阿拉伯世界反对以色列,而且使美国的地位更加困难。几乎没有穆斯林记得,或者有意识地记住,是真主党开启了这一切。作为唯一一支将强大的以色列战争机器成功逼入停滞状态的阿拉伯力量,真主党的游击队当时成为人们羡慕的对象。哈桑·纳斯鲁拉被广泛地比作一千年前耶路撒冷的征服者萨拉赫丁。

以色列安全内阁开始了与外交时钟的赛跑。它推翻了早先的决定,将地面战争扩大到黎巴嫩南部,目的是尽可能在剩余的时间里削弱真主党,并建立一个安全区。成千上万的以色列军队越过边境,与真主党战士进行了激烈的战斗。叙利亚总统巴沙尔·阿萨德宣布,他的武装部队已"高度准备就绪"。

几个小时后,在一次大胆的突击行动中,以色列士兵突袭了位于贝卡谷地的真主党中心巴勒贝克,夺取了一所伊朗人拥有的医院,目的是杀死或抓获真主党的高级成员。经过一场激烈的交火,许多平民被杀,突击队成功绑架了5名真主党武装分子,并将他们用直升机运回以色列。其中一名激进分子承认参与了绑架两名以色列士兵的行动。第二天,200多枚喀秋莎火箭弹落在以色列的土地上。

随着以色列恢复对黎巴嫩城市的轰炸,平民继续死亡,挪威联合国人道主义援助活动的负责人简恩·艾格兰德发表了一份令人难忘的声明。他说道:"战争从根本上是错误的","在战争中,死亡更多的是孩子而不是武装人员。"他的话在阿拉伯世界被广泛引用,包括已故约旦国王侯赛因的遗孀努尔王后。为了报复以色列对贝鲁特的再次空袭,真主党领导人威胁以色列将对特拉维夫进行火箭袭击。

随着联合国安理会即将审议一项由法国和美国商定的决议草案的消息传开,以色列的攻势进一步加强。一万多名士兵快速地向利塔尼河推进,试图获取足够大的缓冲区来防止真主党向以色列发射火箭弹。此外,以色列对位于泰尔和贝鲁特的疑似火箭发射器开展了日间轰炸，造成了更多的破坏和平民伤亡。然而，每天仍然有200枚喀秋莎火箭弹射向以色列，对海法市造成了前所未有的伤亡。叙利亚宣布，任何针对它的攻击都将立即引发回应。在外交接触前，双方都在最后的阵痛中加强了军事活动。

作为支持黎巴嫩政府为坚持立即停火所做出的最后努力，阿拉伯国家代表团抵达联合国安理会，提供了一份妥协方案，提议由一支15000人的黎巴嫩部队与加强了的联合国驻黎巴嫩临时部队结合起来，维持黎巴嫩南部边境地区的治安。然而，以色列不赞成这项建议，因为在以色列看来，它不相信这种部队会解除真主党的武装，甚至阻止真主党重新武装。只有一支强大的、有战斗准备的国际部队才能说服以色列同意停火，并从来之不易的缓冲区撤军。

8月11日，即在敌对行动爆发一个月后，法国和美国成功地起草了一项折中方案，该方案成为第1701号决议获得联合国安理会的一致通过。决议要求停止敌对行动，并在黎巴嫩南部部署3万名黎巴嫩和联合国部队。它还呼吁以色列"同时"撤军。这支新的联合部队将要开展巡逻的缓冲区，从以色列和黎巴嫩的边界——也就是所谓的蓝线——延伸到北部大约15英里的利塔尼河。决议没有下令遣返被绑架的以色列士兵，也没有满足真主党释放被以色列关押的因犯的要求。尽管决议明确表示，只有黎巴嫩和联合国部队有权在缓冲区巡逻，但它在解除真主党武装这个以色列最关心的问题上仍然含混不清。

联合国安理会1701号决议承认以色列未能摧毁真主党这一事实。在以色列经历过的最漫长的战争中，它的军队被这支阿拉伯游击队拖入了停滞状态。意识到以色列将不得不接受一场令人不安的对峙，而不是往常它取得的那样的胜利，美国决定支持停火。然而，真主党宣布了自己的胜利，并在战争的最后一天向以色列发射了200多枚火箭弹。甚至连位于伦敦的《经济学人》杂志也在8月19日宣称纳斯鲁拉赢得了这场战争。伊朗和叙利亚也称赞这位真主党领导人是一位英雄。在最后的挫败感中,以色列轰炸了贝鲁特,并在停火生效前巩固了其在黎巴嫩南部的阵地。

在一个星期的平静期内,成千上万的黎巴嫩难民匆忙返回家园。黎巴嫩和联合国的士兵开始在缓冲区中履行职责。真主党转向重建,并向迫切希望重建家园的黎巴嫩平民发放了伊朗提供的数百万美元现金。然而,8月19日,脆弱的停火协议因以色列在真主党据点巴勒贝克附近发动突袭而变得紧张,此次袭击行动是为了防止武器从伊朗和叙利亚运送到游击队手中。黎巴嫩总理称这一行为公然违反了联合国斡旋的停火协议。第二天,向联合国部队贡献兵力以稳定黎以边境的大多数国家都改变了想法,坚持要求澄清交战规则。法国拒绝贡献本国的200多名士兵,其他大多数欧洲国家也纷纷效仿。只有意大利信守承诺,向黎巴嫩派遣一支3000人的部队。

停火的根本弱点很快就暴露出来。以色列不相信黎巴嫩军队或联合国能够解除真主党的武装。因此,它会做出它认为必须要做的事情来保护自己,这意味着如果有必要,通过武力来实现其目的。以色列相信,真主党会利用休战来重建力量,以便在未来能更好地战斗。与此同时,通过"给战争一个机会"的政策,美国在对阿拉伯世界的认识上达到了新的最低点。另外,在与以色列的战争中幸存下来的纳斯鲁拉被广泛认为是胜利者。以色列宣布"纳斯鲁拉必须死",这意味着如果成功实施的话,只会使他成为烈士。也许,以色列的战略错误是它严重低估了真主党,因此即使花了很长时间也没能实现这个目标。代替胜利的是,它的敌人完好无损地存活了下来。换句话说,以色列不但没有通过使用恐怖的手段来终结敌人,还可能把自己困在一场没有尽头的恐怖之中。

为了摆脱这一难题,以色列向欧洲列强施压,要求它们重新向联合国稳定部队派遣军队。但叙利亚立即宣布,它将部署在其边境的北约国家军队视为"敌意存在"。国际特赦组织发布的一份报告指责以色列对黎巴嫩平民犯下了战争罪,而且美国国务院声称已经开始对以色列使用"集束炸弹"展开调查的通告也增加了对以色列的压力。然而,几天后,国际特赦组织指责真主党对以色列平民犯下战争罪，从而制造了一种残酷的罪行对称。

在布鲁塞尔举行的欧盟紧急会议上，法国承诺向联合国部队提供2000名士兵。加上意大利承诺的3000人以及一些其他国家小规模人数的承诺，联合国部队总人数达到了6900人。联合国秘书长安南称这些承诺是第1701号决议所要求的"可信核心"。然而，欧洲官员警告说，这支部队无法解除真主党的武装。他们认为，如果要做的话，该项工作应该留给黎巴嫩政府和军队去完成。而且，由于黎巴嫩军队不打算对抗真主党，任何解除真主党武装的可能都必须通过政治谈判来进行，这是最不可能实现的任务。

因此，以色列从黎巴嫩南部撤军的前提条件——联合国明确授权解除真主党武装——并没有实现。这一核心问题不仅没有得到解决，而且联合国秘书长还补充说，除非黎巴嫩政府明确要求，否则不会在叙利亚边境部署联合国维和人员。黎巴嫩总理立即做出回应，坚称黎巴嫩军队完全有能力独自控制叙利亚边境。而叙利亚总统反过来则承诺尊重武器禁运，并通过增加警卫和加强与黎巴嫩当局的联系来帮助确保边境安全。

然而，在本质上，以色列和真主党这两支战斗人员之间的对抗仍然具有潜在的爆炸性，尽管双方经过长达一个月之久的激烈战争的消耗，毫无疑问扮演着一种威慑力量。经常被美国提出的目标，即实现持久和可执行的和平，仍然存在着问题。在最好的情况下，一支强大的联合国和平部队会使真主党更难攻击以色列。反过来，这也可能会减少以色列发动反击的理由。

8月27日，CNN报道了哈桑·纳斯鲁拉在接受黎巴嫩新电视台采访时发表的一份声明，该声明称，如果真主党知道以色列如何回应，将不会在7月12日抓获两名以色列士兵。然而，纳斯鲁拉坚称，即使这样，战争也只会在推迟几个月后爆发，而他这次袭击只是将以色列计划入侵的时间提前了一点而已，且以色列的入侵最终也以失败告终。

8月28日，联合国秘书长安南开始了他的中东之旅，访问了9个国家,以及约旦河西岸和加沙地区,并在布鲁塞尔、日内瓦、马德里和德黑兰停留。他的任务是加强世界对以色列和黎巴嫩真主党之间脆弱停火的支持。在他的行程途中,他不得不忍受着叙利亚和伊朗总统的抨击,来自黎巴嫩总理寻求帮助的绝望请求,来自以色列总理的不信任,以及来自巴勒斯坦人的各种各样的要求。

据安南说,这是他在任职十年期间所承担的最艰巨的任务,但取得了显著的成果。安南说服意大利和法国政府立即向黎巴嫩派遣军队。两国确实这样做了,以色列也开始从黎巴嫩撤军。此外,安南还向以色列提出了六点计划,包括英国、法国、德国、希腊和意大利的海军力量在黎巴嫩的海岸和海港巡逻。这个目的也得到实现,两天后,以色列解除了对黎巴嫩的空中和海上封锁。9月20日,德国总理安格拉·默克尔成功说服议会同意派遣2400名士兵加入联合国部队。这比原先设想的规模要大得多。这些部队将专门用于海上巡逻任务。默克尔称这一使命具有"历史意义"。她还说,德国的过去意味着它对维持和平负有独特的责任。

在解除真主党武装的关键问题上,安南承认,这只能在更大的外交谈判框架内完成。然而,他确实默默地付出了他自己的努力,以实现真主党、巴勒斯坦和以色列之间交换囚犯的目标。

从各方面考虑,安南的这次访问在加强联合国第1701号决议成为有意义的和平工具方面作出了不可或缺的贡献。实际上,安南的外交技巧阻止了一场危险升级的战争。然而,一如既往的,和平仍然是一项永无止境的工作。当以色列在9月下旬完成从黎巴嫩撤军的时候,哈桑·纳斯鲁拉在贝鲁特举行了一场"胜利集会",成千上万欢呼的支持者参加了这次集会。纳斯鲁拉宣称,真主党在与以色列的战争中变得更加强大,世界上没有任何军队能够解除它的武装,并声称其武器库中仍然有2万枚导弹。

不久之后,纳斯鲁拉加大了赌注,要求对黎巴嫩政府做出的所有决定拥有否决权。这是对《1989年塔伊夫协定》的直接攻击,该协议结束了黎巴嫩内战,并规定政府必须包含该国所有主要教派成员,如基督教、什叶派、逊尼派和德鲁兹派。结果，六名什叶派部长辞职，使得重要决定的制定变得不可能。其中一个决定是建立联合国法庭，调查前总理拉菲克·哈里里在 2005 年 2 月的遇刺。在那场暗杀事件中，叙利亚成为主要嫌疑人，并促成了 2006 年 3 月 14 日的"雪松革命"，迫使叙利亚从黎巴嫩撤军。

正当真主党准备发动大规模街头示威以推翻西尼乌拉政府时，又发生了一起暗杀事件。11 月 22 日，34 岁的基督教工业部长皮埃尔·杰马耶勒在自己的车里被一伙蒙面刺客枪杀。杰马耶勒是黎巴嫩最有权势的政治家族之一的继承人。他的祖父、叔叔和父亲都曾担任过总统，他的暗杀是第五位对叙利亚持批评态度的黎巴嫩领导人连续被暗杀事件。因此，他的葬礼成了对叙利亚乃至真主党强烈反对的场合，后者不得不推迟其破坏黎巴嫩政府的努力。重新振作起来的西尼乌拉内阁赞同联合国主持的对哈里里暗杀事件的调查。很明显，刺客们已经玩得过火了。然而，真主党两天后重新获得足够的支持，在贝鲁特举行大规模抗议活动，要求西尼乌拉总理辞职。

到了年底，双方之间形成了一种醒目的对称。虽然真主党得到伊朗的积极支持和叙利亚的秘密援助，但西尼乌拉政府得到了美国和欧盟国家的支持。黎巴嫩再次成为一个国家心脏的战场。

然后，最终政治奇迹出现了。

2009 年 6 月，黎巴嫩人民走进投票站，进行了阿拉伯中东地区最自由的选举。在所有黎巴嫩裔穆斯林、基督教徒和穆斯林中，绝大多数人都投票支持由萨阿德·哈里里领导的 3 月 14 日联盟。哈里里是被刺杀的总理之子，他赢得了 128 个议会席位中的 71 席，成为新总理。显然，大多数人希望黎巴嫩是由黎巴嫩人统治，而不是由伊朗或者叙利亚统治，也不是为了与以色列作战。甚至连真主党领袖哈桑·纳斯鲁拉也做了一次亲切的"让步"演讲。[51]这个国家已经受够了暴力和战争。

作为希望和勇气的一次胜利，这个在阿拉伯中东世界最受折磨的国家决定使用选票，而不是子弹，加入了世界民主国家的行列。也许，最重要的是,它自己做到了这一点。尽管在 2009 年 9 月,总理萨阿德·哈里里因未能组建一个民族团结政府而感到沮丧,决定辞去总理职务,但这一举措并没有削弱黎巴嫩以现代民主国家的方式行为处世这样一个事实。也许,因为哈里里对人民的意愿仍然很敏感,他的辞职进一步加强了政府的民主意识。

加沙战争

2008 年 12 月,哈马斯违反了 6 个月的停火协议,向以色列领土发射了一连串火箭弹袭击。对以色列来说,这是最后的侮辱。火箭弹袭击已经持续多年,以色列向哈马斯发出了无数次警告,要求其停止袭击。甚至以色列军队在加沙边界上的集结也未能成功压制住日益令人不安的火箭弹袭击,这些袭击已经造成了多个以色列平民死亡,并使许多人生活在恐惧中。

12 月 28 日,大坝溃决。以色列对加沙的哈马斯目标发动了一系列大规模空袭。以色列国防部部长埃胡德·巴拉克宣称,哈马斯“必须受到严厉打击,才能停止弹炮发射。它是寻求毁灭以色列的恐怖组织”。在叙利亚的大马士革,哈马斯最高领袖哈立德·马沙尔呼吁巴勒斯坦人对以色列发起新的起义,包括恢复自 2005 年以来在以色列境内首次使用的自杀式袭击。以色列的反应是发动大规模的地面入侵。以色列的军队和坦克,在厚重的空中、海上和炮火的保护下,穿过了加沙中心,包围了主要城市,并控制了哈马斯的火箭发射装置。不幸的是,以色列的这次军事行动带来了严重的附带损害。经过一周的战斗,巴勒斯坦人的死亡人数超过了 500 人,其中大部分是平民。经过两个多星期的战争,加沙犹如一片废墟,超过 1000 名加沙人丧生。而以色列的伤亡人数仅仅是个位数。

这时,以色列遭遇了严重的公共关系问题。虽然地面入侵在国内仍然很受欢迎,但国外舆论已开始转变,尤其是数十名儿童挤在联合国管理的一所学校里,被一枚以色列炸弹炸死后。尽管以色列声称这次袭击是一次令人遗憾的事故,但是比语言更有说服力的照片,使以色列处于守势。在经历了三周的战争和来自国外的巨大压力后,以色列同意将军队和坦克撤到加沙郊区。尽管哈马斯因一名主要领导人去世而遭受重创,但它仍然控制着加沙地区,并通过向加沙居民提供食品和医疗服务,努力提升自己的形象。在其火箭弹保持沉默的情况下,哈马斯成功地赢得了一些同情,特别是当国际特赦组织发现以色列使用了"白磷"炸弹,把人们变成了活的火把后。虽然以色列再次证明了自己的军事优势,而这种优势在黎巴嫩战争中受到真主党的严重挑战,但许多观察家认为,以色列的地面进攻与以色列所遭受的侮辱是不成比例的。

冲突结束后一年,担任过卢旺达和前南斯拉夫战争罪行案件审判的首席检察官、一位非常受人尊敬的南非法官理查德·戈德斯通,在联合国的授权下提交了一份575页的报告,调查在加沙战争期间涉嫌违反战争法的行为。

戈德斯通法官指出,作战双方,尤其是以色列,本可以做得更多来拯救平民。毫不奇怪的是,哈马斯和以色列都拒绝接受法官的裁决,这导致了更多的互相指控和尖刻的批评。最后,在2009年11月,联合国大会通过了一项决议,呼吁以色列和巴勒斯坦权力机构调查在加沙战争期间可能犯下的战争罪行。

从长远来看,战后双方的境况都比以前更为糟糕。

本章的第一段与1974年出版的第一版没有变化。"历史悲剧并非源于正义与错误的冲突。当一方权利与另一方权利发生冲突时,悲剧就会发生。这是以色列和阿拉伯国家在巴勒斯坦问题上冲突的核心。"

35年来美国第一次选出了一位赞成这段文字的总统。2009年6月4日,在开罗的一次开创性讲话中,奥巴马总统宣布美国和以色列的关系"牢不可破",但他同样以强有力的措辞提到了巴勒斯坦人民,将他们经过六十年无国籍状态的困境描述为"令人无法忍受的",并将巴勒斯坦人与以色列人置于平等的立场,两次称他们为"巴勒斯坦"。[52]

这位美国总统敦促双方"重新开始"。他直言不讳地表示,"美国不接受继续拓展犹太人定居点的合法性"。实际上,这意味着冻结约旦河西岸的犹太人定居者。他还呼吁仍然统治加沙的哈马斯放弃暴力,承认以色列的生存权。

作为对奥巴马总统开罗演讲的回应,以色列总理本雅明·内塔尼亚胡首次表示支持巴勒斯坦与以色列并存的原则。这被看作对美国压力的让步。此外,内塔尼亚胡做出了一个让所有人都感到意外的举动,即对在约旦河西岸修建犹太人住房施加了10个月的冻结,这是以前以色列领导人从未做过的事情。[53]这些举措,以及拆除约旦河西岸许多检查站与阻碍巴勒斯坦人流动和经济增长的障碍,受到了美国的欢迎。

很明显,内塔尼亚胡正经历与之前的鹰派人物同样的态度转变,这些鹰派人物,如梅纳赫姆·贝京、埃胡德·巴拉克以及阿里尔·沙龙,在担任总理期间变得更加温和。

宣布冻结约旦河西岸住房建设10天后,在来自利库德集团内部的压力下,内塔尼亚胡宣布了在东耶路撒冷建造700套新住房的计划。这一举动遭到了美国的反对,也遭到了巴勒斯坦人的谴责,他们声称该地区是他们未来国家的一部分。[54]

当善意的人对找到解决问题的办法感到绝望时,他们往往会及时寻找安慰作为治愈创伤的良药。但是,阿拉伯国家和以色列之间的战争经历并没有激发人们对时间具有这种治愈能力的信心。随着阿拉伯民族主义势头的增强,以色列的建立和100万巴勒斯坦人无家可归给阿拉伯人的意识造成了更大而不是更小的冲击。以色列比开始时扩大了四倍,被阿拉伯世界认为是一个日益增长的威胁,这也进一步放大了阿拉伯世界的创伤。许多阿拉伯人担心,如果以色列继续以这种速度扩张,它将很快统治整个巴勒斯坦。

在犹太人方面,时间已经把以色列变成了一个事实上的卫戍型国家。

犹太人在无家可归中流散了两千年，却在短短四十年的时间里就建立了一个拥有如此可怕军事能力的国家，这是多么奇怪的一件事。谁能想到，对于那些对军队深恶痛绝的犹太人来说，现在却应该把军事作为他们的首要任务？然而，这正是时间所导致的。

阿拉伯人犯了四次致命的错误，被犹太复国主义者所利用。1948年，五支阿拉伯军队进攻了犹太国家，这个国家的边界是联合国划定的。犹太人击退进攻者，开始吞并他们自己的领土，设法扩大自己的领土面积。1956年的西奈战役生动地展示了以色列的武器可以做些什么，尽管后来不得不放弃在领土上的所得。1967年，纳赛尔的莽撞，封锁了亚喀巴，直接导致了他的耻辱和以色列一次壮观的胜利。1973年10月，以色列人把最初的挫折变成了另一场代价高昂的胜利。然而，1979年，以色列与阿拉伯世界最伟大的和平缔造者、埃及总统安瓦尔·萨达特签署了和平条约。但是在1982年，以色列入侵黎巴嫩使以色列卷入了一场长期的分裂性战争。巴勒斯坦的起义使这个犹太国家在国内面临着一场无休止战争的真正可能性。当时的问题是，以色列及其阿拉伯邻国在一代人的时间里卷入了六场战争，最终是否会在没有胜利或失败的情况下达成永久共存。

从以色列的胜利中存在最后一个悖论：与阿拉伯人的六次战争造成了一种局面，即300万犹太人控制了近200万阿拉伯人的领土。很难想象以色列如何能保持胜利的果实，同时又保持自己是一个犹太复国主义的国家。正是这种洞察力将伊扎克·拉宾从一个斗士转变为一个和平缔造者。令人惊讶的是，他和亚西尔·阿拉法特成为合作伙伴，这一进程最终促成了以色列和巴勒斯坦之间达成协议，并在一年后与约旦达成协议。但狂热分子不会就此罢休。1996年，一名视拉宾总理为叛徒的以色列极端分子枪杀了他，和平的希望破灭。

安瓦尔·萨达特和伊扎克·拉宾留下了明确的遗产：中东和平的最大希望是建立一个广泛而牢固的联盟，由温和的阿拉伯人和以色列人组成，团结起来反对双方的极端分子。

在我成年后的大部分时间经历了这场悲惨的冲突后,我希望奥巴马总统以不偏不倚的方式帮助双方实现公平和平。然而,以色列人和巴勒斯坦人最终将不得不自己完成这项任务。但也许美国总统可以敦促以色列领导人邀请巴勒斯坦领导人来耶路撒冷犹太教堂为和平祈祷。如果巴勒斯坦领导人作为回赠,也邀请以色列领导人加入他的清真寺祈祷,又会是怎样呢?

注 释

1.John Nary, "The Bloody Dawn of Israel," Life(May 1973) , p.28.

2.Dan Kurzman, Genesis 1948(New York: Signet, 1972) , p.26.

3.Ibid. , p.27.

4.David Horowitz, State in the Making(New York: Knopf, 1953) , p.140.

5.Ibid. , p.141.

6.Larry Collins and Dominique Lapierre, O Jerusalem(New York: Simon & Schuster, 1972) , p.27.

7.Genesis 1948, p.38.

8.O Jerusalem, p.30.

9.Ibid. , p.78.

10.Ibid. , p.80.

11.Ibid. , p.81.

12.Genesis 1948, p.120.

13.Ibid. , p.123.

14.Ibid. , p.124.

15.Ibid. , p.126.

16.O Jerusalem, p.345.

17. Ibid. , p.300.

18. Anthony Nutting, Nasser(New York:Dutton, 1972) , p.143.

19. Hugh Thomas, Suez(New York:Harper & Row, 1966) , p.163.

20. Ibid.

21. Ibid.

22. Nasser, p.145.

23. Anthony Eden, Full Circle, quoted by Herbert Feis in Foreign Affairs
(July 1960) , p.600.

24. Nasser, p.163.

25. Ibid.

26. United Nations Document 5/3712, October 29, 1956.

27. Suez, p.164.

28. Keesing's Research Report, The Arab – Israeli Conflict (New York:
Scribners, 1968) , p.8.

29. Michael Howard and Robert Hunter, Israel and the Arab World:The
Crisis of 1967(London:Institute for Strategic Studies, 1967) , p.17.

30. Ibid.

31. Ibid. , p.20.

32. Ibid. , p.22.

33. Cited in Israel and the Arab World, p.24.

34. Arab–Israeli Conflict, p.25.

35. Israel and the Arab World, p.39.

36. New York Times, October 14, 1973.

37. New York Times, October 21, 1973.

38. Time(October 29, 1973) , p.44.

39. Ibid. , p.45.

40. New York Times, July 7, 1999.

41. Newsweek, April 1, 2002.

42. New York Times, June 10, 2003.

43. Ibid., June 17, 2003.

44. Ibid., July 1, 2003.

45. Ibid., October 31, 2003.

46. Ibid., June 11, 2006.

47. Ibid., December 6, 2003.

48. Ibid., December 20, 2003.

49. Ibid., December 13, 2003.

50. Ibid., September 23, 2006.

51. Thomas L. Friedman, "Ballots over Bullets," New York Times, June 10, 2009.

52. New York Times, June 5, 2009.

53. Ibid., December 29, 2009.

54. Ibid., December 29, 2009.

精选参考书目

Ajami, Fouad. TheDream Palace of the Arabs: A Generation's Odyssey. New York: Pantheon, 1998.

Ben-ami, Schlomo. Scars of War; Wounds of Peace: The Israeli-Arab Tragedy. Oxford: Oxford University Press, 2006.

Bradley, John R. Saudi Arabia Exposed: Inside a Kingdom in Crisis. New York: Palgrave Macmillan, 2005.

Caldwall, Christopher. Reflections on the Revolution in Europe: Immigration, Islam, and the West. New York: Doubleday, 2009.

Carter, Jimmy. Palestine Peace Not Apartheid. New York: Simon & Schuster,2006.

Dawisha, Adeed. Arab Nationalism in the Twentieth Century: From Triumph to Despair. Princeton, N.J.: Princeton University Press,2003.

Eban, Abba. Diplomacy for the Next Century. New Haven, Colo.: Yale University Press,1998.

Elon, Amos. Herzl. New York: Henry Holt,1975.

Evron, Yair. War and Intervention in Lebanon. Baltimore: Johns Hopkins University Press,1987.

Fisk, Robert. The Great War for Civilization: The Conquest of the Middle East. New York: Knopf,2006.

Gelvin, James L. The Israel – Palestine Conflict: One Hundred Years of War. Cambridge: Cambridge University Press,2005.

Gilmour, David. Lebanon: The Fractured Country. New York: St. Martin's, 1983.

Grossman, David. Death as a Way of Life: Israel Ten Years after Oslo. Trans. Haim Watzman. Ed. Efrat Lev. New York: Farrar, Straus & Giroux,2003.

Hourani, Albert. A History of the Arab Peoples. Cambridge, Mass.: Harvard University Press,1991.

Howard, Michael, and Robert Hunter. Israel and the Arab World: The Crisis of 1967. London: Institute for Strategic Studies,1967.

Indyk, Martin. "A Trusteeship for Palestine?" Foreign Affairs, May/June 2003. Issawi, Charles. The Arab World's Legacy. Princeton, N.J.: Darwin,1981.

Kissinger, Henry. Crisis: The Anatomy of Two Major Foreign Policy Crises. New York: Simon & Schuster.2003.

Kurzman, Dan. Genesis 1948. New York: Signet,1972.

Little, Douglas. American Orientalism: The United States and the Middle East since 1945. Chapel Hill: University of North Carolina Press,2002.

Luft, Gal. "The Palestinian H-Bomb." Foreign Affairs, July/August 2002.

Morris, Benny. The Birth of the Palestinian Refugee Problem. New York: Cambridge University Press, 1988.

Morris, Benny. Righteous Victims: A History of the Zionist – Arab Conflict, 1881–1999. New York: Knopf, 1999.

Morris, Benny. The Road to Jerusalem: Glubb Pasha, Palestine and the Jews. London: I.B.Tauris, 2002.

Murphy, Caryle. Passion for Islam: Shaping the Modern Middle East: The Egyptian Experience. New York: Scribner's, 2002.

Nutting, Anthony. Nasser. New York: Dutton, 1972.

Oren, Michael B. Six Days of War: June 1967 and the Making of the Modern Middle East. New York: Oxford University Press, 2002.

Polk, William R. The Arab World. Cambridge, Mass.: Harvard University Press, 1980.

Pollack, Kenneth M. Arabs at War: Military Effectiveness, 1948 – 1991. Lincoln: University of Nebraska Press, 2002.

Rand Palestinian State Study Team. Building a Successful Palestinian State. New York: Rand, 2005.

Rubin, Barry. "The Real Roots of Arab Anti–Americanism." Foreign Affairs, November/December 2002.

Rubin, Barry. The Tragedy of the Middle East. Cambridge: Cambridge University Press, 2003.

Rubin, Barry, and Judith Colp Rubin, Eds. Anti–American Terrorism and the Middle East: A Documentary Reader. New York: Oxford University Press, 2002.

Ryan, Curtis R. Jordan in Transition: From Hussein to Abdullah. Boulder, Colo.: Lynne Rienner, 2002.

Sahliyeh, Emile. In Search of Leadership: West Bank Politics since 1967. Washington, D.C.: Brookings, 1988.

Satloff, Robert B. , Ed. War on Terror: The Middle East Dimension. Washington, D.C. : Washington Institute for Near East Policy, 2002.

Savir, Uri. The Process. New York: Random House, 1998.

Shepherd, Naomi. Teddy Kollek: Mayor of Jerusalem. New York: Harper & Row, 1988.

Stein, Kenneth W. Heroic Diplomacy: Sadat, Kissinger, Carter, Begin, and the Quest for Arab-Israeli Peace. New York: Routledge, 1999.

Stoessinger, John G. Henry Kissinger: The Anguish of Power. New York: Norton, 1976.

Swisher, Clayton E. The Truth About Camp David: the Untold Story about the Collapse of the Middle East Peace Process. New York: Trunter's North, 2004.

Takeyh, Ray. HiddenIran. New York: Times Books, 2006.

Telhami, Shibley. The Stakes: America and the Middle East. Boulder, Colo. : Westview, 2002.

Thomas, Hugh. Suez. New York: Harper & Row, 1966.

Wallach, Janet, and John. Arafat: In the Eyes of the Beholder. New York: Carol, 1990.

Wickham, Carrie Rosefsky. Mobilizing Islam: Religion, Activism, and Political Change in Egypt. New York: Columbia University Press, 2002.

第四章　战争爱好者:萨达姆·侯赛因对伊朗和科威特的战争

"如果伊朗和伊拉克开战,其中一方真的获胜,那就太糟糕了,"

亨利·基辛格,1979 年

阿道夫·希特勒给我的童年蒙上了一层阴影,作为一个成年人,我读了几十本有关他的传记,试图了解这位纳粹领导人。这些书描写了希特勒孤独、残酷的童年,缺少一个爱的榜样来引导,以及他遭遇的许多拒绝。但是,这些解释似乎总有一些令人不满意的地方;毕竟,全世界数以百万计的年轻人都有着比希特勒更糟糕的童年,但他们仍然设法成长为正常人。现在我相信,绝对的邪恶之人,就像伟大的天才一样,很可能是无法用理性来解释的。正如没有传记作者能够真正解释莎士比亚或莫扎特一样,历史学家也永远无法完全理解阿道夫·希特勒——或者就此而言,也无法理解萨达姆·侯赛因。

也许我们对邪恶的迷恋是因为它往往比善良更神秘,因此也更能引人注目。当莎士比亚笔下的哈姆雷特警告霍雷肖"天地间有些事情是你的哲学所不能想象的"之时,他暗指的是谋杀他父亲的克劳狄斯。他意识到作为一个理性的人,霍雷肖是无法理解这样一个真正邪恶的人。我们也无法理解。

像德怀特·D.艾森豪威尔将军或 H.诺曼·施瓦茨科普夫将军这样的人痛恨战争,憎恶伤亡。1944 年,艾森豪威尔因诺曼底登陆而痛苦不堪,因为他害怕惨重伤亡的场景;施瓦茨科普夫在对伊拉克战争中的整个战略是建立在尽可能降低盟军伤亡的基础上。艾森豪威尔和施瓦兹科夫们通常会赢得他们的战争,然而战争爱好者们却总是会输掉他们的战争。然而,只有死亡才能打破战争爱好者与人民之间致命的联系。他们对人类的危险即在如此。

本章将探讨萨达姆·侯赛因强加给世界的两场冲突:1980 年对伊朗的攻击和十年后对科威特的入侵。奇怪的是,这位伊拉克独裁者让人想起了 21 世纪发生的所有战争,这是一种独特的,但令人怀疑的特征。与伊朗的战争一开始就与第一次世界大战有着惊人的相似之处。

两伊战争:殉难者的代价

萨达姆·侯赛因在 1979 年上台时,下令建造一座 60 英尺高的自己的雕像,摆着军姿,张开双臂敬礼。此后不久,成千上万的"最高领袖"肖像出现在建筑物上或者大厅、咖啡馆和超市里。伊拉克媒体称他为伊拉克人民"期待已久的领袖"。一个在偏僻的伊拉克村庄里,在凶残叔叔的膝盖底下学会了暗杀艺术的孤儿,最终成为这个国家的终身总统。

1979 年末,萨达姆发起了重建古巴比伦的一个项目。砖块上刻着:"尼布甲尼撒的巴比伦在萨达姆侯赛因时代重建。"尼布甲尼撒王因在公元前 587 年摧毁了耶路撒冷,并将耶路撒冷的居民掳去而在历史上成名。

在决定攻击伊朗前不久,萨达姆亲自在一辆仿尼布甲尼撒王战车内拍摄了照片。照片拍摄后,他下令处决了 21 名内阁成员,其中包括一个他最亲密的朋友,罪名是疑似叛国罪。"当和我关系最亲近的人做错事时,他就是离我最远的人",他解释道。[1]此后不久,他带着其他内阁部长来到巴格达中央监狱,为许多政治犯充当行刑队。"这是为了通过共同的愧疚来确保忠诚",一名目睹这一幕的英国官员评论道。[2]萨达姆的秘密警察无处不在,酷刑也司空见惯。反对这位"家长式领袖"就意味着死亡。没有警察的许可拥有一台打字机被定为犯罪行为。

1980年9月,萨达姆对伊朗发动的战争成为当时最激烈的冲突之一。这位独裁者的个人野心可能是这次袭击的主要原因。在这次冒险行动中有三个榜样激励了他。首先,如我们所知,是古巴比伦的征服者尼布甲尼撒王。第二个是20世纪50年代的埃及总统贾迈勒·阿卜杜勒·纳赛尔,他的抱负是成为所有阿拉伯人的领袖。萨达姆年轻时曾是他在开罗的门徒。萨达姆的第三个榜样是纳赛尔的继任者安瓦尔·萨达特,其曾在1973年的战争中成功地挑战以色列,其在阿拉伯世界的威望在20世纪70年代飙升。然而,这三个人中的每个人都对自己的国家有一个愿景,而萨达姆与他们不同的是,他的目的非常简单:欺侮、掠夺和杀戮。当然,萨达姆的行动还有其他原因,但这些都是从属于他的主要动机:征服。

首先,伊拉克和伊朗之间的战争也有着伊斯兰教两大派别之间宗教冲突的特征。在伊朗,阿亚图拉·鲁霍拉·霍梅尼领导下的什叶派穆斯林认为,真主和人类之间存在着中间人。这些上帝的代表是阿亚图拉(阿拉伯术语,表示"真主的反映")。逊尼派穆斯林在萨达姆·侯赛因的伊拉克领导层中占主导地位,他们认为不应该存在这样的中间人,每个人都与真主有着私人关系。在某种程度上,这场冲突让人想起17世纪欧洲的宗教战争,当时的天主教徒相信教皇权,而新教徒则不相信。这方面很重要的关联之处是,当基督教因这些内部斗争被撕裂时,它已经有了1500年的历史,也就是今天伊斯兰教的历史。这场斗争的宗教性质非常显著,以至于萨达姆在1980年11月的一次全国广播中宣布,这场冲突是一场圣战,是一场捍卫先知穆罕默德理想的圣战。霍梅尼回应说,伊拉克人是上帝和伊斯兰教的敌人。伊拉克人和伊朗人都相信,如果他们死于战场,就会直接进入天堂。穆斯林战士相信,在圣战中死亡会使他们得到永生。

民族主义至少和宗教狂热一样强大。虽然伊拉克一半以上的人口是什叶派,但伊朗人无法煽动他们反抗逊尼派的萨达姆领导。然而,伊拉克对处于不利局面的伊朗库吉斯坦省的阿拉伯人的感召力,在那里引发了反对伊朗统治的起义。领土野心进一步助长了伊拉克民族主义。伊拉克的战争计划显然是想在最初的打击中夺取足够的领土,迫使伊朗投降。然而,伊朗从伊拉克的袭击中恢复过来,并以狂热的热情战斗,将战争变成了一场旷日持久的血腥僵局。

个人仇恨也起到了作用。自封为伊斯兰教先知的阿亚图拉·霍梅尼在伊拉克流亡了 13 年,一直为起义做准备,并最终推翻他的敌人沙阿(伊朗国王)。但在 1978 年,萨达姆要求他离开伊拉克,从而迫使他在法国度过了流亡的最后几个月。阿亚图拉从未原谅或忘记那种侮辱。另一方面,萨达姆急于取代安瓦尔·萨达特,成为阿拉伯世界最有权势的领导人。他坚信,对伊朗的闪电战的胜利将提高他的地位和威望。

这场战争的过程与第一次世界大战相似。在长达两周的战争中,萨达姆派遣他的步兵穿越了 500 英里的沙漠前线,用米格轰炸机轰炸了伊朗的军事目标和石油设施。霍梅尼的军队进行了反击,美国制造的幻影 F-11 战斗机飞向伊拉克城市和军事设施。萨达姆非但没有迅速取得胜利,反而不得不接受一场旷日持久的战争。和过去多次一样,立即取胜的幻想再次使侵略者付出了高昂的代价。军事大国分别大力向伊朗和伊拉克提供武器,从而加剧了 20 世纪 70 年代的这场军事僵局。当时,华盛顿与伊朗国王关系密切,而莫斯科在巴格达也拥有同样的影响力。随着战争的进行,美国出于害怕霍梅尼狂热的什叶派原教旨主义,开始政策上向伊拉克倾斜,科威特出于类似的原因,也采取同样的举措。科威特埃米尔(穆斯林酋长的称号)甚至向萨达姆提供了数十亿美元的贷款,这一行为使他在几年后深感后悔。

在军事思想以核武器或游击战为主导的那个时代,两伊战争让人想起了早些时候的堑壕战。伊朗对伊拉克发动了代价高昂的人潮式袭击,而伊拉克的军队则固守在坦克和大炮后面。伊拉克甚至采取了在第一次世界大战后就被国际公约禁止的使用毒气的手段。就像在 1914 年一样,战争双方都无法取得决定性的突破。在两国之间蜿蜒 700 英里的边界上,经过 8 年的反反复复的腾挪和对峙,战线几乎完全回到了最初的边界。就像 1918 年的英国、法国和德国一样，伊朗和伊拉克失去了他们最好的一代年轻人。

尽管伤亡惨重，但伊朗国内对殉道的痴迷，帮助维持了这场战争的受欢迎程度。在德黑兰郊外的烈士陵园里，一个"鲜血喷泉"让人们想起了那些逝去的英雄。虽然只是上了颜色的水，但喷泉是非常逼真的。游客们一排一排地、一片一片地站在坟墓中间。人们开着汽车、骑着自行车或者步行来着这里，妇女们穿着黑色的长袍。"我们的国家现在就在卡尔巴拉"，他们高呼道。正是在波斯沙漠的卡尔巴拉，17 世纪的宗教领袖、先知穆罕默德的继承人、阿里的儿子侯赛因，死于敌对的哈里发之手。当新的战争受害者被安葬在烈士陵园时，穿着黑衣的年轻人用一捆捆铁链抽打着他们的后背，高呼"真主安拉"。上帝是伟大的。

在战争后期，当伊朗军队的人手开始短缺时，数千名十几岁的男孩被什叶派神职人员招募来清除战场上的地雷和铁丝网。他们去往天堂的门票，是上面写着"上帝的战士"的血红的头巾，和预示着阿亚图拉允许他们进入天堂的小金属钥匙。在一些战斗中，伊朗援军自豪地抬着他们自己的棺材抵达。在伊拉克，死者的棺材被装在出租车的车顶上运回了家。这些受害者也被称为殉道者。

1986 年，伊朗军队占领了法奥半岛，并对伊拉克第二大城市巴士拉发动了进攻。当时看来，伊朗可能会取得胜利。但随后，战争的命运开始向不利于阿亚图拉的方向倾斜。

1987 年，美国决定派遣海军在波斯湾巡逻。这样做有三个原因。首先是确保油船的航行自由；这种航运的中断将威胁到工业化国家，使 20 世纪 70 年代的石油短缺再度出现，当时的石油短缺导致了通货膨胀、衰退和失业。其次，美国希望阻止他国对该地区的控制。最后，美国希望保护阿拉伯友好国家的安全，如科威特和石油资源丰富的阿拉伯联合酋长国，使它们免受伊朗入侵的威胁。美国甚至决定将科威特的油轮重新装上美国国旗，从而将其置于美国海军的直接保护之下。

往轻的方面说，这个政策有其不连贯之处，因为里根政府当时正向伊朗出售武器,希望伊朗能释放在黎巴嫩被俘的美国人质。毫不奇怪,一场事故正等待着发生。1987年5月,一架伊拉克飞机意外地用导弹击中了一艘美国军舰"斯塔克号",造成37人死亡。一年后的1988年7月,发生了第二起更悲惨的事故。一艘名为"文森斯号"的美国军舰击落了一架伊朗民航客机,机上290名乘客全部遇难。"文森斯号"的威尔·罗杰斯舰长只有几秒钟的时间来判断雷达屏幕上的光点是民用飞机还是敌方战斗机。想起"斯塔克号"军舰的命运,他没有冒险等待,因此引发了另一场意想不到的灾难。

与此同时,伊朗对巴士拉的进攻失败了。伊拉克针对伊朗的人潮袭击开发了一种新的防御手段。被攻击的伊拉克部队撤退到足够远的地方,把伊朗人拖进了一个由坦克、混凝土掩体、大炮和装甲部队组成的"杀戮地带"。这种技术与芥子气相结合,对伊朗人造成了肆意掠杀。在经历八年的战争之后,霍梅尼已经精疲力尽,并在海湾地区被美国海军挫败,他最终感觉无法再坚持下去。1988年7月,他个人支持停火,宣称他的决定比服毒更痛苦。同样精疲力尽的萨达姆很快就接受了这个提议。

从历史的角度来看,这场冲突能意味着什么呢?首先,它夺去了100多万人的生命,因此被称为20世纪最惨烈的战争之一。其次,就像大多数宗教冲突一样,冲突在开始爆发的边界附近以无结果的方式结束。最后,它摧毁了两支战斗部队的资源,使双方的经济遭到破坏,而且债台高筑。最终,战争没有取得任何成果。两个无情男人的野心造成了一片荒地。从更大的历史角度来看,也许17世纪基督教世界内的"30年战争"可以作为最好的类比。经过"30年战争"以及遭受数百万人的伤亡,天主教徒和新教徒都没有赢得胜利,双方不得不接受妥协及和平共处。

在这场耗时两倍于第一次世界大战的战争中,萨达姆·侯赛因从伊朗攫取了一些贫瘠的边界地区。三年后,在挑起另一场战争(这次是与美国及其盟国)之后,他以一种宏大的姿态归还了这些微薄的战利品。40万伊拉克人因此丧生,国家也因此破产,这些牺牲未得到任何回报。然而,它的独裁者却不失时机地策划了下一次袭击。对于热爱战争的人来说,即使三年的和平也是太长。

萨达姆对科威特的侵略

1938 年 3 月 12 日,当我还是一个十岁的男孩时,我看到希特勒的车队进入我的家乡维也纳。三天后,我在奥地利电台听到了他尖锐刺耳的声音:"作为德意志民族和德意志帝国的元首和总理,我现在在历史面前宣布,我的家乡并入德意志帝国。"德意合并完成了。从此,我的祖国被称为奥斯特马克,变成德意志帝国的一个省。

一年后,也就是 1939 年 3 月 15 日,我看到希特勒的坦克开进了布拉格,这是在我们逃离维也纳后向往的一个地方。"捷克斯洛伐克已经不复存在",希特勒从赫拉德恰尼城堡宣布。"现在它是波希米亚和摩拉维亚的保护国,是德国生存空间的一部分。"

英国、法国和美国都没有做出丝毫的努力去拯救奥地利或捷克斯洛伐克。因此,1939 年 9 月 1 日,得到鼓励的希特勒袭击了波兰。这位德国元首称他的入侵是"反击",坚持说是"波兰人先开火的",德国人的举动仅仅是一次"防御行动"。第二次世界大战开始了。

半个多世纪后的 1990 年 8 月 2 日,纯粹出于巧合,我在靠近伊拉克边境的土耳其坐上了一辆旅游巴士。突然,导游中断了她的常规旅行讲解,紧张地说:"伊拉克刚刚入侵科威特;请不要激动,你们没有什么可害怕的。"我的邻座,一个土耳其商人,转身问我:"萨达姆就是希特勒。你们美国人会阻止他吗?""我希望如此",我回答道,"我记得希特勒。我有似曾相识的感觉。"

希特勒对邻国的攻击和萨达姆对科威特的入侵之间有诸多明显的相似之处,以至于人们将两者进行比较是不可避免的。伊拉克对科威特的攻击是纳粹德国闪电战战术的翻版。1990 年 8 月 2 日黎明,大约 10 万名伊拉克士兵和 300 辆坦克越过边界,畅通无阻地驶进了科威特几年前为表示与伊拉克友谊而修建的一条空荡荡的高速公路。萨达姆向"慈悲的上帝"请愿,宣布他是应"自由临时政府"的邀请进入科威特的,声称这个政府从埃米尔手中夺取了对科威特的控制权。希特勒也是利用这种借口入侵了奥地利和捷克斯洛伐克。

在不到 4 个小时的时间内,在通往科威特城 80 英里的路上布满了伊拉克的坦克。抵抗是不可能的,因为科威特的全部人口比伊拉克现役武装部队还少。伊拉克军队直接前往埃米尔的宫殿,希望抓获他,但科威克国王及时乘直升机逃到了邻国沙特阿拉伯。伊拉克人占领了科威特黄金储备所在地的中央银行,以及信息部大楼,该大楼为所有广播和电视演播室及科威特电话交易所的所在地。几个小时之内,任务就已经完成。萨达姆宣布科威特已经不复存在。从此,它将成为伊拉克的第十九个省。科威特唯一一个隐藏着的发报机向其他阿拉伯国家发出了绝望的求救信号:"阿拉伯人啊,科威特的鲜血和荣誉被玷污了。快点来拯救她吧,科威特的孩子、妇女、老人们都在呼唤着你们。"[3]萨达姆任命了一个由 9 名科威特投敌者组成的新傀儡政权,他们将直接向萨达姆汇报。8 月 8 日,他为自己在科威特的行动进行辩护,称其"有必要纠正在阿拉伯世界最富裕的领土上植入腐败的少数群体的殖民列强划定的地区边界问题"。他还下令关闭所有外国驻科威特使馆,原因是科威特现在是伊拉克不可分割的一部分。

很少有人被萨达姆的解释所愚弄。美国总统乔治·W.布什称萨达姆的行为是"赤裸裸的侵略",其真正原因被广泛认为是显而易见的。萨达姆的这一举动纯粹是一种权力攫取。伊拉克与伊朗的战争使其背负了 700 亿美元的债务和巨大的重建成本,因此科威特对伊拉克来说是一笔及时的资产收购。尽管长期的战争削弱了萨达姆的军事力量,但科威特弱小的君主制国家也根本不是他的对手。萨达姆不仅可以掠夺科威特的国库,而且通过收购科威特的巨大油田,还将控制世界 20% 的石油供应,从而有利于对他所憎恨的西方国家实行控制。比财政战利品更重要的是他的新的经济实力。他将使自己成为新的贾迈勒·阿卜杜勒·纳赛尔，并成为阿拉伯世界的英雄。如果他能在有人想到阻止他之前进军沙特阿拉伯，他的领地就会像他的偶像尼布甲尼撒王那样大。

萨达姆以希特勒为榜样，不仅体现在对科威特的闪电战中，而且还体现在进攻前的欺骗战术中。首先，他抱怨科威特生产的石油不仅超过了石油输出国组织（欧佩克）制定的配额，而且还通过水平钻探开采了伊拉克的鲁玛利亚油田。欧佩克在 7 月召开会议，为了强调他的恐吓政策，萨达姆派遣了他的共和国卫队的 3 万名精锐部队到科威特边境。然而，他承诺，如果科威特遵守产量配额，将不会受到攻击。科威特国王顺从地答应了该要求，欧佩克四年来首次提高了生产价格。埃及总统胡斯尼·穆巴拉克称伊拉克和科威特之间的争端是"随风而逝的阴云"。几天后，他对这一评论深感遗憾。萨达姆并没有在他的要求得到满足的情况下撤回他的 3 万部队，而是向科威特边境增派了 7 万名士兵。

萨达姆的第二个要求是，科威特免除它向伊拉克提供的 400 亿美元贷款，该笔贷款是帮助向萨达姆在与伊朗的八年战争中提供资金。萨达姆的逻辑是，他代表所有阿拉伯人击退了霍梅尼的原教旨主义威胁，因此有权要求取消对他的债务。他很快健忘，是他发动了对伊朗的战争。他的这种要求还伴随着慷慨激昂的威胁，比如"如果他们不主动给我钱，我自己知道怎么去拿取"以及"如果有人想阻止我，我就砍下他肩膀上的胳膊。"

受到惊吓的科威特人同意在沙特阿拉伯的吉达举行会议，不仅准备同意萨达姆的资金要求，而且还准备同意割让布比延岛，因为布比延岛阻碍了伊拉克的通航。在两小时的会议期间，科威特完全向伊拉克屈服。然而，伊拉克代表团依然退出了会议。六个小时后，萨达姆命令向科威特进军。

20 世纪 30 年代的回声是明确无误的：充满不满的激烈演讲、对边界争端的利用、一开始就注定是无果而终的谈判，以及在目标国家炮制当地人提出的虚假的干预请求。

萨达姆的叔叔哈拉拉,是一位纳粹支持者,在 20 世纪 40 年代写了一份题为"上帝不应该创造的三样东西:波斯人、犹太人和苍蝇"的小册子。当萨达姆上台时,他要求将他叔叔的小册子重印并广泛分发。另一本他赞赏并反复阅读的书是阿道夫·希特勒的《我的奋斗》。

一旦吞并了科威特,萨达姆在科威特的政策就有着希特勒在 1941 年 6 月入侵苏联后对待苏联"次等人"的所有特征。酷刑、谋杀和大规模逮捕在入侵当天就开始了。伴随的是成千上万的审讯。错误的回答则带来了肉刑和死亡。21 名大学教授因拒绝取下科威特国王的照片,并将其换成萨达姆的照片,立即被处决。④

国际特赦组织发表了一份 79 页的报告,内容是关于伊拉克人在科威特侵犯人权的行为。布什总统就萨达姆的侵略问题接受大卫·弗罗斯特的电视访谈前碰巧读了这份报告。他所能谈论的所有话题都是萨达姆军队的野蛮行径:

这太可怕了,简直难以形容。芭芭拉读了两页,再也看不下去了。虐待残疾儿童;在父母面前枪杀小男孩;把那些被折磨致死的人绑在吊扇上,让他们不停转动;杀害一名科威特人,并将他吊着,以便其他人都能看到他;用破碎的玻璃扎人。我担心如果我描述得再多些,我也会变得很有情绪化。⑤

伊拉克人拿走了所有值钱的东西。他们抢劫了博物馆和珠宝店。他们开着偷来的汽车,满装赃物,返回伊拉克。他们甚至袭击了科威特的国家动物园,并利用笼子里的动物进行射击练习。后来,当食物短缺时,他们吃了动物园里的羊、鹿和羚羊。

所有这一切都是以"慈悲、怜悯的上帝"的名义进行的。当时,希特勒的士兵们在犯下历史上最令人发指的罪行时,也系着腰带扣,上面刻着"上帝与我们同在"的格言。

在入侵科威特前,大多数美国官员对萨达姆的警告反应平静,近乎漠不关心。七月底,萨达姆又一次发出了他的众多威胁中的一个:"违反石油配额的人用毒刺扎向了伊拉克。伊拉克人不会忘记那句话:切断脖子比切断生活的手段要好。全能的神啊,求你为证,我们已经警戒了他们!"

第二天,7月23日,尽管有3万名伊拉克士兵集结在科威特边境,美国国务院发言人玛格丽特·图特维勒宣布,美国"与科威特没有任何防卫条约,也没有对科威特作出任何特别防卫或安全的承诺"⑥。

两天后,美国驻伊拉克大使、一位阿拉伯语学者阿普丽尔·格拉斯皮会见了萨达姆。根据伊拉克会议记录,格拉斯皮告诉萨达姆,美国"对阿拉伯与阿拉伯的冲突没有意见,就像对伊拉克与科威特的边界分歧一样"⑦。美国国务院从未质疑这份文字记录的准确性,尽管格拉斯皮后来告诉参议院外交关系委员会,伊拉克人删除了她对萨达姆的警告,即美国坚持要求以"非暴力方式"解决争端。⑧

萨达姆是受到了美国这种明显的被动态度的鼓舞,甚至误导吗?或者,用我们之前的比喻来说,美国是对萨达姆犯下了如同英国和法国在希特勒突袭奥地利和捷克斯洛伐克之前所犯下的同样错误吗?

在即将到来的战争中扮演关键角色的美国最高军事官员,没有预见到伊拉克入侵科威特战争的到来。即使伊拉克在科威特边境陈兵十万,施瓦茨科普夫将军,即后来"沙漠风暴"行动中的英雄,向他的上司、参谋长联席会议主席科林·鲍威尔提交了一份简报,声称看起来"最多像伊拉克准备对科威特发动惩罚性但有限的打击"⑨。鲍威尔和他的上司、国防部长切尼都不同意该看法。鲍威尔不能肯定萨达姆将要做什么,因此,军方没有立即采取行动。直到8月1日,鲍威尔的军事行动负责人托马斯·凯利将军还认为伊拉克入侵科威特是不可能的。切尼同意没有办法区分萨达姆是虚张声势和真实情况。只有当萨达姆做了他做过的所有事情时,即布展他的坦克,把它们开到前线,在边境集结军队,这种虚张声势才被认为是真实的军事行动。⑩美国中央情报局在看法上也有着冲突。副主任理查德·科尔考虑到了军事入侵的可能性,但他强调,伊拉克真正的敌人是以色列,认为一个阿拉伯国家对另一个阿拉伯国家的军事攻击将是史无前例的。

　　将美国人的这种判断失误解释为一种文化上的误解太简单了。毕竟，穆巴拉克也认为萨达姆的威胁是"过眼云烟"。以色列国防部长摩西·阿伦斯是唯一一个确信萨达姆不是在虚张声势，而是会入侵科威特的政治领袖。阿伦斯记得希特勒。然而，他对美国发出的警告，在入侵实际上已经开始前并没有得到重视。也许，我们必须从前面的讨论中得出这样的结论：理性的分析不能揭示战争爱好者的意图。美国人没有文化近视，他们只是没有看到，战争爱好者无论如何都会去发动战争。

　　布什对这次伊拉克入侵的反应正如一个对第二次世界大战很了解的人的反应一样。"这是赤裸裸的侵略"，他在 8 月 2 日宣称。"这是善与恶的对峙；我们这里有一个清晰的道德案例；自二战以来，还没有发生这样的事情；自二战以来，还没有在道德上发生有如此严重的事情。"当天晚些时候，布什总统会见了英国首相撒切尔夫人，后者肯定地说，她的国家"正与美国并肩站在一起"。撒切尔对纳粹德国对英国发动的闪电战有着童年的记忆。她的支持将成为在联合国旗帜下反对萨达姆·侯赛因的 30 国联盟的基石。当天晚上，联合国安理会以 14 票对 0 票通过决议，要求伊拉克立即无条件撤出科威特。仅也门政府投了弃权票。甚至苏联也与其他大多安理会成员国一样投了赞成票。安理会 8 月 2 日的表决是一个历史性的时刻。1990 年 8 月 2 日的投票不是偶然的事件，而是未来事情的预兆。

　　入侵的第二天，美国国务卿贝克和苏联外长爱德华·谢瓦尔德纳泽发表联合公报，谴责萨达姆的侵略行径。这份文件也开创了先例。第二天，美国和欧洲共同体对伊拉克实施了广泛的经济制裁，冻结了伊拉克和科威特在本国的资产。

　　当然，美国担心萨达姆会对沙特阿拉伯产生兴趣，并继续从科威特向这个沙漠王国进军。沙特阿拉伯不会像科威特那样被轻易征服，但是它仍无法与萨达姆的军队相抗衡。因此，8 月 6 日，美国高级军事将领飞往利雅得与法赫德国王商讨伊拉克对其国家的威胁。当然，他们这样做并非纯粹出于利他主义，尽管没有理由怀疑布什总统"对这种侵略绝不能容忍"的原则立场。还有石油问题也需要考虑。如果萨达姆要征服沙特阿拉伯的油田,他将控制着接近世界一半的已探明石油储量。这将打击美国和整个西方世界的生命线。保卫沙特阿拉伯显然是一项必需的战略任务。布什总统已经指示他的指挥官要求沙特国王请求美国向他的王国提供军事援助。根据施瓦茨科普夫的回忆,沙特国王的第一反应是"我们希望你们能来"。⑪这是布什总统一直希望得到的邀请。现在,他的外交政策可以得到军事力量的支持。

布什总统欢迎这一挑战。国内问题一直困扰着他,他认为外交政策才是衡量总统政绩的真正标准。1980 年,当他输给罗纳德·里根而未成为美国总统候选人时,他曾就自己梦寐以求的工作发表过一些发人深省的评论:"国内问题总是把你拖下水,唠叨个没完没了。但迟早会发生一些重大事件,一些只有我们(美国)才能做得到的事情。然后,你展示你有没有能力来完成这件事情。如果你做不到,一切都会变得美好,那么下次你可能就会离开那里。如果你成功了,尽管其他很多事情都会出错,但你会没事的。我知道我能处理好外交政策方面的事情。"⑫

1988 年 8 月 4 日,恰恰在他下令军队进军波斯湾的两年前,布什在一次外交政策的演讲中赞扬了约翰·F.肯尼迪的就职演说:"我们应当承担任何负担,迎接任何艰辛,支持任何朋友,反对任何敌人,以确保自由的生存和成功。"布什宣称,这种提法反映了他作为美国总统将遵循的原则和政策。在他看来,总统最关心的是国家安全问题。1990 年 8 月 6 日,在接受法赫德国王保护沙特阿拉伯的邀请后,布什对一名记者说:"观察和学习;也许我会成为泰迪·罗斯福。"⑬在与科威特国王的一次感人的谈话中,布什向这位流亡领袖承诺,美国将帮助他赢回自己的国家,恢复他的王位。第二天,8 月 7 日,布什总统下令美国军队、军用飞机和军舰前往沙特阿拉伯。"沙漠盾牌行动"已经形成。

当 20 万美军在 8 月涌入沙特阿拉伯时,布什总统一再重申了这一承诺。事实上,他遵守了诺言,避免了林登·约翰逊在越战期间犯下的致命错误。

在撒切尔夫人的支持以及美苏关系缓和的基础上，布什在几天内就成功地组建了一个强大的针对伊拉克的军事联盟。到 8 月中旬，总共有 30 个国家对这支新的多国部队作出提供人员的承诺。日本和德国因本国宪法规定不允许它们参加战斗，承诺提供大量的财政捐助。沙特阿拉伯和科威特提供了军队和资金。当布什和切尼在做北约盟国的工作时，埃及总统穆巴拉克向阿拉伯联盟的成员国发出呼吁。8 月 10 日，当阿拉伯联盟在开罗召开会议时，包括叙利亚在内的 21 个成员国中的 13 个国家同意派遣军队。两周内，萨达姆入侵沙特阿拉伯的机会窗口被关闭。现在的问题是，集结起来反对萨达姆的联军是否能把他赶出科威特。

8 月 12 日，萨达姆尝试了一种新的策略来分裂联盟。他提出，如果以色列同意从被占领的约旦河西岸、戈兰高地和加沙撤出，就可以解决这场危机。这种将入侵科威特与巴勒斯坦问题联系起来的企图显示出如此明显的机会主义，以至于甚至叙利亚都没有被诱惑离开联盟。然而，萨达姆此举将巴解组织领导人亚西尔·阿拉法特拉到自己一边，迫使中立的约旦国王侯赛因，因害怕本国的巴勒斯坦多数人，而向伊拉克倾斜。11 月 8 日，比以往任何时候都更加坚定要扭转萨达姆的侵略的布什总统，下令向海湾地区增派 25 万美军。萨达姆确信布什是在虚张声势，作为回应，他于 11 月 19 日宣布向科威特再派遣 25 万军队。到 11 月下旬，双方各有 50 万部队对峙。11 月 29 日，联合国安理会为萨达姆从科威特撤军设定了六个星期的最后期限，授权联盟"使用一切必要手段"来实现目标。最后的日期是截止到 1991 年 1 月 15 日午夜。

萨达姆还尝试了其他一些转移注意力的手段。他劫持了数百名西方公民作为人质，称他们是"客人"。当这种手段不起作用时，他释放了这些人质，并宣布他将归还在对伊朗战争中占领的边境地区。这样做的目的是希望将他的死敌变成盟友。伊朗接受了萨达姆的礼物，但没有改变中立的立场。仍然坚信联军不会与他作战的萨达姆于 12 月 22 日宣布他将永远不会放弃科威特，声称如果受到攻击，他将攻击以色列并使用化学武器。尽管有来自萨达姆的这些挑衅，反伊拉克联盟仍然立场坚定，没有一个成员改变立场。布什一直铭记约翰逊在越战中的错误,他反复提醒大家,科威特问题不是伊拉克与美国之间的问题,而是伊拉克与国际社会之间的问题。

到了1月初,随着"真相时刻"的临近,布什将注意力转向了国会。布什总统决心不重蹈约翰逊的覆辙,竭尽全力想得到国会的支持。因担心避免战争的最好方法是做好战斗准备,并想向萨达姆证明这一点,他在参议院和众议院运用了他的说服力。

第102届国会议员们面临着一个决定性的选择:是授权总统使用武力支持联合国授权,还是推迟行动,给经济制裁更多的时间。那些支持布什总统的人认为,不应该允许萨达姆蔑视联合国。例如,国会议员斯蒂芬·J.索拉兹宣称,对萨达姆绥靖就像对希特勒绥靖一样,会带来灾难。[14]那些反对者,如参议员爱德华·M.肯尼迪就曾警告说,发动一场长期的陆地战争,会导致每周至少有700名美国人死亡。[15]

1991年1月12日,参议院以52票对47票,众议院以250票对183票通过了"使用武力"决议。自第二次世界大战以来,国会首次正式授权总统在他认为必要时发动参战。

美国国内展示出对布什总统团结一致的支持。联合国秘书长哈维尔·佩雷斯·德奎利亚尔做出最后的外交努力,但是没有任何作用。1月15日,也就是最后期限的那一天,布什总统宣布,午夜过后的每一分钟都是借来的时间。下午6点,即华盛顿时间第二天晚上,盟军的第一枚炸弹从3万英尺高的巴格达上空抛下。"沙漠盾牌"演变成了"沙漠风暴"。

当我们调查1990年8月2日至1991年1月15日之间的事件时,有一个真相浮出水面:布什总统周边的军人都不相信萨达姆会因为科威特问题而开战。切尼、鲍威尔和施瓦茨科普夫都确信萨达姆不是殉道士,他会从科威特边界撤军以拯救自己。布什总统同意这种看法,但为了确认这一点,他于1990年12月21日向沙特驻美国大使班达尔王子征求了意见。班达尔断然同意,"如果萨达姆不得不在保全自己的脖子和离开科威特之间做出选择,他会采取行动来拯救自己的脖子"。[16]这些人都错了。

在 8 月 2 日至 1 月 15 日期间，萨达姆多次宣称，美国人太懦弱，不敢发动战争，声称如果他们胆敢挑战他，他们就会淹死在自己的血海中。萨达姆宣称，他如同现代的尼布甲尼撒，会在一场“战争之母”中对异教徒发起一场胜利的战役。换句话说，萨达姆认为，不管有没有战争，他都会取得胜利。他这次也错了。

正如之前的多次一样，误解再一次起了至关重要的作用。每一方都深刻地误解了对手的性格、意图和决心。美国及其盟友认为，萨达姆会做出理性的反应，并在压倒性优势面前撤军。萨达姆被战争爱好者的狂妄蒙蔽了双眼，相信自己是不可战胜的，且低估了敌人的决心。双方的这些深刻误解加速了战争的爆发。

于 1 月 16 日开始的空袭行动取得了绝对的成功。它使伊拉克部队遭受了历史上任何一支陆军都从未遭受过的最严重的打击。它实现了这一目标，联合国部队的伤亡人数少得令人难以置信。这可能是军事史上唯一一个几乎仅靠空中力量就能取得胜利的案例。2 月下旬的地面战争只持续了 100 个小时。伊拉克部队对空袭的抵抗是如此之弱，以至于参加首次空袭的空军上尉冈瑟·德拉蒙德认为“我们好像没有对手”⑰。

1 月 15 日，白宫向国会议员和媒体散布虚假信息，大意是，如果萨达姆开始撤军，他可能会有几天的宽限期。据阿拉伯中间人说，萨达姆相信这一点，并放松了一些。如果萨达姆咨询一下达美乐比萨（一家全国性的连锁餐厅）在华盛顿的分店，他就会做出更好的判断。该店在 1 月 16 日早上 5 点发出了战争可能在当天爆发的警告。达美乐收到了来自白宫和五角大楼的创纪录订单，这些订单可能是为了在即将到来的危机会议中为官员们提供食物。事实上，当天上午 11 点，布什总统就下令发动袭击，当天下午，切尼签署了一项命令，将该指令付诸实施。

这场空战分三个阶段进行。第一阶段盟军集中于获得空中优势。这个目标很快实现。很少有伊拉克飞机挑战联军飞机，在 1 月 22 日至 29 日的这一周，有超过 100 架伊拉克飞机飞往位于伊朗的一个安全港，但是在那里被伊朗扣押。第二阶段是联军试图摧毁萨达姆军队的神经系统，摧毁他的核武器、化学武器和生物武器能力。在第三阶段,联军空军对伊拉克野战部队开展长达三到四个星期的无情打击,以便削弱其实力,为联军随后的地面行动做准备。

1月17日,萨达姆犯下了自入侵科威特以来的第三个错误。为了将以色列拖入战争,从而瓦解联军,萨达姆向特拉维夫——一个非参战国家的最大的城市——发射了名为“侯赛因”的飞毛腿导弹。据报道,萨达姆是在处决了他的两名空军指挥官后做出这一决定的。这两名指挥官曾大胆地提醒他之前的错误判断,即他可以肆无忌惮地入侵科威特,联军也不会诉诸武力这样的判断。[18]

萨达姆的希望是,埃及和叙利亚不想表现出为保卫以色列而战的样子,会退出联盟,或者改变立场。他甚至希望沙特阿拉伯也会因巨大的压力而抛弃美国。这位独裁者再次判断失误。

布什总统很快恳请以色列总理伊扎克·沙米尔保持克制,并承诺不仅要把摧毁流动飞毛腿导弹作为首要任务,还要为以色列提供爱国者导弹,使其能够在空中击落飞毛腿导弹。沙米尔同意了布什总统的请求,尽管萨达姆向以色列发射了40枚飞毛腿导弹,向沙特阿拉伯发射了46枚飞毛腿导弹。飞毛腿导弹,就像第二次世界大战期间德国向伦敦发射的V-2导弹一样,没有真正的军事价值。这些导弹的目的是在城市里引起恐慌,煽动恐慌的民众反对政府。

幸运的是,这些飞毛腿导弹没有携带生化弹头,可能是因为空袭严重破坏了萨达姆的军事设施。显然,飞毛腿导弹也没有能力运送这些非常规武器。无论如何,飞毛腿导弹并没有破坏联军的空袭,因为大多数飞毛腿导弹都被爱国者导弹击落。令萨达姆愤怒的是,联军紧密地团结在一起。

向一个非参战国家的城市发射导弹引发的道德问题是另外一个问题。正如施瓦茨科普夫将军简言之,“萨达姆·侯赛因和我的不同之处在于我有良心,而他没有”。[19]

2月22日,美国总统布什给萨达姆下了最后通牒:要么在2月23日星期六中午之前撤出科威特,否则承担后果。萨达姆再次作出回应,声称联军将会在一场"战争之母"的战斗中毁灭在自己的血海中。这是另一个代价高昂的错误。通过拖延和讨价还价,这位伊拉克独裁者使他的军队面临了一场注定惨败的命运。

当布什授权开展地面行动时,他决心不再重蹈林登·约翰逊在越南战争中犯下的第三次错误,不再对他的将军们指手画脚。这是一个明智的决定。事实证明,施瓦茨科普夫取得了一场创造军事史的胜利。

在观察了萨达姆在空战期间的行动后,施瓦茨科普夫得出了这样的结论:像历史上的许多指挥官一样,萨达姆会再次发动最后一场战争。萨达姆引诱伊朗军队对戒备森严的防御工事进行正面进攻。被困在"杀戮区"的伊朗人被歼灭。的确,空中侦察显示,萨达姆在科威特南部设立了同样的防御战略和"杀戮区"。吸取了埃尔温·隆美尔在第二次世界大战中的"沙漠之狐"的教训,施瓦茨科普夫决定采取大胆的侧翼机动战略,他后来将此与足球比赛中的"搏命长传"这种美式足球战术做比较,即在比赛中,希望在最后一刻触地得分,四分卫将他的接球员远远抛向一边,然后深入对方的球门区。施瓦茨科普夫在科威特南部边境留下了足够多的军队和装备,造成让萨达姆相信他会在一次正面进攻中发动攻击的假象,但随后决定在几天内将 25 万名士兵以及装甲、火炮和补给向西移动 200 英里。正如他后来所言,"我不记得在军事史上是否有过这么多的一支军队,越过这么远的距离,使自己处于进攻位置"。[20]事实上,他不仅胜过了隆美尔,还胜过了隆美尔的英美对手巴顿和蒙哥马利。

萨达姆完全被吓到了,他向部队广播了一条消息:"伊拉克人,用你们所有的力量与他们战斗,战争之母的战士们,为了你们对上帝的信仰与他们战斗。不要心怀怜悯之心!与他们战斗!"[21]

这已经没有用了。成千上万的伊拉克士兵疲惫不堪,士气低落,从掩体里走出来投降。在地面战争的第三天,施瓦茨科普夫知道他赢得了一场壮观的胜利。正如他后来所叙述的那样,"它事实上将成为坎尼战役,一场歼灭之战"。[22]施瓦茨科普夫指的是公元前 216 年导致 5 万名罗马人死亡的"汉尼拔"大屠杀,是将对手困在一个典型的包围圈中完成的。当以美国为首的联军部队在本地居民欢欣鼓舞的欢呼声中进入科威特城时,数千辆被正在逃往自己故乡的伊拉克部队征用了的车辆,挤满了通往巴士拉以北的道路。当盟军猛烈的空袭将逃跑路线变成墓地时,这条道路变成了毁灭之路。尸体和冒烟的车辆在高速公路上散布了好几英里长。

在胜利在望的这一时刻,施瓦茨科普夫向媒体阐述事情是如何进展的:"我们离巴格达有 150 英里之外,在我们与巴格达之间没有任何人。如果我们的意图是占领伊拉克,如果我们的意图是摧毁伊拉克,如果我们的意图是蹂躏伊拉克,我们当时就可以从这个立场出发,实现我们的目的,不会受到任何抵抗。"[23]然而,布什总统在 2 月 27 日下令停火,宣布联盟的目标已经实现。一个月后,布什总统和他的战地指挥官发生了一个小摩擦。在接受戴维·弗罗斯特的采访时,施瓦茨科普夫表示,他建议美国继续战斗,因为"我们本可以完全关上大门,实际上,让它成为一场毁灭之战"。施瓦茨科普夫的这番话暗示他本可以完全推翻萨达姆政权。布什急于避免给人留下"退缩"的印象,指示切尼向媒体声明,施瓦茨科普夫将军"没有对终止战争行动提出异议"。[24]这个问题在当周结束时得到了解决,以施瓦茨科普夫优雅的道歉结束了这场辩论。尽管如此,这个问题仍然挥之不去。是布什总统停止战争太早了吗?

在回答该问题时,我们必须记住,布什总统为联盟团结起来付出的巨大努力。如果他试图占领巴格达,苏联和阿拉伯伙伴可能已经脱离联盟,"沙漠风暴行动"可能最终会以美国一国对伊拉克的战争,而不是以联合国集体安全行动的形式爆发。毕竟,联合国的授权并不包括摧毁萨达姆政权。它只限于将伊拉克驱逐出科威特。希望战争尽早结束,军队得以回家。

在他最后一次闻名的简述中,施瓦茨科普夫称联军的成功"几乎是一场奇迹"这种说法无论如何是对的。悲观主义者和乐观主义者都错了。美国的伤亡人数不到战前五角大楼估计的最低数字的 5%。伊拉克的伤亡估计至少有 10 万人。但被要求评估萨达姆的军事领导才能时,施瓦茨科普夫将军给了一个令人难忘的回答:"尽管萨达姆是一个伟大的军事战略家,但他既不是战略家,也不精通作战战艺;他既不是战术家,也不是将军或者士兵。除了不是这些,他是一个伟大的军人。"㉕

但是,施瓦茨科普夫将军对人性品质的看法,与其说是出自他对萨达姆这句著名的评价,不如说是出自他把盟军的低伤亡率描述为"奇迹"后的深思熟虑。"对这些参战士兵的家庭来说,这永远不会是奇迹,"他悲伤地说。在那一刻,他承担了对每一个失去生命了的人的责任。在那一刻,他不是一个战士,对每一个盟军士兵而言,他是一位悲痛的父亲。

布什总统在宣布停火协议后欢呼:"上帝保佑,我们一劳永逸地根除了越南综合征。"他和大多数美国人品尝到了 1945 年以来美国首次取得的一场重大军事胜利。当沙漠风暴的士兵在科威特境内疾驰时,他们不仅击败了萨达姆的军队,还驱除了越战时期美军遗留下来的自我怀疑的恶魔。

一个刺耳的音符扰乱了对战争胜利的庆祝,即萨达姆·侯赛因还活着。他不仅活着,而且仍然统治着伊拉克。他生日的 4 月 28 日仍然是伊拉克的国定假日。作为战败国家的国家领导人,萨达姆在两场灾难性的战争中幸存下来,这种情况并不常见。不知何故,尽管有无数的暗杀企图和宫廷政变的谣言,萨达姆还是保住了自己的政权。就像一个伊拉克人说的那样,"既然我们不能砍断他的手,我们现在不得不亲吻它"。一如往常的,这位战争爱好者很快为自己发现了其他受害者,即他自己的人民、库尔德人和什叶派少数民族。

在战败后,萨达姆为了自己的生存,以顽强的韧性战斗着。他的一个方法就是让数以百万计的伊拉克人在饥饿和疾病中死亡,以达到震惊联合国,然后使其放松对自己的经济制裁的目的。他的卫生部长多次决定切断国际粮食援助,因为提供援助可以减轻美国和欧洲人的良知。简而言之,萨达姆想以增加而不是减少伊拉克人的痛苦来展示自己的决心。

停火协议的墨迹还未干,萨达姆就开始对伊拉克北部的库尔德少数民族进行了残酷的攻击。在布什总统公开敦促推翻萨达姆政权的鼓励下,库尔德人试图推翻这位独裁者。萨达姆在 1988 年对他们使用了毒气。2 月 24 日,阿拉伯秘密电台敦促库尔德人"袭击暴君总部",3 月 10 日,"自由伊拉克之声"预测,"暴君很快就会被一颗子弹击中"。

萨达姆的军队仍然强大到足以镇压巴士拉的叛乱,然后可以向北部的库尔德反叛分子和南部不守规矩的什叶派少数民族充分地发泄怒火。但由此带来的后果是,大批难民涌入土耳其和伊朗边境崎岖的山区,绝望地寻找避难所。萨达姆的军队无情地追击库尔德人和什叶派;死亡人数是巨大的,至今仍无从知晓。在伊拉克北部,人们看到伊拉克坦克在前进,库尔德儿童被绑在坦克的侧翼,作为盾牌;在南部,坦克上还绘有大字标语"今天以后不会再有什叶派的存在"。

布什总统犹豫了好几个星期。但随着屠杀的加剧,每天都有成千上万的难民死于寒冷和饥饿,他别无选择,只能采取行动。随后发起了"避风港行动"。4 月底,1 万名美国士兵、5000 名英国士兵、1500 名法国士兵和 1000 名荷兰士兵昼夜不停地为绝望的难民搭建帐篷,每天至少为他们提供一顿饭。狡猾的萨达姆承诺给予库尔德人自治,但毫不奇怪,他的受害者拒绝相信他的话。到 7 月为止,只有 4000 名联军士兵留下,但每天仍有数以千计的库尔德人和什叶派教徒在死亡。很显然,萨达姆是在盘算,他会比"沙漠风暴"留下的人道主义援助活得更长久,然后重新复仇。

也许萨达姆留给后人最可怕的遗产就是他在科威特点燃 600 多口油井的决定。当联军进入科威特城时,这个国家的油田就像但丁《地狱》中的场景。在漆黑的大地上,数百个橙色火球咆哮着,像巨龙一样,向空中喷出有毒的蒸气。乌云密布的天空下起了一场油腻的黑雨,弄脏了它所能触及的一切东西。黑色呛人的烟雾遮住了阳光。石油浸透的工人 12 个小时轮班工作,用手工工具艰难地控制着燃烧的气流。每天大约有 500 万加仑、价值约 1 亿美元的石油在燃烧着。石油覆盖了数千英亩的土地,杀死了动植物,威胁着地下水。医院报告呼吸系统病例在急剧增加。每只需 30 美元的防污染口罩在超市里卖得很走俏。一名科威特人说，人们"就像把一辆柴油卡车的排气管塞进嘴里，然后呼吸"[26]。

这种疯狂的报复行为所带来的长期生态后果是难以预料的。人们最担心的是，浓烟会阻挡太阳光线，并将污浊的空气困在接近地面的地方。正如一名驻利雅得的西方外交官所言，"当风停了，很多人就会死去"[27]。一些科学家预测，来自油田的烟雾可能会扰乱印度次大陆的季风，并给肥沃的农田带来酸雨。在最坏的情况下，厚厚的黑云可能会到达高层大气，扼杀整个生长季节，并在由萨达姆引发的核冬天里使数百万人面临饿死的威胁。

最后一场油田大火直到 1991 年 11 月才被扑灭。从历史的角度来看，有一个结论是肯定的：萨达姆·侯赛因犯下了一场史无前例的生态恐怖主义行为。和希特勒一样，当他输掉战争时，他把地球烤焦了。这位战争爱好者把大自然变成了他最爱的栖息地——地狱。

20 世纪 90 年代，萨达姆·侯赛因下台了，但没有出局。1991 年，联合国安理会成立了一个特别委员会，承担起搜寻和销毁尽可能多的伊拉克隐蔽的武器藏匿处的职责。萨达姆推行了一项坚持不懈的"欺骗和撤退"政策，年复一年，特委会检查员们被他牵着鼻子走。但在 1995 年，萨达姆的女婿侯赛因·卡迈勒从巴格达叛逃，并向特委会移交了数千份在他的养鸡场内（或其他地方）藏匿的指证文件。这一发现促使联合国特别委员会认真进行搜寻。事实上，在接下来的三年里，它所销毁的伊拉克武器比整个波斯湾战争期间销毁的武器还要多。毫不奇怪，特委会检查员被完全禁止进入伊拉克，结果，美国和英国发动了 4 天的空袭作为报复。随后，经过一年冗长乏味的谈判，成立了一个名为联合国监测、核查和检查委员会，取代了原有的联合国特委会。作为对伊拉克的一种激励，联合国取消了根据"石油换食品"计划允许伊拉克出售石油的数量上限。暂停经济制裁也被认为是额外的胡萝卜，如果伊拉克愿意与新的检查机构充分合作的话。当 2000 年到来的时候，有一个事实是毋庸置疑的：萨达姆仍然统治着伊拉克。

乔治·赫伯特·沃克·布什将战争限制在将萨达姆·侯赛因驱逐出

科威特的决定,在接下来的几年增加了乔治·W.布什的一个信念,确定他的父亲犯了一个严重的错误。当萨达姆在老布什访问科威特时试图刺杀他时,小布什的信念凝结成一种执着,决定完成他父亲未竟的事业。"毕竟这就是那个想杀我父亲的人",小布什说道。[28]这种执着导致了萨达姆一生中的第三次、也是最后一次冲突,在这场冲突中,萨达姆成为美国历史上第一次先发制人战争的打击目标。对这一戏剧性事件的分析构成了下一章的主要内容。

注　释

1. Time, August 13, 1990, p.23.

2. Ibid.

3. Ibid.

4. Ibid., p.70.

5. Bob Woodward, The Commanders (New York： Simon & Schuster, 1991), p.343.

6. War in the Gulf, p.62.

7. Ibid.

8. Ibid.

9. The Commanders, p.209.

10. Ibid., p.220.

11. War in the Gulf, p.74.

12. Time, August 20, 1990, p.20.

13. Ibid.

14. Ibid., p.82.

15. Ibid.

16.The Commanders,p.350.

17.Time,January 28,1991.

18.War in the Gulf,p.149.

19.Ibid.,p.178.

20.Ibid.,p.198.

21.Ibid.,p.203.

22.Ibid.,p.214.

23.Ibid.,p.212.

24.Time,April 18,1991,p.22.

25.Quoted in War in the Gulf,p.213.

26.War in the Gulf,p.221.

27.Time,March 18,1991.

28.Quoted in Time,October 7,2002,p.28.

精选参考书目

Abdo,Geneive,and Jonathan Lyons.Answering Only to God:Faith and Free-dom in Twenty-First-Century Iran.New York:Henry Holt,2003.

Ajami,Fouad."Iraq and the Arabs' Future."Foreign Affairs,January/Febru-ary 2003.

Amuzegar,Jahangir."Iran's Crumbling Revolution."Foreign Affairs,Janu-ary/February 2003.

Bill,James A.The Eagle and the Lion:The Tragedy of American-Iranian Relations.New Haven,Conn.:Yale University Press,1988.

Blackwell,James.Thunder in the Desert:The Strategy and Tactics of the Persian Gulf War.New York:Bantam,1991.

Bulloch, John, and Harvey Morns. The Gulf War: Its Origins, History, and Consequences. London: Methuen, 1989.

Calabrese, John, Ed. The Future of Iraq. Washington, D. C.: Middle East In-stitute, 1997.

CNN: Thomas B. Allen, F. CliftonBerry, and Norman Polmar. War in the Gulf. Atlanta: Turner, 1991.

Cockburn, Andrew, and Patrick Cockburn. Out of the Ashes: The Resurrection of Saddam Hussein. New York: Harper Collins, 1999.

Cottam, Richard W. Iran and the United States: A Cold War Case Study. Pittsburgh, Penn.: University of Pittsburgh Press, 1988.

Davies, Charles, Ed. After the War: Iraq and the Arab Gulf. Chichester: Carden, 1990.

Grimsley, Mark, and Clifford Rogers, Eds. Civilians in the Path of War. Lin-coln: University of Nebraska Press, 2002.

Henderson, Simon. Instant Empire: Saddam Hussein's Ambition for Iraq. San Francisco: Mercury House, 1991.

Jansen, G. H. Militant Islam. New York: Harper & Row, 1980.

Karsh, Efraim. Saddam Hussein: A Political Biography. New York: Free Press, 1991.

Khadduri, Majid. The Gulf War: The Origins and Implications of the Iraq-Iran Conflict. New York: Oxford University Press, 1988.

Leedeen, Michael, and William Lewis. Debacle: The American Failure in-Iran. New York: Knopf, 1981.

Lewis, Bernard. The Political Language of Islam. Chicago: University of Chicago Press, 1988.

Maugeri, Leonardo. "Not in Oil's Name." Foreign Affairs, July/August 2003. Oballance, Edgar. The Gulf War. London: Brassey's, 1988.

Penrose, Edith, and E. F. Penrose. Iraq: International Relations and National Development.Boulder,Colo.:Westview,1978.

Pollack,Kenneth M.“Next StopBaghdad?”Foreign Affairs,March/April 2002.

Potter,Lawrence G.,and Gary G.Sick,Eds.Security in the Persian Gulf: Origins,Obstacles,and the Search for Consensus.New York:Palgrave,2002.

Ramazani,R.K.The Persian Gulf and the Strait of Hormuz.Alphen aan der Rijn,Netherlands:Sijthoff,1979.

Ritter,Scott.Endgame:Solving the Iraq Problem Once and for All.New York:Simon & Schuster,1999.

Rubin,Barry.Paved with Good Intentions:The American Experience in Iran. New York:Oxford University Press,1980.

Sciolino,Elaine. The Outlaw State:Saddam Hussein's Quest for Power and the Gulf Crisis.New York:Wiley,1991.

Segal,David.“The Iran-Iraq War:A Military Analysis.”Foreign Affairs, Summer 1988.

Sifry,Micah L.,and Christopher Cerf,Eds.The Iraq War Reader:History,Documents,Opinions.New York:Simon & Schuster,2003.

Smith,Perry M.How CNN Fought the War:A View from the Inside.New York:Birch Lane Press,1991.

Woodward,Bob.The Commanders. New York:Simon & Schuster,1991.

第五章 新世纪的新战争

2001 年 9 月 11 日，星期二的早上，我坐在美国航空公司的航班上，在圣地亚哥机场的跑道上等待着飞往芝加哥。出发时间反反复复地改变，机长神秘地宣布了塔台下令推迟起飞的消息。最后，飞机滑行返回了候机坪，乘客们被允许下飞机。机场出奇的安静，人们聚集在电视机前。那是我第一次听说现在被称为"9·11"的恐怖事件。

我们今天活着的人都不会忘记那可怕的一天，19 名宗教狂热分子，手持美工刀，劫持了 4 架载有无辜平民的商业客机。恐怖分子将两架飞机撞向纽约市世贸中心的双子塔大楼，使两座大楼在熊熊燃烧中倒塌成废墟。第三架飞机飞向五角大楼，但是第四架飞机上的乘客，在用手机与亲人通话的过程中意识到他们即将到来的厄运，进行了绝望的抗争并设法使飞机偏离在华盛顿特区的目标，最终飞机坠毁在宾夕法尼亚州农村的一块田地上。恐怖袭击结束时，3000 名男女老少在一次比 1941 年珍珠港事件更野蛮的偷袭中丧生。在珍珠港事件中，日本选择了军事目标，杀死了 2300 名海员；而在这次恐怖事件中，恐怖分子在美国中心地带——美国首都和最大的城市，夺走了 3000 名平民的生命。在美国，再也没有人会和以前一样了。真正难以想象的事情发生了：那天我们所有人都看到了极度邪恶的面孔。

极度邪恶是如谜一样的东西。尽管如此，我还是要尝试做出解释，并提醒，任何论点，无论其怎样具有说服力，都不应该与宽恕像"9·11"那样的野蛮行为混为一谈。在这方面，我要感谢对穆斯林世界有着丰富了解的英国历史学家伯纳德·刘易斯写的一本优秀的书，名为《到底哪里出了错:西方的影响与中东的回应》。在"9·11"之前出版的本书将奥斯曼帝国描绘成是一个懒惰和腐败的官僚机构,在近半个世纪的时间里,一直在与外界的任何变化作斗争。18世纪,当奥斯曼帝国发现自己面临着西欧同时发生的四次革命时,它拒绝承认这些变化,认为这些变化是对其生存的危险威胁。首先,奥斯曼土耳其人认为英国工业革命的科学发明具有潜在的不稳定性。其次,以"自由、平等、博爱"为口号的法国大革命,是奥斯曼帝国僵化的阶级制度所不能接受的。当美国的"开国之父"采纳了法国的一些理想时,这种危险似乎变得更加严重。再次,美国的政教分离原则违背了奥斯曼帝国统治者最珍视的信仰之一,即在先知穆罕默德的统治下,清真寺与国家永远结合在一起。最后,也许是最危险的,是西方关于妇女解放的概念。在奥斯曼帝国的文化中,女性被视为奴隶或者玩物,在爱情或工作中从未被视为平等的伴侣。谢赫拉莎德只被允许活到给苏丹讲完1001个故事来娱乐他为止。

当奥斯曼土耳其人发现他们落后于其他地方时,他们指责西方国家造成了他们的衰落。这是将自己的失败投射到别人身上的一个典型例子;毕竟,他们已经把自己封闭起来了。奥斯曼帝国之所以成为"欧洲病夫",不是因为它被别人征服,而是由于它自己的选择。

奥斯曼土耳其人被英法统治者所取代,英法两国在另一个半世纪的时间里把大部分中东地区变成了殖民地。1956年苏伊士运河危机期间,埃及的贾迈勒·阿卜杜勒·纳赛尔让欧洲人颜面尽失,欧洲也被美国所取代。渐渐地,美国的可口可乐工厂和其他商业企业在沙特阿拉伯的圣城麦加和麦地那拔地而起。更糟糕的是,被认为给其他国家带来威胁的以色列,受到了美国的保护。欧洲犹太人不是该地区的本地居民,他们在阿拉伯国家定居,宣布成立主权国家,拥有自己的新国旗,并迫使50万巴勒斯坦人离开家园:今天无家可归的阿拉伯难民变成了昨天的犹太人。穆斯林的怒火正在沸腾。似乎这一切还不够。阿富汗的自由战士们对"布尔什维克人"发动了猛烈的攻击。其中一位是奥萨马·本·拉登,他在沙特阿拉伯被家人驱逐,当时正在阿富汗筹建一个支持者的网络。

革命开始于整个欧洲。一个接一个的,就像多米诺骨牌一样,苏联解体,匈牙利、波兰、罗马尼亚、捷克斯洛伐克、保加利亚和波罗的海国家也参加了游行。柏林墙倒塌,两个德国庆祝它们的统一。急于推动这一进程的美国,决定加入这个阵营中来,可以说,放弃了阿富汗。奥萨马·本·拉登以及许多像他一样的人,感到愤怒和背叛。毕竟,他们也曾与"无神论的布尔什维克人"作战过。本·拉登的愤怒变成了无穷无尽的仇恨以及以伊斯兰教的名义尽可能地多杀害美国人和犹太人的坚定决心。

应该强调的是,我们不应该将像奥萨马·本·拉登这样的宗教狂热分子与整个伊斯兰教混为一谈。基地组织,也就是本·拉登的追随者,被承诺死后可以立即进入天堂,作为对他们殉难的回报。另外,大多数穆斯林都是普通人,他们仅仅希望追求自己的日常生活。在科威特和科索沃这两个例子中,美国决定出手拯救它们。

乔治·W.布什:从实用主义者到改革派

在我对美国总统的研究中,有两种基本的性格类型构成了他们的领导风格。第一种类型是改革派,他的特点是具有想让世界变得更美好的传教士般的热情。改革派倾向于先入为主的想法而不是基于经验来做出决定。即使有别的选择,他们通常也看不到。如果事实与他们的理念不相符,那对事实来说非常糟糕。改革派不具备灵活性,如果不说是不可能的话,是很难从失败的姿态中摆脱出来。他们不欢迎异议,顾问们往往会告诉他们想听的东西。他们开始着手改善世界,但结果总是设法让世界比以前变得更糟。

第二种基本类型是实用主义者。实用主义者以事实和在特定情况下的经验为指导,而不是以愿望或未经检验的先入之见为指导。他们通常也知道他们选择的行动路线的其他替代方案,并尽可能客观地探讨每一种选择的利弊。他们鼓励顾问们告诉总统应该知道的东西,而不是仅仅告诉他们认为总统想听的东西。他们总是很灵活,不会陷入失败的政策。他们可以改变方向,在不损害自尊的情况下愿意再试一次。决定他们决策的既不是希望也不是恐惧,而是证据。如果没有证据的时候,总有一些常识可以指导他们。

当然,这两种基本类型并不是相互排斥的:纯粹的改革派可能是圣人或狂热者,而纯粹的实用主义者则是一台高效的机器。这两种类型通常在某种程度上存在于每一个性格中,但其中一种类型通常占主导地位。多年来,改革派和实用派领导人往往会轮流执政。在危机时期或民族创伤时期,改革派精神主导着美国的外交政策,而在相对平静和巩固时期,实用主义模式则更为明显。就像钟摆一样,美国人在两种情绪,即周日的福音主义和工作日的现实主义之间摇摆不定。[1]

我在研究中遇到的最纯粹的改革派是伍德罗·威尔逊,他与参议院就国际联盟的批准问题进行了激烈斗争。1919 年,当威尔逊抵达巴黎时,他救世主般的使命感让欧洲外交官们大吃一惊:

为什么耶稣到目前为止还没有成功地引导世人追随他的教导呢? 这是因为他仅仅传授理想,却没有想出任何实际的方法去获得理想。这是为什么我提出一个切实可行的方案来实现他的目标。[2]

英国的大卫·劳合·乔治和法国的乔治·克莱蒙梭不情愿地决定和威尔逊一起去凡尔赛宫,但是威尔逊在参议院遇到了他的死对头参议员亨利·卡伯特·洛奇。洛奇和他的一些盟友坚持要修改国际联盟的盟约,但是威尔逊不容忍任何折中方案,"事实在前进,上帝也与之在前进。你无法抗拒它们。你要么欢迎它们,要么随后谦卑地向它们屈服。要么欢迎,要么屈服"。[3]对伍德罗·威尔逊来说,要么得到全部,要么一无所有,自己什么都得不到。国际联盟,诞生于美国的摇篮,死于美国的坟墓。

我遇到过最纯粹的实用主义者是在 1962 年古巴导弹危机期间的约翰·F.肯尼迪。只有证据才能支配他的行为。尽管面临着巨大压力,他仍然拒绝将命令下达下去。在美国一架 U2 飞机在古巴上空被击落后，美国中央情报局局长约翰·麦康内和副总统林登·约翰逊恳求他采取行动，但他仍坚持认为，要拿出更多证据来证明苏联确实想要与美国打一场核战争。在最后一次努力之后，他成功地与苏联领导人尼基塔·赫鲁晓夫达成了协议。通过这样做，他成功遏制住了一个核超级大国，在距离佛罗里达 90 英里的地方部署数千枚导弹，并从核深渊中撤退。人类避免了差点毁灭的命运。

本章的论点是，作为一个实用主义者，乔治·W.布什开始了他的美国总统任期，然后逐渐在未来几个月的时间内，向改革派的精神靠近，直到他对恐怖分子以及萨达姆的追寻——坚定成一种痴迷的状态。

我清楚地记得，当布什总统搂着一名消防员，向对 2001 年 9 月 11 日犯下的野蛮罪行发出严厉警告的那个决定性时刻。"我能听到你们的声音"，布什对周围的人喊道。"全世界都能听到你们的声音，那些推倒这些大楼的人很快就会听到我们大家的声音。""我们团结一致"的口号在那一天变成了现实。整个国家，实际上是整个世界，都支持布什总统寻找和惩罚"9·11"罪犯的决心。当他以美国西部牛仔人的方式宣布，不管是死是活，美国都要通缉奥萨马·本·拉登时，几乎没有人反对。布什总统的发言冷静而谨慎。"我是个有耐心的人"，他说。他准备给阿富汗塔利班政府以时间将本·拉登引渡到美国。如果塔利班不合作，它就会被摧毁。对许多美国人来说，布什似乎太过慷慨了，但当 9 月结束 10 月到来时，他的耐心已然耗尽。在美国人民的支持下，他于 10 月 7 日入侵阿富汗。随着阿富汗北部战略重镇马扎尔沙里夫的陷落，塔利班政权也于 11 月 9 日垮台。不久后，随着塔利班残余分子的投降，赫拉特、喀布尔和贾拉拉巴德等城市也相继被占领。然而，追捕本·拉登被证明是很困难的。这位狡猾的基地组织领导人通过溜进阿富汗和巴基斯坦边境那片广阔且几乎无法控制的地区来迷惑美国人。因此，曾用录像炫耀自己"在打击异教徒美国人方面取得巨大成功"的本·拉登没有受到惩罚。看起来，只装备了美工刀的 19 个狂热分子战胜了拥有世界上最先进技术的美国。

　　布什总统的个性特征从实用主义向改革派的缓慢转变不能用任何一个因素来解释。不得不承认被本·拉登逃掉这种可怕的挫败感无疑折磨着他。邪恶似乎战胜了善良。对于年轻时经历过宗教顿悟，以"善恶不两立""你要么支持我们，要么反对我们"等这样明确的态度来看待世界的布什来说，这显然是一种不可接受的结果。他越来越被一小群新保守主义知识分子所吸引，这些人认为"遏制"不再是后"9·11"时代的答案。在这些知识分子中，最引人注目的三个人据说得感谢已故的芝加哥大学政治科学系的列奥·施特劳斯教授。施特劳斯最著名的著作《论僭政》是关于古典希腊，与现代国际事件无关。他的女儿珍妮·施特劳斯·克莱在 2003 年 6 月的一篇文章中写道，她父亲"是一名教师，而不是一位右翼导师"，称在她父亲门徒的人所写的文章中，没看出他们笔下的人物是她父亲。[④] 第一位是国防部副部长保罗·D.沃尔福威茨（Paul D. Wolfowitz），他为布什总统制定了几项战略分析，主张先发制人的新原则应该适用于对美国构成直接威胁的独裁政权。事实上，沃尔福威茨倡导的政策将推翻美国 200 多年来的外交政策，因为其认为，美国应该将那些对美国构成危险的独裁政权改变成民主国家，必要时使用武力。第二位是美国企业研究所的理查德·珀尔，他是五角大楼一位颇具影响力的顾问，宣称，"我们可以传递一个简短的信息，一个只有几个字的信息：你将是下一个"。第三位是美国前国家安全官员、关键战略家迈克尔·利迪恩，他宣称，"战争可能会重塑世界"。[⑤] 简而言之，这三人主张美国应充分利用其作为世界上唯一超级大国的地位，制定使世界变得民主和安全的政策。

　　因水门事件而声名鹊起的记者鲍勃·伍德沃德，在他的《战时布什》一书中对布什总统进行过很多长篇幅的采访。他认为，随着亲美领导人哈米德·卡尔扎伊领导下的新政权在阿富汗建立，以及轻松击败塔利班进一步鼓励了布什改变原有的方向。最后，这是一场个人恩怨的较量。毕竟，萨达姆·侯赛因在布什总统的父亲访问科威特时曾试图暗杀他，因此,作为儿子,布什总统急于将父亲未竟的事业圆满结束。

这些都是促成乔治·W.布什的人格谱系改变成具有改革派特征的决定性事件链条中的重要环节。当布什总统的演讲稿撰写人大卫·弗鲁姆为其2002年1月29日的国情咨文演讲提出了一个新短语时,揭开这一宏伟计划的机会来临了。通过寻求大规模杀伤性武器,这些政权构成了一个严重且日益增长的危险。当危险越来越近的时候,我不会袖手旁观。美利坚合众国不会允许世界上最危险的政权用世界上最具破坏性的武器威胁我们。

布什总统讲话的含义是明白无误的。伊拉克、伊朗等独裁者将不被允许发展核武器、化学武器或生物武器,且伊拉克被列在名单的首位。必须承认,在这个关键时刻,我开始对这项新政策感到不安。和大多数美国人一样,我相信先发制人对像本·拉登的基地组织这样的恐怖分子来说是完全合理的,因为这些狂热分子准备为他们的事业而死——事实上,他们欢迎死亡。这样的人是无法控制的,在他们决定发动袭击前,必须先与他们打一场仗,否则时间就太迟了,正如"9·11"事件残酷证明了这一点。但是,我相信,对于像萨达姆·侯赛因这样的主权国家的独裁者来说,情况并非如此,他的首要任务是作为统治者生存下去。这样的独裁者知道,如果他向美国做出危险的举动,他可能就会完蛋。因此,他会像赫鲁晓夫在古巴导弹危机期间那样能被遏制住。

毫不奇怪,布什"邪恶轴心"的言论立即引发回应。2002年4月,萨达姆·侯赛因宣布将向巴勒斯坦自杀式炸弹袭击者家属提供的援助金额从1万美元增加到2.5万美元。他小心翼翼地不向基地组织恐怖分子提供这种赏金,以免激怒美国发动预防性打击。几乎与此同时,伊朗人向巴勒斯坦人运送了大量武器。以色列就拦截了一艘类似这样的船只。因此,在没有直接对抗美国的情况下,伊朗和伊拉克将巴以冲突的激烈程度提高到新的水平。他们在布什面前设置障碍物,以转移人们对它们的注意力。"在这里,先解决这个问题",它们似乎在说。

到2002年夏天,"先发制人"原则的实施已蓄势待发。"遏制是不可

能的"，布什在 6 月 1 日西点军校的毕业典礼演讲中宣称。"在我们这个
世界，通往安全的唯一道路就是行动。美国将采取行动。"很明显，萨达
姆·侯赛因当时就是目标；奥萨马·本·拉登实际上已经从布什总统的
雷达屏幕上消失。曾在白宫作为老布什和比尔·克林顿以及小布什的反
恐指挥官，直到 2003 年 3 月辞职的理查德·A.克拉克，在 2004 年一本名
为《反击一切敌人》的书中写道，小布什的改革派本能在"9·11"后的第
二天已经到位：

后来在 2001 年 9 月 12 日的晚上，我离开了视频会议中心，在那里，
总统独自在局势研究室外徘徊。他看起来想找点事做。"看"，他告诉我
们，"我知道你们有很多事要做，所有的一些……但我想让你们尽快回顾每
件事情。看看萨达姆是不是这样做的。看看他是否与之有联系……"

我大吃一惊，感觉难以置信，但这说明了一切。"但是，总统先生，基
地组织这样做了。""我知道，我知道，但是……看看萨达姆是否牵涉其
中。只是看看。我想知道所有细节。""当然，我们会再看调查。""调查伊
拉克，调查萨达姆"，布什不耐烦地说道，然后离开了我们。⑥

战争逼近

2002 年秋天，对伊拉克的战争准备正式开始。9 月 12 日，布什出席
了联合国大会。他列举了自 1991 年以来萨达姆·侯赛因所忽视的多个
联合国安理会决议。他还声称萨达姆多年来一直欺骗联合国核查人员，
仍然拥有大量化学和生物武器。布什宣称，如果伊拉克政权希望和平，
"它必须立即放弃、公开、移除或销毁所有大规模杀伤性武器"。一个月
后的 10 月 11 日，日益感到沮丧的布什，以 77 票赞成、23 票反对的结果，
在参议院通过了一项授权对伊拉克开战的决议；众议院以 296 票对 133
票通过了一项类似的决议。11 月 8 日，经过密集的游说，美国成功地获

得了联合国安理会一致的决议,警告萨达姆如果不准备废除所有大规模杀伤性武器,他将面临"严重后果"。11月27日,联合国核查队在离开伊拉克4年后获准重返伊拉克。瑞典的汉斯·布利克斯博士负责化学和生物武器,国际原子能机构的穆罕默德·巴拉迪博士对核武器负有同样的责任。在提交给联合国安理会的第一份报告中,核查人员指出,在伊拉克的核查进程取得了进展,但在检查的实质问题上没有取得进展。然而,报告以谨慎乐观的论调结束。2003年2月5日,美国国务卿鲍威尔出席安理会,并发表了措辞严厉的讲话。鲍威尔的讲话主要基于情报局长乔治·特内特的一个简报,其声称萨达姆拥有大规模杀伤性武器。鲍威尔指责萨达姆·侯赛因继续执行欺骗政策,并宣称时间正在迅速耗尽。此后不久,美国在联合国最坚定的盟友、英国首相托尼·布莱尔在英国下议院发表了类似讲话。2月15日,1000多万名抗议者聚集在多国首都,表达对伊拉克战争的反对。其中最引人注目的或许是南非前总统纳尔逊·曼德拉,他宣称,美国总统是一个"没有远见,也不能正确思考的人"⑦。

2月24日,美国和英国递交一份决议草案,宣布伊拉克已经失去解除武装的最后机会,并要求安理会通过一项明确授权战争的决议。这项倡议遭到强烈的抵抗。法国、俄罗斯都是安理会拥有否决权的常任理事国,它们要求给予联合国核查人员更多的时间。它们宣称,核查正在取得进展,萨达姆已经开始摧毁一些射程超出联合国标准的萨穆德Ⅱ型导弹。德国和叙利亚是安理会的两个非常任理事国,出于类似的原因也反对美英的提案。除了英国之外,只有两个成员国,即西班牙和保加利亚,支持美国的立场。还有六个未承诺的国家,智利、墨西哥、巴基斯坦、安哥拉、喀麦隆和几内亚,它们被统称为"摇摆派"。美国特别关注法国和俄罗斯的态度。经过密集的游说,法国依然态度强硬。美国国防部长拉姆斯菲尔德发表评论,称法国为"老欧洲",但这种言论无助于问题的解决。布什继续声称,在这场辩论中各国没有中立的空间。布什的讲话激怒了三个非洲国家,其回应说,它们的中立立场是完全合理的,因为伊拉克对它们没有威胁,它们有着不同的优先目标。拉姆斯菲尔德认为联合国越来越无足轻重的不屑评论,进一步激怒了那些"摇摆不定"的国家。最后,布什意识到,即使法国和俄罗斯投弃权票,美国也无法为战争决议的通过争取到必要的九票。局势看来无望地陷入僵局。

在这场辩论中,以及在联合国核查人员报告伊拉克在销毁大规模杀伤性武器,特别是在销毁大量的萨穆德 II 型导弹方面做出进一步进展后不久,布什决定提高对萨达姆·侯赛因的要求,即不仅要求萨达姆销毁大规模杀伤性武器,还要求通过政权更迭将萨达姆彻底逐出伊拉克。由于联合国核查人员只负责解除伊拉克的武装,但无法影响萨达姆做出自我流放的决定,美国政府显然为联合国设置了无法跨越的障碍。换言之,布什总统决定无论如何都要对伊拉克开战。

当这些争论还在进行中时,美国和英国的军队部署急剧增加。25 万美军和 5 万英军集结在伊拉克边境,主要集中在南部的科威特境内。土耳其要求美国提供 260 亿美元换取美国在土耳其建立军事基地,但几天后土耳其议会以微弱优势取消了这项决定。经过几天的讨价还价,土耳其允许美国飞机飞越其领空,但不允许美国在其境内设立军事基地。因此,美国实际上失去了在北方对伊拉克作战的战线。尽管如此,战争的准备仍在加速推进。

作为最后一次为避免战争而努力,3 月 7 日,我在《圣地亚哥联合论坛报》上发表了一篇文章,建议安理会将萨达姆·侯赛因定为战犯。然后,我决定去找联合国巴基斯坦代表团。巴基斯坦是安理会投票中摇摆不定的国家之一,也是对美国友好的国家,帮助美国抓获了基地组织的主要罪犯。巴基斯坦人对战争罪的概念表示赞同,并提议在 3 月 17 日提出一项妥协决议,可以使联合国驻伊拉克核查人员的数量增加三倍,以加快核查进程。然而,当天下午,布什宣布留给外交的时间已经用完,并决定在亚速尔群岛会见托尼·布莱尔和西班牙总统何塞·玛丽亚·阿兹纳尔,以便为战争做准备。尽管联合国秘书长科菲·安南曾宣称,在联合国之外发动这样的战争将违反《联合国宪章》的规定,但是布什没有改变任何立场。在白宫向全国发表的讲话中,布什宣称,美国等待自己的敌人"首先发动攻击,然后才开始行动,这不是自卫,而是自杀"⑧。这是迄今为止为"先发制人学说"辩护的最明确的一份声明。当天,布什向萨达姆·侯赛因发出最后通牒,要求他在48小时内离开伊拉克,否则将面临后果。不出所料,当萨达姆无视最后通牒时,布什决定在没有联合国授权的情况下采取行动。3月19日,布什与英国、澳大利亚、西班牙、波兰以及一些东欧、亚洲和非洲小国组成的"自愿联盟",发动对伊拉克的战争。一切木已成舟,无法改变。

在对战争进程做出分析前,我们先做一些总体的总结。首先,战争进程比包括我在内的许多人事前担心的要好得多。最坏的情况并没有发生,即伊拉克从来没有针对美国或以色列使用大规模杀伤性武器、化学武器、生物武器或核武器。没有像第一次海湾战争那样向以色列发射飞毛腿导弹。只有一枚"桑蚕导弹"落在科威特城一处市场附近,几乎没造成什么损失,而其他导弹都落入了海洋,没造成任何伤害。其次,我最害怕的发生在巴格达的斯大林格勒保卫战从未成为现实。伊拉克军队在第一次海湾战争中损失惨重,被联军的新技术彻底击败,以至于它们再也没有机会对巴格达进行强有力的防御。没有一架伊拉克飞机起飞迎敌。最后,联军的伤亡人数与第一次海湾战争的伤亡人数大体保持在相同的范围内,尽管有相当大比例的伤亡是由意外事故或友军炮火造成的。另一方面,也发生了一些不应该出现的意外,特别是伊拉克共和国卫队伪装成平民假装投降,然后突然向盟军开火,摧毁了毫无防备的盟军部队。与第一次海湾战争一样,伊拉克的军事和平民伤亡人数巨大,确切数字几乎无法确定。

第一次海湾战争以四周的猛烈空袭开始,然后由诺曼·施瓦茨科普夫将军出色地执行三天的地面战争并最终摧毁萨达姆的军队结束。与第一次海湾战争不同,第二次海湾战争开始于"震慑和敬畏"的空中轰炸,其打击力度七倍于12年前的那次战争,并结合大规模的坦克从南部入侵伊拉克,然后一路向北、穿过沙漠直达巴格达。美国坦克指挥官在穿越伊拉克沙漠时遇到的阻挡更多的是来自强烈沙尘暴而不是伊拉克军队。伊拉克军队极力在巴格达南部的纳西里亚守住阵地,这给美国军队带来了最具挑战的战斗,并给其造成了较大伤亡。然而,伊拉克军队的损失是巨大的,且令人沮丧,因为"震慑和敬畏"袭击逐渐摧毁了在巴格达的大部分军事目标。当美国军队接近伊拉克首都时,他们被要求穿上防护服和防毒面具,以防止来自化学武器的袭击。当部队进入巴格达郊区时,中央司令部司令汤米·弗兰克斯将军指示他们杀死尽可能多的伊拉克士兵,摧毁伊拉克的坦克和通信系统,并攻击萨达姆政权在巴格达剩余的权力支柱。阿拉伯媒体将这场战争描绘成一场杀戮。伊拉克军队的投降人数开始增加,但是共和国卫队的自杀式袭击也随之增加。令美国人惊讶的是,当美国军队进入巴格达,英国军队进入伊拉克第二大城市巴士拉时,几乎没有出现任何有组织的伊拉克共和国卫队的存在。4月8日,弗兰克斯将军首次访问战区部队,4月9日,联军进入伊拉克首都巴格达的心脏地带。在美国海军陆战队提供起重机的帮助下,伊拉克人推倒了萨达姆的雕像。当天,拍摄到萨达姆在巴格达的某处露面,周围都是欢呼的崇拜者。没人知道这张照片是什么时候拍的,是真的萨达姆,还是他众多的替身者之一。在华盛顿,拉姆斯菲尔德宣布萨达姆与历史上的其他独裁者走了相同的道路,他将萨达姆的命运与希特勒等其他更凶残的暴君相提并论。然而,拉姆斯菲尔德指出,这场战争"肯定还没有结束"⑨。萨达姆本人,显然是在战争第一天所发射的几十枚巡航导弹的"斩首"行动中幸存下来,虽然他已经从人们的视线中消失,但据信他和他的两个儿子藏在家乡提克里特附近的某个地方。

　　萨达姆·侯赛因下台前的最后一幕值得注意。4月9日凌晨3点,萨达姆的大儿子库赛在伊拉克的中央银行现身,向银行递交了一张萨达姆的票据,要求兑换全部100美元面值的钞票10亿美元,以及100万欧元。那个倒霉的出纳员从睡梦中醒来,看到萨达姆的签名时,出于恐惧,只好照办。两辆满载钞票的卡车在无疑是世界历史上最大的银行抢劫案发生后消失在夜色中。

"战争后的战争":职业的困境

在后萨达姆时代的伊拉克,人们很快就知道,美国对发动伊拉克战争做好了充分准备,但对如何促使和平却几乎毫无准备。当美国军队进入巴格达时,许多伊拉克人向他们表示了热烈的欢迎,但这种欢迎并没有持续多久。巴格达的居民很快发现萨达姆之后留给伊拉克的是权力真空。

在30年暴政中被压抑的怒火在疯狂的抢劫中爆发,暴徒们放火焚烧了剩余的政府部门和私人住宅,并将卡车开到办公室和百货公司,装满了打劫来的商品。成群的抢劫者和自身财产保卫者之间爆发了枪战;与战争相比,巴格达的医院接收因暴乱和抢劫而造成的伤亡人员更多。⑩城市的大部分地区仍然没有电力和饮用水供应,几乎所有的商店都闭门歇业。事实上,这个国家的大部分地区基本上都处于没有政府及警察保护的状态。拉姆斯菲尔德显然也对此措手不及,他评论道:"自由会导致杂乱无章,自由的人可以自由去犯错误甚至犯罪。"⑪

美国政府迅速派遣退役的中将简·加勒担任监督员。他在没有大张旗鼓的情况下抵达巴格达,迅速走访了一家被洗劫一空的医院,并承诺将尽快恢复医院的服务。第二天,抢劫者洗劫了巴格达国家博物馆里有着几千年之久的珍贵文物。巴格达这座古老的文明宝库成为掠夺者和混乱的牺牲品。4月14日,终于传来了一些好消息。在与伊拉克军队的战斗中失踪三周后,7名美国军人在巴格达北部的一个城镇被发现仍然活着。其中包括脚踝被她的逮捕者射伤的30岁非裔美国厨师肖莎娜·约翰逊。七个人都很快与家人实现了团聚。

然而,到2003年7月,即在伊拉克战争结束仅仅三个月后,100多名美国士兵在袭击和交火中丧生,其中大部分是在巴格达市内和周边地区。在一次行动中,美国调集了4000名特种部队才平息了巴格达以北、一处盘踞着萨达姆死忠分子的30平方英里的地区。"我们赢得了战争,那么为什么人们还在死去?"一个悲痛欲绝的死者亲戚在绝望中悲叹。越来越明显的是,在伊拉克的混乱局面中,有组织的反对美国占领的抵抗已经开始形成。⑫这实际上是一场游击战。美国占领军新指挥官约翰·阿比扎伊德将军,被迫承认了这个显而易见的事实,宣称美国在伊拉克的军队受到了"典型游击战"的攻击,其成员主要来自萨达姆的支持者和外国恐怖分子。令人难以置信的是,在布什政府中,没有人认为美国有必要为伊拉克的这种叛乱做准备。阿比扎伊德将军坚持说,为了应付这种新的局面,美国需要新的军队替换。当美国请求帮助时,波兰和西班牙提出可以派驻少量军队,但德国、法国和加拿大拒绝了美国的要求,认为除非它们的军队被置于联合国的管理下。感到尴尬的拉姆斯菲尔德考虑征召1万名国家警卫队士兵到伊拉克执行任务。"如果需要,他们就会驻扎在那里",他说道。⑬到那时,美国在"伊拉克战争后的战争"中的伤亡人数已经上升到令人无法接受的每天2人死亡的水平。与此同时,正在逃亡的萨达姆·侯赛因不仅逍遥法外,还出现在一盘新的录音带中,规劝他的追随者尽可能多地杀害"异教徒"。

大约在这个时候,初步迹象显示,在伊斯兰教最神圣的城市之一卡尔巴拉,出现了一种新兴的权力结构。被萨达姆政权残酷压迫20多年的成千上万的伊拉克什叶派,在一代人的时间里第一次组织了一次朝圣。什叶派占伊拉克人口的60%,他们通过神职人员成功地维持了一个地下组织网络。萨达姆一直忙于在他世俗的逊尼派人口中摧毁任何潜在的反对派,以至于无暇关注什叶派。与此同时,北部的库尔德人坚持在新伊拉克继续保持独立地位。自第一次海湾战争以来,由于美国在伊拉克设立了禁飞区,尽管萨达姆还没有下台,库尔德人仍享有相当大的自治权。当加勒将军安排与潜在的伊拉克领导人会面时,他发现反对最激烈的是什叶派。什叶派不信任美国人,因为美国在1991年鼓动他们起来反抗萨达姆,然后把他们抛弃,随后他们又遭到了这位伊拉克独裁者的残酷镇压。加勒证明无力阻止伊拉克的混乱,他很快就被退休的外交官和反恐专家保罗·布雷默三世取代。大约在同一时间,受到五角大楼青睐的伊拉克反对派领导人艾哈迈德·沙拉比,提出了一个有趣的问题:曾为萨达姆政权效力的前复兴党成员在供水和电网管理领域有着一定的能力和经验,是否应该被允许承担这方面的工作?该问题让很多人想起第二次世界大战后的德国政府。出于类似的原因,当时德国政府在一些行政职位上保留了低级别的纳粹分子。美国的反应是,复兴党作为一个政治机构将被解散,但考虑在具体情况下可以使用它的一些个人。

随着伊拉克人要求他们自己在管理国家方面发挥更大作用的呼声越来越高,保罗·布雷默召集了一个新的管理委员会,由 25 名成员组成:13名什叶派教徒、5 名逊尼派教徒、5 名库尔德人、1 名基督徒和 1 名土库曼人。虽然委员会的第一个决定是废除萨达姆所有的国定假日,但大家一致认为,应优先恢复安全以及诸如水电等基本服务。此外,布雷默还决定解散伊拉克军队,此举颇具争议。后来证明这是一个严重的误判。被剥夺了工资的伊拉克士兵开始憎恨美国,并越来越多地加入叛乱中去。由于伊拉克警察越来越成为叛乱分子的目标,美国开始训练伊拉克警察,但进展非常缓慢。

随着伊拉克的混乱持续到 2003 年夏天,占领国越来越清楚,它们的任务可能会持续数月甚至数年。为了修补关系,联合国安理会决定放弃对伊拉克"粮食换石油项目"的控制,并在同一决议中支持美国和英国占领伊拉克。关于允许其核查员重返伊拉克的另一项联合国要求遭到了拒绝。在一场相当低调的演讲中,联合国秘书长科菲·安南建议允许联合国以一种重要的方式参与伊拉克的战后重建工作。

布什政府多次宣称,其重建伊拉克的计划是仿照马歇尔计划制定的,后者曾在二战后帮助重建了欧洲。仔细观察,这个类比似乎有些缺陷。欧洲国家被杜鲁门政府要求与美国的每一美元援助相匹配。1947 年 6月 5 日,时任美国国务卿的乔治·C.马歇尔在一次演讲中说道:"美国政府单方面制定旨在让欧洲在经济上站稳脚跟的一项计划,这既不合适,也没有效果。这是欧洲人的事情。我认为,这项倡议必须来自欧洲。"[14]这似乎与布什的"自愿联盟"(coalition of the willing)大相径庭。在该联盟中,美国和英国承担了90%的生命和物资成本。

当然,伊拉克战争的最大积极后果是一个暴君的倒台。看到萨达姆的雕像倒下,尤其是在伊拉克各地发现了数百个被谋杀的伊拉克人的集体坟墓之后,我们很难不感到高兴。然而,在奥巴马总统于5月1日宣布伊拉克战争结束后,美国人的伤亡人数仍以每天至少两人的速度持续着,这一事实破坏了这场战争的胜利。7月22日,萨达姆的两个儿子乌代和库赛最终在摩苏尔市的交火中被美军击毙。这一行动是根据一名伊拉克线人提供的情报采取的。然而,萨达姆本人仍然逍遥法外。

布什决定对伊拉克实施"先发制人"原则的核心原因是萨达姆不愿与联合国核查人员合作,放弃他的大规模杀伤性武器。当感觉自己的末日即将来临的萨达姆开始服从命令,并对数十枚"萨穆德"导弹进行销毁时,布什将伊拉克解除武装的门槛提高到了"政权更迭"。国防部长拉姆斯菲尔德在入侵伊拉克后冷冰冰说道,萨达姆可能在战争开始前就已经销毁了他的武器。这似乎是为美国对伊拉克的"遏制政策"而不是为其"先发制人"的政策辩解。因为,如果拉姆斯菲尔德所说是正确的,萨达姆就是想要以任何代价保留自己作为伊拉克的统治者生存下去,甚至不惜牺牲他的大规模杀伤性武器。事实上,萨达姆已被遏制住。无论如何,事实是没有在伊拉克发现大规模杀伤性武器,也没有发现伊拉克使用这种武器。要求萨达姆遵守的条件被提到了一个令他无法满足的高度,即布什需要的是萨达姆的下台。

这些事实与越来越多的证据一致,即布什政府对有关任何大规模杀伤性武器神秘失踪的情报报告,采取了非常有选择性的相信。因为大多数情报报告——在没有确凿证据的情况下——本质上是模棱两可的,而政府官员倾向于将最坏的情况视为事实。简而言之,这些情报报告掩盖了含混不清的东西,转而寻找能证实它们世界观的东西。有时甚至会出现彻底的错误,比如在2003年1月的国情咨文中,布什声称萨达姆曾试图从一个非洲国家(后来被确认为尼日尔)购买铀。这一说法是基于英国情报部门的一份报告,但该报告最后证明是伪造的。当中央情报局局长乔治·特内特阐述"我负责局内所有情报的审批程序"时,他接受了对其情报错误的指责。⑮几天后,布什的副国家安全顾问斯蒂芬·J.哈德利说得更加具体:"我应该要求把这16个字从国情咨文中去掉",他说道。"我没有尽到责任。"⑯

外在宣称本·拉登和萨达姆之间的恐怖联系从未得到确切的证实。的确,有强有力的间接证据表明,这两人彼此互相排斥。本·拉登是一个宗教狂热分子,而萨达姆是一个世俗的、沉溺于玩弄女性的暴君,住在富丽堂皇的皇宫里,让人想起古罗马的卡里古拉皇帝。此外,对关押在古巴关塔那摩的基地组织囚犯的多次审讯显示,本·拉登甚至断然拒绝考虑与萨达姆的任何合作。也从没有证据表明萨达姆试图与本·拉登合作。事实上,被认为在2001年4月与穆罕默德·阿塔在布拉格会面的伊拉克前情报官员艾哈迈德·哈里尔·易卜拉希姆·萨米尔·阿尼,在美国的讯问下断然否认有过这样的会面。⑰具有讽刺意味的是,伊拉克在战后成为基地组织武装分子的吸铁石,在被占领期间,反美武装抵抗的力量不断增强,人数也不断增加。

2003年夏末,基地组织发动的袭击在烈度上升级到新的高度。除了杀害美国人,恐怖分子还袭击了输油管道、供水系统和约旦大使馆。一名自杀式炸弹袭击者驾驶一辆卡车撞向联合国驻巴格达总部未设防的围墙,造成20名联合国人道主义工作人员死亡,数十人受伤——这是联合国历史上遭受的最具破坏性的袭击。死者包括联合国人权事务高级专员塞尔吉奥·比埃拉·德梅洛,他是一位敬业的联合国外交官及和平缔造者。看来基地组织已经开始将制造混乱作为一种深思熟虑的策略。否则他们为什么要袭击那些帮助伊拉克人民的人呢?恐怖分子意识到,这些联合国人员在更多的人群中得到支持,他们的死亡可能会造成更多人对伊拉克在被占领状态下无法得到基本的服务,更不用说得到公共安全的不满。因此,美国以一种悲剧的方式,把一个本不是迫在眉睫的恐怖主义威胁的国家变成了一个有着恐怖威胁的国家。⑱

阿布·穆萨布·扎卡维为这次对联合国人员的袭击负责。本·拉登称扎卡维是"伊拉克基地组织的王子",他的命令应该得到基地组织所有忠诚"战士"的遵守。扎卡维因残忍而迅速成名,他的目标是把伊拉克变成恐怖分子的训练基地。他出身约旦,曾在阿富汗与本·拉登有过联系,像本·拉登一样,扎卡维将自己的怒火转向了美国人。

与此同时,萨达姆·侯赛因正在伊拉克某个藏身之处组织自己的叛乱活动。他知道,他的精锐部队在战争期间避开了与美国人的正面接触,已经融入伊拉克民众中。事实上,到2003年8月,美国在占领伊拉克期间的伤亡人数已经超过了其在战争期间的伤亡人数。因此,本·拉登和萨达姆,都以各自独特的方式,成功剥夺了美国人胜利的滋味。亨利·基辛格曾写道,"游击队如果不输,就是赢了,而军队如果不赢,就是输了",这句话对吗?

在伊拉克经历了几个月的坏消息、游击队给美国人造成的伤亡人数不断上升后,人们终于感到了欣慰。12月13日,萨达姆·侯赛因被美国士兵活捉。

萨达姆的被俘

"不要开枪",一个大胡子男人从提克里特附近农舍旁边的一个地洞里爬出来时对士兵们说道。他是萨达姆·侯赛因。尽管他身上带着手枪,但是他没有开枪就投降了。与几个月前在枪林弹雨中丧生的两个儿子形成鲜明对比的是,他们的父亲选择了求生,即使付出在美国士兵手下受到彻底羞辱的代价。

我相信,并且一直相信,这是暴君的核心,他的本质就是:生存。

作为现代史上最密集的一次追捕"逃犯"行动,提克里特第四步兵师的情报官员托德·梅吉尔上校将萨达姆·侯赛因逃亡的精彩画面拼接在一起。萨达姆显然依赖于一种由25人到30人组成的伊拉克"地下铁路",这些人是由血缘和信任联系在一起,所有的族人都在萨达姆扩大的族谱上有着安全的位置。他们会把他从一个安全的房子转移到大约30个类似这样的藏身之处。萨达姆会在其中的一处休息几个小时,然后逃到另一处,通常与追捕他的人时间只相差几个小时。他慷慨地把从伊拉克银行盗窃来的钱赠送给多个接纳他的主人,作为对他们给予他短暂喘息的奖赏。

据梅吉尔上校所说,萨达姆在逃亡的九个月期间里,对他的部下进行了全面指导。"他会说,关注这个,关注那个;在这个领域,招募人手,在那个领域,制造麻烦;或者说,我希望看到更多的袭击。"⑲根据上校的说法,66岁的萨达姆回到逃亡者的生活几乎没有什么困难,他自己的经历使他对这种逃亡生活很了解。在他22岁的时候,他参加了一次针对伊拉克军事统治者阿卜杜勒·卡里姆·卡西姆的失败的暗杀行动,他声称自己不得不游过底格里斯河,逃离追捕他的人。具有讽刺意味的是,44年后,这名年迈的逃犯在离他每年都刻意过来游泳以纪念自己政治传奇的这条河的岸堤几百码的地方被抓获。

萨达姆·侯赛因是一个可怕的独裁者,他造成了数十万伊拉克人的死亡,与伊朗打了一场不必要的战争,还入侵了邻国科威特,给数百万人造成了难以言喻的痛苦。甚至当他在第一次海湾战争中战败时,他作为一名统治者幸存了下来,并杀害了数以千计的库尔德人和什叶派人。尽管如此,他对伊拉克的控制从未减弱。比敌人活得更久就是胜利。

在与美国开战前的一段时间,萨达姆逐渐明白小布什不像他的父亲,是真正想要抓到他。当意识到这一点时,萨达姆对联合国核查人员做出了越来越多的让步,但毫无效果。小布什想要的是将他从伊拉克的政坛上赶下来。就大规模毁灭性武器而言,萨达姆要么根本就没有,要么就是在为了避免后来他自己知道注定会输掉的一场战争而做出的最后努力中被摧毁。然后,随着时间的迅速流逝,萨达姆利用中间人做最后一次绝望的妥协尝试,但被美国立即拒绝。

当战争最终来临时,萨达姆并没有领导对敌人的进攻。他偷了10亿美元,然后进入地下状态。12月13日,美国士兵把萨达姆从藏身之处拽出来的那个地下洞穴,在他的一座宫殿的视野之内,这个宫殿看上去就像拉斯维加斯的一个普通旅馆。萨达姆没有享受到尼禄或卡里古拉的奢侈生活,而是忍受了数月的老鼠和虱子的折磨。但萨达姆活过来了,这又是他的一次胜利。他不是崇拜死亡的殉道者。他是一个崇尚生命的人——他自己的生命。

萨达姆无疑将作为一个绝对邪恶的人物载入史册。然而,当小布什决定对他开战时,他并没有对美国构成迫在眉睫的威胁。事实上,在萨达姆被捕后,美国人发现他在下台后向他的支持者发出的一项指示,警告他们不要与其他阿拉伯叛乱分子联合。自始至终,他的议程都不是发动类似基地组织对西方的圣战,而是他自己的生存。

2003年12月19日,美国总统布什和英国首相托尼·布莱尔宣布,利比亚领导人穆阿迈尔·卡扎菲上校同意停止发展大规模杀伤性武器,并向外界开放利比亚。布什很快将卡扎菲的这一决定与伊拉克战争联系起来,暗示卡扎菲已经决定放弃他的武器,而不是寻求与美国及其盟友的对抗。此外,布什宣称:"我希望其他领导人能够以利比亚的行动为榜样。"

在这方面值得注意的是,2004年2月,"巴基斯坦核弹之父"阿卜杜勒·卡迪尔·汗博士向穆沙拉夫总统承认,他向利比亚、伊朗出售核武器机密已有30多年。在担任利比亚统治者的早期,卡扎菲显然是汗博士的客户之一。布什"邪恶轴心"的三名成员国似乎是由在自己国家元首的眼皮底下工作的一个人提供了非法武器,他在美国打击基地组织的战争中曾帮助过美国人。核扩散确实构成了一个错综复杂的网络。

2004年1月,英国和美国的武器专家被允许充分检查利比亚的数十个军事实验室。中央情报局的小组被允许参观利比亚几个涉及核项目的地点。专家们还被允许查看利比亚10年前生产的数十吨芥子气。一位最资深的分析师表示,这是他30年来在这一方面最不寻常的信息披露。[20]

尽管布什将利比亚领导人的决定,尤其是决定的时机,与伊拉克战争联系在一起,这无疑是有一定道理的,但事实表明,情况要比想象的复杂得多。

1998 年,泛美航空公司 PA103 航班在苏格兰的洛克比上空被利比亚的一枚炸弹引爆坠毁,造成 270 人死亡。该次空难是现代历史上最令人发指的暴行,也让卡扎菲成为美国最鄙视的恐怖分子。然而,在侥幸逃脱了美国的"斩首"企图后,这位利比亚领导人开始放弃国家支持的恐怖主义,走上了通过谈判重返国际社会的循序渐进的进程。1999 年,卡扎菲决定将两名洛克比空难犯罪嫌疑人移交给一家苏格兰法庭。在此之后,就受害者家属的赔偿问题进行了旷日持久的谈判。2003 年 8 月,卡扎菲政权决定支付 27 亿美元,给每个受害家庭 1000 万美元作为赔偿。此外,利比亚承认对泛美 PA103 航班的空难负有责任。作为回报,联合国安理会决定解除对利比亚的制裁。2006 年,美国与利比亚建立了全面外交关系。

上述事实表明,这位利比亚领导人在伊拉克战争前几年改变了主意,原因是美国和英国以武力为后盾,巧妙地结合了除战争和入侵之外的外交手段。

这一说法引发了一些令人不安的问题。如果利比亚在对一架美国客机公然进行侵略后能够得到美国的宽容,那么从来没有攻击过美国的萨达姆·侯赛因为什么得不到同样的待遇呢?如果卡扎菲在 15 年的时间里显示出改变的能力,甚至可能是悔悟的能力,为什么逐渐衰老的萨达姆不能呢?个中原因我们永远不会知道。我们所知道的是,先发制人的战争给美国带来了沉重的负担。即使在萨达姆被俘后,美国人继续在伊拉克死亡。然而,从长远来看,遏制政策的确起了作用,显然,对利比亚领导人卡扎菲也起到了作用。利比亚最终决定放弃国家恐怖主义而采取外交手段。

对于这个曲折离奇的故事,有一种使人悲伤的回想值得一提。2009 年 8 月 20 日,1988 年洛克比空难中唯一被定罪的阿卜杜勒·迈格拉菲,因出于同情的原因,被一名苏格兰法官下令释放后飞回利比亚,并受到热烈欢迎。此举受到美国的强烈抗议。这位前利比亚情报人员因被指控谋杀 270 人，其中大多数是美国人，被判服刑最少 27 年。一抵达的黎波里，他就亲吻了卡扎菲上校的手。他对自己的罪行毫无悔意，留给那些受害者的亲人再次面对失去亲人的痛苦。那位苏格兰法官为自己的决定辩护，称这是代表即将死于晚期癌症的一个男人的慈悲之举。

作为纳粹大屠杀的幸存者，我认同受害者和生活在悲伤中的幸存者，并同意奥巴马总统的看法，认为苏格兰法官的决定是"一个错误"。

任务完成？

是奥萨马·本·拉登杀害了纽约和华盛顿无辜的平民。花在伊拉克战争、战后游击队叛乱和追捕萨达姆上的努力，集中了布什政府、媒体和公众的大部分精力。美国人的愤怒已经从本·拉登转移到了萨达姆身上，因此发动了近年来空前的大规模"转移侵略"。

关于美国人侵伊拉克的最令人震惊的事实，也许是在布什政府中，没有人预料到在战争后会发生如此严重的游击队叛乱。这种政策上的疏忽直接导致联军伤亡人数的急剧上升。这也导致了美国军事人员在阿布格莱布监狱严重虐待伊拉克囚犯的不满情绪，进而引发了阿布·扎卡维等野蛮恐怖分子发动了如绑架和砍头等新的恐怖主义事件。奥萨马·本·拉登的这位约旦盟友在他位于费卢杰的基地领导了一场激烈的抵抗运动。美国对费卢杰发动了两次袭击。第一次，美国在袭击过程中停止；第二次，他们几乎摧毁了这座城市。但是，狡猾的扎卡维设法逃了出来并参加另一天的战斗，战斗也变得更加激烈。对伊拉克历史和文化的无知显然已成为美国驻伊拉克军事人员面临的一个严重问题。

2003 年 5 月 1 日，我加入了圣地亚哥码头上的欢迎人群，迎接部署在伊拉克的亚伯拉罕·林肯号返回美国。乘坐海军喷气式飞机的布什登上军舰后,宣布伊拉克战争结束。掌声经久不息。然后布什补充说,他将尽快把部队撤回国内。这句话引发了持续的、震耳欲聋的掌声。

布什总统没有把战争作为最后不得已的手段。这是一场可选择而不是必需的战争。尽管萨达姆·侯赛因的离去是件好事,但是完成这个目的方式应该是一种警告,而不是作为一种鼓舞。先发制人的战争是一种"速战速决",给人一种轻松取胜的错觉。遏制需要耐心和坚韧,更多需要的是耐心。但它并不要求年轻的男人和女人在某个遥远的战场上"与死亡相会"。

伊拉克选举

2005 年 1 月 30 日,美国在伊拉克面临一个转折点。为了开始从美国向伊拉克主权的过渡,布什政府进行了一次巨大的冒险。面对激烈的叛乱,它安排在伊拉克举行一次全国大选,伊拉克人民将选出一个由 275 名成员组成的国民议会,国民议会将负责起草新的宪法。

其他各地从来没有举行过像伊拉克这样的选举。在快到决定性的周日上午,美国和伊拉克安全警察似乎在为战争而不是选举做准备。当时实行了严格的宵禁,边界被封闭。害怕亲自参加竞选的政治候选人,通过在墙上张贴海报或电视广播呼吁选民投票。美国士兵对数百个投票站进行了最后的检查,然后将它们交给伊拉克选举官员。美国的坦克在街上巡航,飞机和直升机在头顶呼啸飞行。一架直升机在巡逻时坠毁,导致31 名美国人丧生,这是自伊拉克战争爆发以来最大的一次类似损失。叛乱分子继续袭击那些被怀疑改造成投票站的学校和公共建筑。自杀式炸弹袭击者继续着他们的"死亡工作",圣战分子散发传单,宣称那些敢于投票的叛徒们将血洒街道。因此,形成了这样的一个局面:美国人敦促大批伊拉克选民参加投票,而叛乱分子则为相反的目标而努力——数百万伊拉克人在希望和恐惧之间放弃选举。关键时刻到了。

　　在伊拉克的第一次选举中,有一个感人的片段,那就是移居国外的伊拉克人的投票。包括美国在内的 14 个国家的近 30 万选民登记,为他们最喜欢的、居住在本国的候选人投票。国际观察员制定了严格的、往往难以达到的标准。例如,一名美籍伊拉克人不得不两次从得克萨斯州的休斯敦飞到 700 英里外田纳西州纳什维尔最近的一个投票站:第一次是为了登记,第二次是为了投票。尽管如此,他和其他成千上万的伊拉克人一样,为了享受这种独特的体验,选择了忽视诸如此类的困难。

　　1 月 30 日,伊拉克黎明时分,街道似乎空无一人。由于不允许车辆通行,选民们不得不步行到通常离他们家有几英里外的投票站。一进入投票站,每一位选民都接受伊拉克安全人员仔细的安全检查,然后被递给一张包含 84 个政党和 27 名候选人的选票。从这份候选人名单中,选民们将为拥有 275 名议员的国民议会选择他们的候选人。国民议会的实际席位将按照纯粹的比例代表制分配:得票数至少占总投票数的 1/275 的任何政党或个人将在其中获得一个席位。然后,新一届议会将选举一名总统和两名副总统,他们将一致选出一名总理。总理将组建政府,政府需得到议会简单多数成员的支持。根据法律规定,每个政党至少有三分之一的候选人必须是女性。议会最重要的工作是在 2005 年 8 月前起草新宪法,并在 10 月前为宪法的通过举行全民公投,从而在 12 月前根据新规则进行全面选举。如果在伊拉克的 18 个省中有 3 个省的三分之二的选民拒绝接受宪法,那么这个宪法的制定过程将不得不从头开始。这意味着控制着三个省的库尔德人对宪法拥有否决权,而控制着四个省的逊尼派阿拉伯人也同样对宪法拥有否决权。

　　尽管 2005 年的全国大选是对伊拉克人民勇气的证明,他们深知他们是在冒着生命的危险去投票,但实际结果却令人失望。占选民总数 20% 的伊拉克逊尼派抵制了这次选举。因此,在国民议会中,什叶派和库尔德选民出现了巨大投票率,他们与极端且有暴力倾向的神职人员穆克塔达·萨德尔一起,控制了代表大会。美国人向什叶派和库尔德人施加压力,要求他们允许逊尼派的参与人数符合他们占伊拉克总人口20%的这个比列,但这一要求遭到了强烈反对。什叶派很高兴推翻了前逊尼派统治者。

逊尼派后悔自己在1月抵制选举的行动是一个严重的错误,6个月后,他们奋力争取参与宪法的起草,但他们对整个过程的影响却微乎其微。在10月的公投或12月的最终投票中,他们也没能施加多大影响。年底出现的宪法草案仍然是一份存在缺陷的草案,反映其是以牺牲逊尼派少数派为代价的什叶派和库尔德人之间的妥协。

对于新政府的结构、伊斯兰教的角色,以及石油等自然资源的分配,各方几乎没有达成协议。结果,什叶派的易卜拉欣·贾法里以仅仅多出一票当选为总理。经过数月的争吵,以及美国大使扎勒梅·哈利勒扎德幕后的劝诱和不辞辛劳地推动联合政府的成立,妥协似乎没有可能达成。相反,宗派间的仇恨爆发了。2月,扎卡维的恐怖分子炸毁了什叶派圣地萨玛拉大清真寺。这次爆炸反过来又激起了什叶派的愤怒,他们以同样的方式迅速摧毁了逊尼派的一座圣地。就连温和的什叶派阿亚图拉·西斯塔对此也表达了愤怒,这进一步加剧了教派间的仇恨。

陷入内战

到2006年春天,宗派暴力已经开始给早期的逊尼派叛乱蒙上了阴影。在巴格达及其周边的混居地区,普通平民开始为了自己的安全而逃亡。对于美军来说,面对的挑战发生了巨大的变化。用曾担任前南斯拉夫执行维和任务的年轻陆军上尉帕特里克·多纳霍上校的话来说,"如果我们不能让什叶派和逊尼派停止相互杀戮,我不确定我们还能做什么"。多纳霍上校是巴格达以南Musayib地区委员会的顾问,该委员会代表着总人数为20万的伊拉克人。在伊拉克战争之前,它是什叶派和逊尼派的混合体,但现在由17名什叶派控制,其中大多数支持穆克塔达·萨德尔,还有两名没有投票权的逊尼派成员。"莫克塔达就像米洛舍维奇",多纳霍上校说道,"他会不惜一切代价保住权力。"多纳霍上校的许多士兵都是第二次访问伊拉克。"然后,在2004年",上校补充说,"一切都是为了镇压逊尼派叛乱。现在,一切都是为了检查什叶派的权力。这不仅意味着战斗,还意味着在地方层面的战斗和外交。"㉑

2006年5月,经过4个月的激烈辩论和争论,伊拉克国会议员在美国的压力下抛弃了现任总理贾法里,并成功地从占主导地位的什叶派联盟中选出了新总理努里·卡迈勒·马利基。虽然马利基的内阁包括伊拉克主要的种族和教派团体的代表,但是三个最重要的职位——国防部、内政部和国家安全部——处于空缺状态,原因是逊尼派、什叶派和库尔德领导人无法就由谁来填补这一空缺达成一致。

这一点并不奇怪。到2006年年中,伊拉克的大部分地区实际上已经按照教派划分,真正有爆发波斯尼亚式内战的可能。几乎在所有地方,实际上已无法区分警察与有着众多效忠对象的民兵,包括穆克塔达·萨德尔控制的迈赫迪军和受伊朗影响的巴德尔旅。绑架、折磨和谋杀变得司空见惯,在混居的社区里,没有人确切知道一个社区警察的忠诚到底是什么。结果是成千上万的伊拉克中产阶级离开学校,逃往其他国家寻求安全。人才外流成为不可避免的后果,这对伊拉克的民主前景并不是个好兆头。

2006年6月7日,伊拉克基地组织恐怖分子阿布·穆萨布·扎卡维最终在巴格达附近的一次空袭中被击毙。显然,扎卡维的核心圈子里有人背叛了他。通过投下两枚500磅的炸弹,美国人把他的"安全屋"变成了他的死亡陷阱。

扎卡维作为一个无情的杀手而成名,他摧毁了萨迈拉什叶派的一个主要圣地,还用一系列可怕的砍头、绑架和杀害数千名平民来煽动宗派暴力。即使基地组织的最高领导人警告扎卡维说,处决伊拉克平民对他们的事业会造成损害,但这仍然没能阻止扎卡维。带着对他头颅2500万美元的悬赏,扎卡维已经成为伊拉克的头号恐怖分子,作为一名大肆杀戮者,其风头甚至胜过奥萨马·本·拉登。

扎卡维之死给总理马利基政府带来了新的令人欢迎的、虽然是暂时的共识,使这位伊拉克领导人通过任命他的内政、国防和国家安全部长来完成他的内阁组成。然而,忧虑的情绪仍在蔓延。新任内政部长贾瓦德·博拉尼负责清除伊拉克什叶派民兵的警察部队,这支部队曾被当着什叶派敢死队的掩护。但博拉尼是在马利基和一个什叶派政党之间达成的一项协议中被选中,该政党经营的正是一支这样的民兵组织。

此外,早在这一切发生之前,萨达姆·侯赛因就已经把伊拉克变成了恐怖分子的训练营;他的被捕只会加剧叛乱。扎卡维留下了可怕的遗产。全世界数以百万计的人肯定会称赞他的殉难。此外,在美国领导的联军和伊拉克新政府中,也存在着太多的失望和未实现的期望。看起来,伊拉克需要的是一个伊拉克人的纳尔逊·曼德拉,而这是几乎不可能发生的事情。

因此,警惕继续盛行。正如莎士比亚的不朽名句所说,"人类所做的恶事会在他们死后继续存在"。

恐怖分子没有等太久。在阿布·马斯里即将接替扎卡维的消息宣布后不久,一枚威力强大的自杀式汽车炸弹在巴格达什叶派社区一个热闹的街头市场爆炸,造成至少60人死亡,100多人受伤。在爆炸发生的同时,一名逊尼派议员和她的八名保镖遭到什叶派民兵的绑架。这两项行动对新成立的马利基政府的"和解倡议"构成了最直接的挑战。

作为对绑架逊尼派议会议员的回应,所有逊尼派议会成员立即宣布抵制立法机构。宗派暴力几乎每天都在爆发,这是什叶派为其遭受的市场大屠杀复仇。内战的深渊威胁着脆弱的联合政府的存在。在这些事件发生的过程中,马利基总理认为有必要宣布,外国军队免受伊拉克起诉的豁免权鼓励了他们犯罪。为了防止事态扩大,美国驻伊拉克大使和美国最高军事指挥官就一名年轻伊拉克妇女遭遇强奸和谋杀,以及她的家人被杀害的事件发表了联合道歉。四名美国士兵是这次犯罪的嫌疑人。与此同时,一波又一波的尸体被运到巴格达中心的停尸房,这标志着宗派杀戮的步伐加快。厚颜无耻的什叶派和逊尼派民兵在光天化日之下在首都巴格达犯下了这些罪行。

与此同时,在安巴尔省,政府官员甚至很难在一起碰面,更不用说建立一个职能部门了。《纽约时报》将该省当选的领导人马蒙·萨米·拉希德戏称为"拥有29条生命的州长",因为自2005年1月以来,拉希德曾遭到29次暗杀。

由于对省长和其他官员的袭击,他们很少出席政府会议。39名高级官员中只有6人参加了7月举行的一次会议,会上概述了他们面临的各种困难:由于承担工作的承包商受到恐吓,学校的整修已经停止;位于美国司令部附近的该省唯一一家银行,几乎所有存款(700万美元)都被抢劫。由于伊拉克没有存款保险,所以人们的毕生积蓄都在瞬间消失。

会议结束时,当打开大门的美国海军陆战队士兵提醒"这是狙击手区——快跑!"时,那些有胆量来参加会议的人都很务实,接受了这一建议。

在拉希德主持会议的同时,巴格达经历了自战争爆发以来最血腥的一周。周日,什叶派武装分子入侵了一个逊尼派社区,把逊尼派男子赶到小巷里集体处决。两天后,逊尼派枪手冲进一辆载有什叶派葬礼队伍的巴士,处决了所有悼念者。在四天的宗派杀戮中,超过140人在巴格达丧生。看来武装分子已经成为伊拉克首都的最终力量。这种情况正发生期间,马利基政府无能为力,而总理本人几乎也是踪迹不见。大约60名身穿政府迷彩制服的蒙面枪手冲进伊拉克奥林匹克委员会的一个会议室,绑架了包括委员会主席在内的30多人,这是对伊拉克政府一种尤其大胆的冒犯。

到2006年8月,伊拉克逊尼派对什叶派暴力的恐惧已经超过了他们对美国人的厌恶。他们现在希望美国部队留下来,保护他们免受什叶派武装分子和什叶派政府军队的袭击。因此,大多数逊尼派领导人放弃了要求美国迅速撤军的要求。

　　什叶派领导人嘲笑逊尼派对美国新的态度是绥靖政策。一个明显的迹象是,什叶派和美国大使扎勒米·哈利勒扎德之间的关系日益紧张。什叶派之前用什叶派的绰号亲切地称这位美国大使为阿布·阿里。现在,同样的什叶派人用逊尼派的绰号称他为阿布·奥马尔。

　　据联合国统计,截至8月底,伊拉克每日死亡人数超过100人,是自巴格达沦陷以来的最高水平。2005年前8个月的死亡总数超过20000人。

　　此时,在伊拉克出现了一种意想不到的后果法则,打乱了各国领导人在每一次战争中的计划。在真主党和以色列之间爆发敌对的冲突几天后,马利基强烈谴责以色列对黎巴嫩的袭击,这标志着与布什总统立场的重大决裂。此外,拥有275名成员的伊拉克议会发表声明,称以色列的打击是一种"犯罪侵略"的行为。

　　马利基政府的这些声明让人们怀疑之前的假设,即美国支持的民主制度将促使整个阿拉伯世界对西方更有利的态度改变。不过,马利基是以什叶派的身份而不是以联合政府的领导人的身份发表讲话的。这预示着从伊朗到伊拉克再到黎巴嫩,什叶派的新月派别可能会出现。

　　哈马斯可能不是通过民主选举产生令美国失望的结果的唯一例子。当布什总统邀请马利基访问华盛顿时,后者面临着一个令人不安的"真相时刻"。在联合记者招待会上,布什总统承认巴格达的局势"很糟糕",马利基总理小心翼翼地回避了真主党问题。第二天早上,面对要求他做出道歉并威胁抵制他的演讲的许多国会议员的强烈抗议,马利基宣布伊拉克和美国在反恐斗争中站在一起。很明显,他需要对他必须取悦的两个互不相容的公众做演讲:阿拉伯世界的什叶派和美国人。与此同时,巴格达又发生了一起普通的汽车爆炸事件,造成数十人死伤。布什总统承诺将更多的军队从伊拉克其他地方转移到巴格达,以进一步遏制已经减少了的暴力活动。没人提及要削减军队。事实上,为了部署到巴格达,在伊拉克的4000名美国士兵的服役时间被延长了几个月。

　　在以色列轰炸黎巴嫩的卡纳之后(其中50多名妇女和儿童被炸

死），包括大阿亚图拉·西斯塔尼在内的几名伊拉克神职人员谴责以色列的行为是"令人发指的犯罪"。伊拉克总理马利基刚刚从华盛顿回国，如同在华盛顿一样，他作出了声明，但回避了有关黎巴嫩问题。反美什叶派神职人员穆克塔达·萨德尔不甘示弱，在自己的一次新闻发布会上宣称，他"准备前往黎巴嫩并保卫它，只要这样能阻止战争的话"。以示什叶派的团结，两天后成千上万的伊拉克人在巴格达街头举行游行，挥舞着真主党的旗帜，高呼反以色列和反美国的口号。

同一天，一枚炸弹在一个足球场爆炸，造成数十名儿童死亡。与此同时，美国国防部长拉姆斯菲尔德在华盛顿举行了一场新闻发布会。在回答记者关于伊拉克是否已陷入内战的问题时，拉姆斯菲尔德思考了这个词的语义和定义。同一天，美国有线电视新闻网的一项民意调查显示，87%的美国公众认为伊拉克实际上已处于内战状态。

不祥的是，成千上万的伊拉克人为了躲避敢死队而更改了他们的名字和身份证。被称为阿里（什叶派的名字）或奥马尔（逊尼派的名字）的男人会采用中立的名字，比如艾哈迈德或穆罕默德。不用说，制作假身份证的市场很快就开始兴旺起来。

此外，马利基总理的力量正在减弱。由于害怕导致与穆克塔达·萨德尔的马赫迪民兵疏远，他没有采取行动控制什叶派敢死队。需要拉拢与叛乱活动有关的逊尼派阿拉伯武装分子也使他受到限制。似乎还不止这些因素，战前没有在伊拉克存在的基地组织正在安巴尔省扎根。扎卡维的遗产正在结出苦涩的果实。这个悖论现在已经完成。如果基地组织能够建立一个根据地，伊拉克可能会成为布什反恐战争的核心前线。似乎是为了强调这一点，美国情报机构在 2006 年 9 月发布的一份对恐怖主义趋势的严峻评估，美国对伊拉克的入侵和占领催生了新一代伊斯兰激进主义。它非但没有撤退，反而扩散到全球各地。㉒

2006 年 12 月 6 日，由前国务卿詹姆斯·贝克三世主持撰写、备受期待的有关伊拉克的一份两党"研究小组报告"提出了一致建议。该小组的主要观点是，伊拉克目前的情况"严重恶化"，基本的政策转变已变得至关重要。具体来说,美国应该更加积极地把重点放在训练伊拉克军队上,并为美军撤离做准备,所有作战旅将在 2008 年年初之前全部撤离。与此同时,还将实行更积极的地区外交,其中包括与伊朗和叙利亚举行会谈。这份报告没有提对伊拉克战争的胜利,也没有提到将伊拉克打造成中东民主的灯塔。总而言之,在损害控制方面,这份文件是一项巨大的、尽管迟到的努力。鉴于乔治·W.布什将继续担任美国总统直到 2008年,伊拉克问题研究小组的成功基于一个可疑的假设之上,即布什愿意,更重要的是,也有能力从改革派转变为实用主义者。

然而,随着 2006 年接近结束,事态发展正超出这个小组的大胆建议。逊尼派和什叶派的袭击和反击变得越来越残暴。11 月,逊尼派叛乱分子袭击了什叶派领导的卫生部,导致 144 人死亡。什叶派的报复是迅速而无情的。据联合国报道,在伊拉克,平民死亡人数创历史新高,在愈演愈烈的教派战争中,被武装分子组织杀害的人数超过了在自杀式炸弹袭击中丧生的人数。更糟糕的是,武装分子本身也在分裂。甚至穆克塔达·萨德尔也不再能完全控制他的迈赫迪军。谋杀变得越来越随意、越来越残忍。

到年底,问题不再是伊拉克是否处于内战状态。问题已经变成伊拉克是否是处于无政府状态。在内战中,一方赢,就有另一方输,就像 1975年的越南内战一样。但 20 年后,伊拉克的问题是,它回避了一个问题,即是否仍然存在一个名叫"伊拉克"的统一的国家。

北约在阿富汗的战争

阿富汗和伊拉克都受到美国军队的入侵,其暴虐的政权被推翻。然而,当伊拉克仍处于动荡之中时,在美国的鼓励下,阿富汗迅速选出了一位领导人,哈米德·卡尔扎伊,他宣布伊斯兰法律是阿富汗政治的指路明灯,并与不同的族群接触,甚至与那些愿意遵守和平政治新规则的前塔利班成员接触。2005年9月,当伊拉克正滑向内战的边缘时,阿富汗完成了一场令人鼓舞的囊括各个派别的全国大选。然而,一些严重的问题仍然困扰着阿富汗,包括塔利班的死灰复燃、基础设施的破坏以及猖獗的毒品走私。然而,在"9·11"事件后的最初几年里,阿富汗并没有重蹈伊拉克的覆辙。

有两个原因能解释伊拉克与阿富汗之间的这种差异。尽管有着种族多样性以及遭受过政治动荡,但阿富汗作为一个国家,有着悠久而完整的历史。阿富汗早期成功的第二个原因是,它的转变和恢复是在联合国的充分支持下进行的,这使得它获得了伊拉克所没有的一个关键因素:国际合法性。因此,阿富汗随时可以得到国际财政和专业知识的帮助。这种合法性也在一定程度上限制了长期干涉阿富汗事务的邻国,这种干预造成了极大的破坏性后果。

所有这一切并不是说阿富汗没有遗留下严重的问题,如美国、联合国和北约维和部队继续与死灰复燃的塔利班势力作战,造成数百名维和人员死亡。

激进的圣战武装分子似乎在鼓励重新复活的塔利班。塔利班又一次成为一股战斗力量,对越来越多的美国人构成了挑战。为了应对日益增长的威胁,北约部队不得不被调集过来,阿富汗总统卡尔扎伊不得不在几年来第一次采取宵禁措施。

2006年7月底,北约接管了在阿富汗南部的国际部队,在那里与塔利班势力的战斗是自2001年塔利班被推翻以来最激烈的一次。人们希望,美国能够向巴基斯坦边境部署更多的部队,因为塔利班和基地组织的领导人曾在那里避难,据信奥萨马·本·拉登也藏身于此。

就在北约和美国的将军们正在主持标志着指挥权移交的旗帜仪式时,仿佛是为了强调这一挑战的严重性,一枚汽车炸弹被引爆,造成8人死亡,16人受伤。[23]不幸的是,不久之后,隐藏在巴基斯坦境内跨境避难所的塔利班与北约部队频繁交战,伤亡人数不断增加。此外,由于其政府未能提供有效的安全保障和有意义的经济复苏,人们对卡尔扎伊总统越来越不抱幻想。由于伊拉克问题正吸引着美国的大部分注意力,在很大程度上阿富汗似乎已成为伊拉克战争泥潭的受害者。

所有这一切都开始与伊拉克相似,特别是自从基地组织与塔利班势力联合之后。美国在阿富汗的工作显然远未结束。到 2006 年年底,阿富汗警察部队甚至无法执行日常的执法工作。

因为执着于错误的战争,美国忽视了对正义战争的承诺。因此,它面临着失去这两场战争的危险。古希腊人可能会将此描述为傲慢的代价。

奥巴马政府在该地区面临进退两难的局面。这一问题的核心是巴基斯坦,它曾在孟买与印度为敌,但也面临着来自复活了的塔利班的真正威胁,因为塔利班在邻国阿富汗建立了基地,并从那里渗透到巴基斯坦的大片地区。其中一个基地距离巴基斯坦首都伊斯兰堡 60 英里。正是考虑到这种危险,美国总统奥巴马在 2009 年年初决定向"阿富汗—巴基斯坦"边界不明的地区增派 2 万名士兵。当然,美国的噩梦是塔利班有可能获得巴基斯坦的核武器,以及通过塔利班,这些核武器很可能被基地组织获得。奥巴马将在阿富汗发动的针对塔利班的战争定义为必须赢得的一场必要的战争。因此,他认为巴基斯坦可能是世界上最危险的地方。由于东侧和西侧都有敌人,而且内部不稳定,这构成了严重的挑战。

在这项事业中,历史并没有站在美国一边。对于奥巴马这位才华横溢的美国年轻总统来说,这很可能是他的终极挑战。幸运的是,他是一位务实的领导人,与他的前任不同,他很有能力改变自己的想法,他身边的顾问会告诉他需要知道的东西,而不仅仅是他想听到的东西。他的巴基斯坦和阿富汗事务顾问理查德·霍尔布鲁克是 1995 年《代顿协定》的设计者,该协定给巴尔干地区的血腥战争带来了休战。此外,新的指挥官斯坦利·麦克里斯特尔于 2009 年 6 月受到任命,并全权挑选新的下属团队,执行一项新的战略,即对塔利班武装分子和阿富汗境内的毒品网络发动突然袭击。这位新指挥官说:"衡量我工作的效率标准,不是有多少敌人被杀,而是有多少阿富汗人免受暴力的侵害。"作为回应,阿富汗领导人批评说,美国空袭造成太多的平民死亡。

事实上,自 2001 年塔利班被推翻后一直主持阿富汗工作的卡尔扎伊总统已失去了很大的支持,这很大程度上是由于塔利班的复苏以及大多数阿富汗人民在追求日常生活中缺乏安全感。这是事实,尽管到 2009 年,在阿富汗的北约部队总数接近 10 万人,但其中三分之二是美国人。

因担心大量平民死亡,美国国防部长罗伯特·盖茨会见了阿富汗总统卡尔扎伊,并对他承诺不会允许美国飞行员轰炸平民占据的地区和建筑,如果出现误炸,甚至在正式调查确定到底发生了什么之前,平民都会及时得到补偿。

尽管美国国防部长做出了这个保证,但阿富汗人民仍然对美国产生了负面情绪,主要是因为在空袭中他们对失去亲人后的愤怒。另一些人则因为贫穷或者如南部的赫尔曼德省那样因塔利班的普遍存在,被迫加入叛乱分子。简单地说,大多数阿富汗村民认为美国军队是不能信任的外国人,而他们对塔利班知根知底。2009 年 7 月,被麦克里斯特尔将军派往阿富汗的 4000 名海军陆战队士兵也无法将塔利班从阿富汗南部驱逐出去。

美国在伊拉克任务的危险隐藏在其在阿富汗的任务的阴影中。美国士兵在阿富汗南部的数百个村庄巡逻时,经常遭到伏击和路边炸弹的袭击。

据被派往阿富汗的伊拉克战争老兵描述,阿富汗游击队比伊拉克游击队更顽强、更令人致命。"在伊拉克,他们袭击你然后逃跑;但在阿富汗,这些家伙却围在你周围,不停地攻击你",一名海军陆战队员回忆说。简而言之,塔利班战士会撤退,然后重新集结,随时随地再次进行战斗。

2009 年 7 月,奥巴马总统面临着来自巴基斯坦的一个新的挑战。巴基斯坦官员告诉奥巴马政府,在阿富汗南部与塔利班作战的美国海军陆战队会迫使激进分子进入巴基斯坦,这有可能进一步激化其已经不太平的俾路支省的安全形势。巴基斯坦通知美国,在不影响与其宿敌印度边界防卫的情况下,它没有足够的军队部署到俾路支省以便打击塔利班。

令美国失望的是,巴基斯坦仍将印度视为其首要威胁,而塔利班武装分子则是一个可以通过谈判解决的问题。

奥巴马总统也许不得不问及自己历史向他呈现的一个终极问题:随着英国在 19 世纪被赶出阿富汗,美国是否值得做出同样的冒险?

1983 年,当巴拉克·奥巴马还是哥伦比亚大学四年级学生时,他在校园新闻杂志《日晷》(Sundial)上发表了一篇题为《打破战争心态》的文章。在文中,他主张消除全球武器库,其中包括数万枚致命弹头。26 年后,在担任美国总统的新职位上,他与苏联接触,与其共同朝着这一愿景迈出了第一步。

然而,随着 2009 年夏天的到来,在阿富汗发生了两件事,加深了奥巴马总统的两难境地。首先,2009 年美国士兵的死亡人数达到了自战争开始以来的最高。其次,越来越多的证据表明,8 月 20 日的阿富汗选举存在严重缺陷。由联合国任命的非阿富汗人组成的选举申诉委员会报告了 2000 起关于欺诈或滥用权力的投诉,其中 270 起严重到可能改变选举结果的程度。仅举一个明目张胆的例子。为了支持卡尔扎伊的连任,在举行选举的前几天,忠于哈米德·卡尔扎伊的阿富汗人建立了 800 多个虚构的投票站,在那里没有选民投票,但却记录了成千上万的选票。仅在坎大哈,就有 35 万多张选票投给了卡尔扎伊,而实际上只有 2.5 万人在那里投票。"这是一场集体骗局",该委员会的一名西方高级成员表示。[24] 在一些省份,支持卡尔扎伊的选票超过了投票人数的十倍。选举申诉委员会下令部分重新计票,驻喀布尔的美国大使卡尔·W.艾肯伯里向卡尔扎伊总统发出了"不要宣布选举胜利"这样直言不讳的信息。

战场上的局势已经足够糟糕,但如果再加上操纵选举,这将是一个极其严峻的挑战。对选举的疑虑所造成的损失将超过战争的损失。任何数量的军队都无法替代普通阿富汗人之间共识的缺乏。如果阿富汗人民断定他们国家的民主进程不能奏效,叛乱就会加强。这反过来又可能迫使卡尔扎伊总统要求美国派遣更多的军队。但美国这样做的目的是什么呢?是在接下来的五年里,支持一个被普遍视为非法的阿富汗政权?

去年9月北约的一次拙劣的空袭造成包括许多平民在内的90人死亡,这进一步削弱了民众对阿富汗战争的支持。美国和英国的民意调查显示,越来越多的人反对阿富汗战争,加拿大、荷兰、法国、意大利和西班牙明确拒绝增加派驻阿富汗的军队人数。麦克里斯特尔将军承诺立即调查空袭事件,并向阿富汗人民公布结果,但收效甚微。9月10日,在美国国会,参议院军事委员会主席、民主党人卡尔·莱文公开反对在美国加快训练更多阿富汗安全部队之前向阿富汗派遣更多美军。众议院议长南希·佩洛西对此表示赞同。卡尔·W.艾肯伯里大使也持同样立场。除非北约领导人成功地找到了摆脱这一令人沮丧的困境的方法,否则阿富汗可能会在其帝国的墓地上再添加一个由42个成员国组成的军事同盟。

到10月,阿富汗似乎有可能举行新的选举,但卡尔扎伊的对手阿卜杜拉·阿卜杜拉拒绝再次参选,声称如果一切都没有改变,新的选举也将是完全错误的。他的这一决定留下了参选人真空,令美国及北约盟国震惊的是,卡尔扎伊仍被任命为阿富汗下一个五年任期的总统。美国总统奥巴马表达了他的不满,直言不讳地批评卡尔扎伊政府的腐败行为是令人难以接受的,而新上任的卡尔扎伊总统承诺将进行彻底的清洗,其中包括解雇他的哥哥,一位非法毒品贸易的重要人物。

美国总统奥巴马面临着他自己的一个关键时刻。他是否应该像麦克里斯特尔将军所建议的那样,向阿富汗派遣更多的军队,从而使阿富汗战争成为他自己的战争?或者他应该安于现状,甚至寻求退出策略?11月,奥巴马收到了一系列政府内部报告,声称训练阿富汗安全部队的努力趋于失败,因为受训人员缺乏领导,大部分是文盲,而且经常腐败。此外,严重的预算问题也浮出水面。据估计,每个美国士兵每年的花费为一百万美元。

经过与工作人员的仔细考虑,奥巴马总统于2009年12月决定接受麦克里斯特尔将军的建议,向阿富汗新增3万名美军,并要求北约盟国再部署几千名士兵。奥巴马总统是在外界普遍对卡尔扎伊政权和阿富汗军队状况产生严重怀疑的背景下做出这样的决定,因为他确信,该地区正面临有组织的袭击,这会使人担心,没有受到抑制的基地组织有可能接管一个拥有核武器的巴基斯坦。很明显,奥巴马总统将继承来的一场战争当成了他自己的战争。

有办法摆脱这种困境吗?我相信会有的。在他们于2009年9月11日刊登在《纽约时报》的一篇名为"拯救阿富汗,展望过去"的一篇精彩的文章中,Ansar Rahel 和 Jon Krakauer 试图从阿富汗历史中寻找解决问题的方案,并推荐召开"大国民议会",即由来自不同部落、地区和民族令人尊敬的首领参加的一场盛大集会,选择国家领导人。在会议期间,"大国民议会"高于所有其他政府机构。"大国民议会"已经在阿富汗存在了几个世纪,在阿富汗宪法中被认为是"阿富汗人民意志的最高体现"。2004年,大国民议会批准了宪法。"大国民议会"是一个统一的、历史悠久的、独特的阿富汗机构。这种建议可能会奏效。在我看来,这个想法再次证明尊重一个国家历史的重要性。在移植现代西方民主模式的善意努力中,美国都表现不佳,无论是在伊拉克还是在阿富汗。这两个国家都没有完全接受这种模式,因为该模式是从外国输入来的舶来品,因此无法获得信任。

2010年1月发生了一件事,进一步强调了我的观点。在卡尔扎伊总统希望任命到自己内阁的提名者中,成立四年的阿富汗议会拒绝了24位提名者中的17人。一周后,当他提出新的提名人选时,议会同样无动于衷。大多数议员抱怨说,卡尔扎伊的提名人选是因为他们与卡尔扎伊的政治关系,而不是他们的专业能力。

难道阿富汗议会不能被认为是一个有价值的先驱,一种通往"大国民议会"的桥梁吗?召开这样一个国家会议可能是拯救阿富汗最好的,也很可能是最后的机会,因为它允许阿富汗根据自己的条件结束战争,并允许美国和北约有尊严地离开。这难道是不可能实现的目标?也许是,但我相信这确实值得一试。

萨达姆·侯赛因的审判

在从藏身之处被拖出来的 22 个月后,萨达姆·侯赛因最终和其他 7 名被告出现在巴格达的一个伊拉克高级特别法庭,为他的罪行受审。虽然萨达姆在 22 个月的大部分时间里都是在单独的监禁中度过,但他的外表与当时从地堡里被拖出来时脏兮兮的被遗弃的形象还是相去甚远。他看上去很健康、很有信心,并且准备了一群律师来为他辩护,其中大部分律师被他斥为"能力不足"。他的主要论点是,高级法庭是非法的,无权审判主权国家的现任总统。在他看来,这是胜利者强加的审判,不是国际法下的公正审判。

根据 1946 年纽伦堡审判的先例,这次审判的许多批评者预料到了萨达姆的辩护,强烈倾向于在国际场合中选择一个更加中立的审判地点,如斯洛博丹·米洛舍维奇曾经受审过的海牙国际刑事法庭。然而,这一观点遭到检察官的强烈反对,主要是因为他们预期萨达姆会被判处死刑,而海牙法庭排除了这一选择。在起诉中,美国顾问大体上同意伊拉克法学家的意见,这不仅因为他们同意根据伊拉克的法律审判萨达姆,而且因为美国本身没有批准《海牙法庭规约》。

在短暂露面一天后,萨达姆的两名辩护律师在街上被枪杀,第三名律师逃离伊拉克前往卡塔尔避难。剩下的律师们开始了为期四周的抵制行动,并要求提供强有力的保护,以确保他们的人身安全。萨达姆的首席律师哈利勒·杜勒米宣布,他的反对超出了安全问题,涉及法庭本身的性质。他声称,伊拉克高级法庭是在美国正式占领伊拉克期间嫁接到伊拉克司法系统之上的,因此对萨达姆和其他被告人有着内在的偏见。他要求将审判移出伊拉克。毫无疑问,伊拉克检察官坚持要求根据伊拉克的法律在巴格达进行审理。他们决定从一个狭窄的焦点开始,他们认为这个案件很容易证明,因为许多执行命令都带有萨达姆的签名。

萨达姆被控犯有反人类罪。在1982年暗杀他的图谋失败后，萨达姆在巴格达以北的杜贾尔镇折磨并杀害了148名什叶派穆斯林，包括年龄小到11岁的少年。这些指控可以被判处死刑。进一步的拖延，加上萨达姆在法庭上的短暂露面，以及对法庭进行了愤怒的长篇大论，导致失望的法官一再宣布休庭。2006年3月1日，起诉方终于对萨达姆提起了诉讼。首席检察官贾法尔·穆萨维翻阅了一页又一页的文件。人们在这些文件中对集体处决的讨论就像讨论订单一样平静。许多处决都带有伊拉克令人畏惧的情报机构——秘密警察——的信笺抬头。其中有一封信这样写道：

人们发现，10名未成年人的死刑没有执行，因为他们的年龄从11岁到17岁不等。我们建议与监狱和秘密警察协调，对他们采取秘密的处决方式。㉕

在一张手写的便条空白处有一条这样的回复："是的，最好是由秘密警察将他们埋葬。"这是萨达姆·侯赛因的签名。另一封信显示，情报官员错误地为一名14岁的男孩打印了死亡证明。当他们发现他还活着时，他们把他带到巴格达并处以绞刑。㉖在那一天之前，大部分的审判都是首席法官和萨达姆之间的意志之战，他们之间会爆发激烈的长篇大论，与手头的案件毫无关联。但在那个特别的一天，他静静地坐着，什么也没说。

两周后，这位前伊拉克独裁者又大摇大摆地回来了。当他在审判中首次正式出庭受审时，他进行了煽动性的政治抨击，要求所有伊拉克人在对抗美国的战争中团结起来。萨达姆所做的正是伊拉克和美国官员长期以来担心他可能会做的事——他利用这次在中东地区进行电视直播的庭审，煽动逊尼派领导的叛乱分子进一步实施暴力。

萨达姆一次也没有提到对他指控的罪名。阿卜杜勒·拉赫曼法官在40分钟后终于打断了他的话，说道："这是花言巧语。""这和主题有什么关系？"萨达姆回答说："我仍然是伊拉克的国家总统。""你曾经是伊拉克的总统"，法官反驳道，"现在你成了被告。"然后法官按下了按钮。伊拉克各地的电视屏幕一片寂静。法庭内的记者和摄影师被要求离开。

在一个多月后的另一次庭审上，法官报告说，一名笔迹专家证实那份命令在杜贾尔镇杀害 148 名男子和男孩的文件上的签名为萨达姆·侯赛因本人。但当检察官将这 148 人描述为"烈士"时，萨达姆插嘴说，"不要称他们为烈士。"

审判萨达姆花了 22 个月的时间，又另外花了 6 个月的时间结束了杜贾尔阶段的审判。毫无疑问，如果萨达姆因参与 148 人的死亡案而被判有罪，他将被判处死刑，但他没有否认这一指控。

2006 年 5 月 20 日，阿卜杜勒·拉赫曼法官宣读了对萨达姆·侯赛因和其他七名被告的正式起诉书，正式指控他们在对杜贾尔镇人民发动"普遍而系统的攻击"中犯有反人类罪。这是一个分水岭时刻。当萨达姆做出他一贯的滑稽姿态，宣称他仍然是伊拉克的合法总统时，法官命令他坐下来。萨达姆立即按指令照做，并在这一天的剩余时间里，保持着畅通无阻。这一天结束时，审判的可信度得到了新的提升。

整整一个月后，因为他们在杜贾尔镇谋杀案中扮演的角色，首席检察官要求对萨达姆和他的三个高级助手判处死刑。萨达姆冷静地听着判决后，被听见嘴里发出"干得好"的咕哝声。

就在第二天，萨达姆·侯赛因辩护团的一名高级律师被与什叶派民兵马赫迪军有关的人绑架并杀害。他是与审判有关的第十个被谋杀的人。不用说，这一事件引起了严重的问题，即是否有可能在巴格达对萨达姆·侯赛因进行公正的审判。

同时，在约旦安曼的一次采访中，萨达姆的首席辩护律师哈利勒·杜莱米认为，尽管萨达姆预计他会被判处绞刑，但是为了结束伊拉克的叛乱，防止伊拉克落入伊朗的手中，他认为美国将他免除死刑，甚至重新让他当上伊拉克的总统。"毕竟，在伊拉克，能对抗伊朗的唯一的人是萨达姆·侯赛因"，杜莱米总结道。

如果这些报道准确反映了萨达姆在牢房里的想法，那么它似乎只是这位身处牢房中的前伊拉克暴君一连串错觉中的最新一个错觉。

7 月下旬，萨达姆进行了为期 17 天的绝食抗议，以抗议他的律师经常处于危险之中的糟糕安全状况。当他最终出现在法庭上时,他看起来很健康,恢复了好斗的本性。如果罪名成立,他要求他的死刑由射击队执行,而不是被绞死在绞架上。

当法官们考虑对杜贾尔镇杀人案作出判决时,检察官开启了审判的第二阶段,以处理萨达姆对伊拉克库尔德人的毒气袭击。1987 年和 1988 年,萨达姆对伊拉克库尔德人的毒气袭击造成至少 5 万人死亡,2000 个村庄被毁。这场战役的代号"安法尔"(Anfal),是根据《古兰经》中"战利品"一词创造的。库尔德人将其描述为"种族灭绝",是萨达姆政权武装起来,用毒气消灭或"奴役"他们的全体族民,指控这些毒气杀死了数千户家庭,消灭了他们的牲畜,并将他们的村庄夷为平地,是一种反人类的罪行。这次袭击引发了抗议,但令人羞愧的是,在袭击发生时,国际社会没有做出有效反应。当时,萨达姆仍被美国视为对抗阿亚图拉·霍梅尼大变革时期的伊朗的可能堡垒。㉗萨达姆对普通伊拉克平民犯下的其他罪行几乎不计其数。数以百计的万人坑无声地见证了萨达姆的残暴罪行,也让人想起他的榜样人物——希特勒。

9 月 21 日,当一名库尔德农民作证,讲述他如何恳求萨达姆饶恕他的家人时,作为被告,萨达姆跳起来问道:"他为什么要去见萨达姆? 萨达姆不是独裁者吗?"突然,主审法官阿卜杜拉·阿米里决定亲自回答萨达姆的问题:"我会回答你:你不是独裁者。"萨达姆笑着回答说:"谢谢。"㉘

这种语言交换激怒了伊拉克政府中的许多人,他们认为法官为萨达姆的辩护是对伊拉克人民的侮辱。两天后,伊拉克总理马利基撤换了阿米里,任命了一位新法官穆罕默德·乌莱比,其在萨达姆第一次发怒的时候,断然离开法庭,并宣称:"我决定我是否想听你说话!"为了抗议,萨达姆的律师们退出了这个案子,抨击"行政当局明目张胆地引导这场审判的方向"。

2006 年 11 月 5 日,也就是萨达姆·侯赛因从藏身之处被拉出来将近三年后,他终于被高等法庭判定有罪,并因 1982 年杀害了杜贾尔镇数百名市民,而被处以绞刑。两名复兴党前高级官员也被判处死刑。"去死吧,你和你的法庭!"在听完死刑判决后,萨达姆吼道。他被带出法庭,回到美国拘留中心的一间牢房,直到由 9 名法官组成的上诉法院做出自己的判决。对萨达姆的审判继续进行,涉及使用毒气杀害数万名伊拉克库尔德人的安法尔案件。在对大屠杀的可怕描述中,萨达姆面无表情地坐着,做着大量的笔记,显然没有注意到刽子手的绞索可能在等待他。

　　萨达姆·侯赛因的死刑于 2006 年 12 月 30 日执行。伊拉克政府公布了他被处死的官方照片,照片显示他被带到绞刑架前,直到他的头套入绞刑架后结束。12 月 31 日,他的遗体被运回提克里特附近的出生地安葬。

反思伊拉克的过去和未来

　　伊拉克仍然是美国在推行"伟大的民主化实验"的主要焦点。到 2009 年,这一实验已经造成 4600 多名美国人死亡,4 万多人因受伤致残,至少 20 万伊拉克人死亡。战争的费用接近 1 万亿美元,其中大部分费用是通过经常预算之外筹措。这些令人震惊的数字迫使人们提出两个基本的问题。首先,发生了什么? 其次,我们能做些什么来纠正错误?

发生了什么?

　　第一个问题的答案包含一系列令人不安的错误。第一,用 2000 年至 2005 年曾负责中东事务的国家情报官员的保罗·R.托尔的话来说:

　　　　在伊拉克战争后,为了公开证明已做出的决定,情报被滥用的情

况越来越明显……这意味着有选择地引用数据——"随意选取"——而不是使用情报界自己的分析判断。㉙

显然，一位政策改革派在这里起了作用。不符合政策的事实被剔除。

第二，乔治·W.布什对联合国约束上的反感，这导致他强烈倾向于采取单边行动。这使他无法客观地看待联合国，并使他忽略了联合国有时能发挥作用这样一个事实。在通往战争之路上，布什对联合国不屑一顾，以至于美国和大多数联合国成员国之间产生了不必要的严重分歧。结果是，这场耗费鲜血和财物的战争的代价主要由美国、一个小的"自愿国家联盟"以及伊拉克人民来承担。

第三，有三个失误使美国在伊拉克的努力受挫：五角大楼拒绝预见伊拉克在后萨达姆时代会发生叛乱或者为这种叛乱做准备；布雷默做出解散伊拉克军队的关键决定；以及用令人想起萨达姆的方法对待伊拉克囚犯的道德沼泽。也许最重要的是，布什的单边主义造就了一支主要由白人和盎格鲁—撒克逊人组成的占领军，这让伊拉克人想起了他们在大英帝国统治下的最新殖民经历。这种单边主义在"9·11"后立即变得非常明显。

如果乔治·W.布什在"9·11"恐怖袭击后不久就诉诸联合国安理会，全世界大多数人都会支持美国，那么他很可能就会得到联合国警方行动的批准，以战犯的身份追查并逮捕奥萨马·本·拉登。毕竟，本·拉登曾在录像带上自豪地宣称对他的行为负责。在美国指挥官的领导下，以及在巴基斯坦总统穆沙拉夫的支持下，很难相信，高度密集的联合国警方的行动会不能成功地搜捕到本·拉登，即使是在巴基斯坦和阿富汗边境的复杂地带。联合国本可以将一名杀害了80多个成员国的3000名无辜平民的罪犯绳之以法。这将大大有助于结束联合国关于恐怖主义的无休止辩论。本·拉登本可以在大屠杀的罪名下在海牙受审。如果他被杀，很少有人会在这么早为他感到悲痛，国际法会得到极大的加强，联合国和北约也不会出现这么大的分歧，伊拉克战争很可能就不会发生。很有可能，美国历史，也很有可能，世界历史会有一个更良性的转变。**历史上最**

悲惨的"如果"和"本可以"似乎更多地适用于改革派而不是实用主义者。

第四,萨达姆和布什都成了"改革派"经典缺陷的牺牲品:膨胀的自我形象让他们周围都是那些只告诉他们想听的东西,让他们坚信很快就能取得决定性胜利的人。

2006年5月,《外交》杂志发表了一篇题为《萨达姆的妄想,内部人士的观点》的文章。这篇文章是在数千名被俘的伊拉克高级军事和政治领导人准备过的文件的基础上写成。这些文件为萨达姆·侯赛因的战争行为提供了独特的视角。在阅读这些文件时,人们无法避免这样的结论:萨达姆对现实的扭曲看法,以一种夸张的方式,与美国总统布什的看法一模一样。例如,布什落入一个核心的顾问圈,这些顾问使他免受他不喜欢的情报的影响,当他一遍又一遍地宣称他对战争完全胜利的信心时,他们也不会质疑他。事实证明,萨达姆认为美国没有胆量入侵伊拉克。布什和他的顾问们确信萨达姆拥有大规模杀伤性武器,而萨达姆的顾问和科学家们则不敢告诉他事实——这样的武器只存在于图纸上。当入侵开始时,布什确信他的任务在两个月后完成,巴格达会沦陷。甚至当萨达姆的将军和顾问们意识到美国士兵的快速推进预示着一场灾难迫在眉睫时,他们也因为害怕被立即处决而对萨达姆隐瞒了这个坏消息。当美军坦克在他的中央宫殿前啃噬着修剪整齐的草坪时,萨达姆还在为保卫这座城市制订"英勇"的计划。[30]

在2003年5月1日布什总统宣布伊拉克胜利三年后的一次在白宫举行的联合记者会上,他和他的忠实伙伴托尼·布莱尔尽管在核心问题上没有让步,但是他们也承认对伊拉克存在一些严重的误判:2003年入侵伊拉克对别的每一件事情造成很长时间的阴影。布什对自己发表刺激伊拉克、煽动叛乱分子的言论并发誓要将奥萨马·本·拉登缉拿归案,不管"死活",表示遗憾。他说:"这种强硬的言论向人们发出了错误的信号。"他还对阿布格莱布监狱丑闻表示遗憾。"我们很长时间为此付出了代价",他说道。令同样感到懊悔的托尼·布莱尔最后悔的是,他坚持剥夺萨达姆的复兴党多数成员在政府中的职位,从而使伊拉克的多数机构丧失专业技能和领导力。

　　然而,在 11 月 6 日,国防部长拉姆斯菲尔德向布什发送了一份机密备忘录,在备忘录中他承认政府在伊拉克的政策并不奏效。两天后他辞职了。然而,布什没有被吓倒。"如果我们不退出,我们就会赢",布什说道。

　　到年底,布什总统"将伊拉克发展成中东民主典范"的梦想破灭了。他领导的美国在该地区的影响力正在减弱,而伊朗和叙利亚的影响力却在上升。伊拉克本身已经变成了但丁式的地狱,巴格达是它的第九圈层,在那里,每个男人、女人和孩子都可能成为不可饶恕的杀手的攻击目标。

我们能做些什么来纠正错误?

　　如果有可能的话,我们能做些什么来纠正在伊拉克的错误?

　　首先,我们必须考虑这样一个事实,即伊拉克作为一个统一国家的历史是值得商榷的。两个先例可以说明:英国的殖民统治和萨达姆的暴政。关于后者已经说得够多了,但英国在伊拉克的历史相当具有启发性。

　　对英国人来说,大英帝国的建立是自然而然的。19 世纪的父母把他们的孩子送到英国最好的学校去,以便为女王陛下的殖民服务做准备。一代又一代的男人和女人建立了大英帝国。其中一位英国人是 t.e.l 劳伦斯(t.e.l awrence),人们更熟悉他的名字"阿拉伯的劳伦斯"(对于经典电影爱好者来说,大卫·里恩与彼得·奥图尔主演的精彩传记片很好地介绍了劳伦斯的职业生涯)。

　　在第一次世界大战期间,劳伦斯将许多不同的阿拉伯部落组成统一的游击队,将土耳其人驱逐出当时的美索不达米亚。但当英国军队取代奥斯曼帝国时,阿拉伯民族主义者转而攻击英国。越来越不抱幻想的劳伦斯在 1920 年 8 月 22 日的伦敦《星期日泰晤士报》上写道:

巴格达公报姗姗来迟,缺乏诚意且不完整。事情比告知我们的要糟糕得多,我们的政府比公众知道的更加嗜血和低效。我们现在离灾难不远了。

英国殖民政府的一位主要成员格特鲁德·贝尔给她在伦敦的父亲写了一封信:"亲爱的父亲",她写道,"我们在巴格达有一场起义;什叶派和逊尼派联合起来反对我们,他们想让我们离开。"这个国家完全处于叛乱状态,400多名英国人和1万名伊拉克人丧生。1958年,英国支持的君主制垮台,皇室家族被谋杀,他们的尸体在街道上被拖拽。这一事件之后发生了一系列暴力政变,最终以萨达姆·侯赛因的独裁统治在1979年的建立达到高潮。

劳伦斯的回忆录《智慧的七个支柱》与萨达姆下台后针对美国的游击战有关。劳伦斯建议,应避免与强大的常规部队进行直接对抗;相反,他建议采取隐蔽的、边打边跑的攻击战术,以便让敌人一直紧张不安,不知道下一次攻击会在何时何地发生。

正如我们所看到的,占领伊拉克基本上是盎格鲁—撒克逊人的军事行动。美国和英国总共提供了95%的军队,并将这种近乎垄断的军事局面视为一种令人垂涎的奖品。另外,占领科索沃和阿富汗成为北约、联合国和当地人员广泛分担的责任。我怀疑,正是这种盎格鲁—撒克逊人占领伊拉克的性质,激发了游击队的激烈抵抗。游击队叛乱的目的不是在军事上击败敌人,而是通过吸引当地人在政治上击败敌人。科索沃和阿富汗在战后占领期间的伤亡人数很少,但在伊拉克,到2003年8月为止,战后的伤亡人数超过了战争期间的伤亡人数,然后继续以不断增长的速度上升。总之,英国的例子远非令人鼓舞。

当谈到什叶派和逊尼派之间的教派暴力冲突时,英属印度可能有一些宝贵的经验供伊拉克参考。正如一位中东学者敏锐观察到的那样,在1947年英国撤出印度之前,"没有内战,没有有组织的民兵组织,没有中央策划的种族清洗,没有战线,也没有领土冲突。然而数以百万计的人仍然死亡或成为难民"。[31]印度被划分为以印度教为主的地区和穆斯林少数民族地区。随后经历了历史上规模最大的人口流动,印度的大多数穆斯林逃往巴基斯坦,巴基斯坦的大多数印度教徒逃往印度。随后,同样都不愿意屈服的印度教徒和穆斯林打了四场代价高昂的战争,甚至危险地到达核战争的边缘。

困扰伊拉克的普遍的宗派暴力和种族清洗,类似于60年前英国撤出后的印度和巴基斯坦的情形。因无法在该地保持一个统一的国家,英国离开了这个前殖民地地区,留下了一堆问题让印度教徒和穆斯林自行解决。

然而,历史的确也为我们提供了一个有益的先例,为走出伊拉克混乱局面带来了一些希望。在英国殖民统治之前,伊拉克和中东大部分地区都是奥斯曼帝国的一部分。在被英国人取代之前,奥斯曼土耳其人已经成功地管理了这个地区近半个世纪。他们承认并尊重库尔德人、逊尼派阿拉伯人和什叶派之间的种族和宗教仇恨。他们决定将他们当着**独立的实体**来统治。我认为,如果美国倡导的伊拉克团结政府因宗派暴力而折戟沉沙,那么这种模式提供了一个可行的选择。㉜

库尔德斯坦的自治已经是既定事实,如果美国通过适当的保证来缓解土耳其的担忧,这个事实可能会得到进一步的鼓励。逊尼派人的自治也应该得到鼓励,美国应该保证他们可以获得石油。与遭受逊尼派激进分子更大的伤亡相比,这种支持给美国带来的痛苦要小得多,代价也可能要低得多。什叶派的自治实体实际上是已经实现的事实,特别是在伊拉克南部。就连巴格达也在把它的混合社区变成单独的社区,分别由什叶派和逊尼派的"看护者"守卫,警告来自敌方的入侵者和武装分子。

每个区域内的民主选举应该受到鼓励,并在可能的情况下由联合国监督。或许,过一段时间后,这三个实体可能愿意就建立一个松散的联邦达成一致,各自将比巴格达的软弱中央政府拥有更大的权力。在这里,印度宪法可以作为一个典范。如果这种安排也证明不可行,那么剩下的唯一解决办法就是完全自主。

我知道这个建议存在着缺陷。有人非常正确地指出,在巴格达、摩苏尔和基尔库克等城市,没有明确的地理界线将主要群体分开。然而,一种导致什叶派逃向什叶派同胞,逊尼派逃向逊尼派同胞这种可能不可逆转的趋势已经在这些混杂的社区中出现,分治建议的最大好处似乎是尊重伊拉克的历史。

正如我们所见,英属印度的例子在这里也很有启发意义。没有什么能阻止居住在巴基斯坦的印度教徒逃到印度,居住在印度的穆斯林逃到巴基斯坦。宗教每次都能胜过国家统一。

2006 年 9 月 24 日,伊拉克议会的政治领导人最终同意就一项最终允许伊拉克分裂为几个自治国家的法案展开辩论。[33]他们还同意,任何类似的分裂方案都将最早推迟到 2008 年。这项协议是经过激烈的辩论后达成的,它包含了许多先决条件,其中包括在不稳定的安全和经济条件得到改善后才允许伊拉克分裂。然而,令人印象深刻的是伊拉克议会居然有能力达成这样的共识这个事实。

2006 年 9 月 1 日,五角大楼发布了对伊拉克安全的全面评估。结论是残酷的。伊拉克的伤亡人数飙升了 50% 以上,这是教派冲突的不断升级和以逊尼派为首的叛乱的结果。报告指出,"敢死队和恐怖分子陷入了相互强化的宗派冲突周期,逊尼派和什叶派极端分子各自将自己描绘成各自宗派组织的捍卫者"。

在五角大楼报告发表的当天,布什总统发表了他的旨在支持伊拉克战争的总共五次演讲中的第一次演讲。这些演讲是在"9·11"五周年纪念前做出的。在演讲中,布什总统宣布,"伊拉克是我们打击恐怖主义的核心前线"。从伊拉克撤军将使美国人面临"在我们城市街道上"发生恐怖袭击的风险。[34]随后,布什用强硬的措辞,将打击伊斯兰恐怖主义的斗争视为 20 世纪反对纳粹主义必要的后续斗争。

我必须再次承认,正如七年前我在本书的第九版中所做的那样,当我聆听这篇演讲时,我都被一种不祥的预感所占据。和以前一样,布什把需要做出截然不同反应的两种不同的恐怖主义混为一谈,把它们归为单一的类别之下。我仍然认为,甚至比七年前更迫切,在反对那些随时准备以自杀炸弹手的身份牺牲自己生命的基地组织及其追随者发动的无国界的恐怖主义活动时,先发制人的军事打击是必要的,也是正当的。很明显,由于涉及生存问题,人们必须给予他们最严厉的打击。但是那些想要永远生存和统治下去的国家恐怖分子,如昨天的萨达姆·侯赛因,是可以被阻止的,因为他们知道,如果他们向美国发射导弹,他们一定会被毁灭。直到今天,我仍然相信,如果没有伊拉克战争,萨达姆·侯赛因可能也会被推翻,伊拉克的历史可能会发生非常不同的、更为良性的转变。

2009年年末,伊拉克并不是反恐的核心前线。它没有成为外国恐怖分子的根据地。伊拉克人与伊拉克人之间的战斗让它不堪重负,而美国人仍然被夹在中间。在一个没有袭击美国的国家的这场泥潭中,丧生的美国人的数量已经超过了在2001年9月那个灾难性的早晨的死亡人数。

随着美国人开始逐步撤军,奥巴马总统在2009年访问伊拉克时宣布,"是时候把伊拉克交给伊拉克人了",逊尼派和什叶派之间的宗派暴力再次开始不安分地抬头。仅举一个例子。2009年6月20日,伊拉克北部发生自杀式炸弹袭击,造成至少68人死亡,200多人受伤。值得注意的是,爆炸仅仅发生在伊拉克总理马利基发表呼吁伊拉克各民族团结的讲话数小时后。

随着2009年6月30日美国作战部队撤出伊拉克城镇的最后期限日益临近,一系列令人不安的袭击事件在本认为是成功典范的费卢杰发生了。五月底的一次类似袭击似乎表明情况正在变得更为糟糕。在一条巡逻严密的军事道路上,一枚埋在地下的巨大炸弹炸毁了一支全副武装的美军护卫队,导致三名重要的重建官员死亡,这表明费卢杰有可能再次陷入暴力。费卢杰具有巨大的象征意义,它是对叛乱分子和美国人的一个检验,因为在美国对伊拉克战争中,一些最激烈的战斗就是在那里打响的。[35]

6月26日,也就是美国计划撤军的四天前,伊拉克总理马利基决定把美国的撤军描绘成一场"伟大的胜利",一种对外国占领者的排斥,并将其比作 1920 年伊拉克对英国军队的反抗。前一天,一枚装在摩托车上的炸弹在萨德尔城一个拥挤的市场爆炸,造成 76 人死亡,158 人受伤。事发地点附近的大多数居民均指责伊拉克政府应为这次袭击负责,认为如果没有获得帮助,炸弹袭击者是不可能顺利通过附近的伊拉克军队检查站来实施爆炸的。㊱当天,至少还有七枚炸弹在伊拉克周围爆炸,袭击目标是什叶派和逊尼派,以及平民和伊拉克安全部队。

尽管如此,马利基坚持说,必须遵守 6 月 30 日美国撤军的最后期限,并宣布这一天为全国性假日。

美国同意了马利基的要求,关闭了其在伊拉克 85% 的基地。当美国提出要保留在萨德尔城 150 个基地中的一个基地的要求时,遭到拒绝。萨德尔城曾是极端主义民兵的前哨。显然,马利基坚持要强化一种看法,即伊拉克安全部队完全控制了伊拉克的城市,尽管有越来越多的证据表明事实并非如此。

2009 年 7 月,伊拉克军方的巴格达司令部顾问蒂莫西·R.里斯上校在一份措辞不同寻常生硬的备忘录中总结道,"现在是美国宣布获胜并回家的时候了"。这份备忘录用尖刻的语言揭露了伊拉克军队的弱点,包括腐败、管理不善以及无法抵抗什叶派的政治压力。"俗话说得好",里斯上校写道,"客人们,就像鱼一样,三天之后就开始发臭。自 2009 年签署安全协议以来,我们就一直是伊拉克的客人,但是留在伊拉克 6 年后,伊拉克人的鼻子感觉我们现在很难闻"。

虽然《里斯备忘录》表达的观点并非被美国军方所有人认同,但很明显,美国的重心已经从伊拉克转移到了阿富汗。奥巴马总统已经对阿富汗战争做出了明确的承诺,并且对逐步结束美国在伊拉克的角色没有任何异议。他和里斯上校的分歧在于美国从伊拉克撤军的速度,而不是撤军本身。从部署的军队数量来看,这种转变已经变得不言而喻。美国计划到 2010 年年中将在伊拉克的驻军减少到 5 万人以下,但将在阿富汗的驻军增加到接近 10 万人,甚至可能更多。作为新上任的美国总统,奥巴马选择了跨越面前的障碍。

2009 年 8 月 19 日发生的一场新的恐怖事件凸显了伊拉克安全的脆弱性。两辆卡车开进巴格达市中心,引爆了数枚巨大炸弹,炸毁了伊拉克外交部和财政部,造成近 100 人死亡,数百人受伤。这次恐怖行为击中了伊拉克政府的要害。即使是马利基也无法对这场灾难做出解释。他花了三个小时要求美国人提供帮忙。在 2009 年 6 月 30 日撤军之后,美国人需要得到伊拉克总理的允许才能进行干预。三个小时后,在爆炸事故中垂死的人已经死亡,大多数伤员也都濒临死亡。显然,叛乱的局面远未结束,伊拉克的团结仍存在很大疑问。几个世纪前,奥斯曼土耳其人曾分别统治过逊尼派和什叶派。或许,为了拯救伊拉克于混乱之中,奥斯曼的例子可以被重新考虑。

我最后的反思涉及美国,一个让我远离纳粹以及日本独裁统治的国家。美国在历史上第一次进行了一场选择性的而不是必要的战争。通过 2003 年 3 月对伊拉克开战,美国把先发制人的策略付诸了行动,目的是推翻伊拉克的独裁者,并试图将伊拉克转变成一个民主国家。通过这样做,美国迈出了成为帝国主义强国的第一步。

《波斯人》是西方文学现存的最早戏剧,由埃斯库罗斯于公元前 479 年创作。在剧本创作的十一年前,这位剧作家在马拉松战役中与波斯交战。他的剧本是对一个堕落文明的挽歌,也是对希腊的警告,以免它也被帝国的傲慢所击垮。"失败是不可能的,失败是不可想象的",这位英雄在灾难降临前宣称。信息变得很清楚:由于我们自己的骄傲,命运和大自然对我们做出惩罚,但这不能责怪上帝。

我认为,美国目前正站在历史上一个关键性的十字路口。过去的帝国之所以能存活下来,仅仅是因为它们明白,以武力支持的外交应优先于单独使用武力。一旦他们屈服于完全使用武力,衰退很快就会随之而来。希腊人教导罗马人,称这种失败为狂妄自大。也许一个国家不可能同时既成为共和国又成为帝国。

注　释

1.John G.Stoessinger,Crusaders and Pragmatists,2nd ed.(New York:W. W.Norton,1985).

2.Alexander L.George,and Juliette L.George,Woodrow Wilson and Colonel House:A Personality Study(New York:John Day,1956),p.230.

3.Ibid.,p.295.

4.New York Times,June 7,2003.

5.Robert Dreyfuss,"Just the Beginning,"The American Prospect,April 2003.

6. Richard. A. Clarke, Against All Enemies (New York: Free Press, 2006),p.32.

7.New York Times,February 1,2003.

8.Ibid.,March 18,2003.

9.Ibid.,April 10,2003.

10.Ibid.,April 12,2003.

11.Ibid.

12.New York Times,June 2,2003.

13.Ibid.,July 13,2003.

14.New York Times,September 27,2003.

15.Ibid.,July 12,2003.

16.Ibid.,July 23,2003.

17.Ibid.,December 13,2003.

18.Jessica Stern,"How America Created a Terrorist Haven,"New York Times,August 20,2003.

19.New York Times,December 21,2003.

20. Ibid., December 21, 2003.

21. Colonel Patrick Donahoe, quoted in New York Times, March 20, 2006.

22. New York Times, September 24, 2006.

23. Agence France-Presse, March 26, 2006.

24. New York Times, September 7, 2009.

25. Ibid., March 16, 2006.

26. Ibid., April 10, 2006.

27. Ibid., September 20, 2006.

28. Paul R. Pillar, "Intelligence, Policy, and the War in Iraq," Foreign Affairs, March/April 2006.

29. Kevin Woods, James Lacey, and Williamson Murray, "Saddam's Delusions: The View from the Inside," Foreign Affairs, May/June 2006.

30. Vali Nasr, "When the Shi'ites Rise," Foreign Affairs, July/August 2006.

31. Some of these ideas were recently floated by Vice President Joe Biden with whom I had a conversation about them at a meeting of the Council on Foreign Relations in New York City in June 2005.

32. New York Times, September 2, 2006.

33. Ibid., September 3, 2006.

34. New York Times, June 24, 2009.

35. Ibid., June 26, 2009.

36. Ibid., July 31, 2009.

精选参考书目

Ackerman, Spencer, and John B. Judis. "The First Casualty." New Republic, June 30, 2003.

Albright, Madeleine. The Mighty & the Almighty. New York: Harper Collins, 2006.

Allison, Graham. Nuclear Terrorism. New York: Henry Holt, 2005.

Almond, Gabriel A., R. Scott Appelby, and Emmanuel Sivan. *Strong Religion: The Rise of Fundamentalisms Around the World*. Chicago and London: University of Chicago Press, 2003.

Asian, Reza. No God but God. New York: Random House, 2005.

Benjamin, Daniel, and Steven Simon. The Age of Sacred Terror. New York: Random House, 2002.

Biddle, Stephen. "Seeing Baghdad, Thinking Saigon." Foreign Affairs, March/April 2006.

Blix, Hans, Disarming Iraq, New York: Pantheon, 2004.

Bremer, L. Paul. My Year in Iraq: The Struggle to Build a Future of Hope. New York: Simon & Schuster, 2005.

Byford, Grenville. "The Wrong War." Foreign Affairs, July/August 2002.

Clarke, Richard A. Against All Enemies: Inside America's War on Terror. New York: Free Press, 2006.

Cordesman, Anthony H. Saudi Arabia Enters the Twenty-First Century: The Political, Foreign Policy, Economic, and Energy Dimensions. London: Praeger, 2003.

De Young, Karen. The Life of Colin Powell. New York: Knopf, 2006.

Eposito, John L. Unholy War: Terror in the Name of Islam. New York: Oxford University Press,2002.

Feldman,Noah.After Jihad:America and the Struggle for Islamic Democracy.New York:Farrar,Straus & Giroux,2003.

Ferguson,Niall.Colossus:The Price of American Empire.New York:Penguin Press,2004.

Frum,David.The Right Man.New York:Random House,2003.

Gordon,Michael R.,and Bernard E.Trainor.Cobra II. New York:Pantheon,2006.

Gunaratna,Rohan.Inside al-Qaida:Global Network of Terror.New York:Columbia University Press,2002.

Harris,Nigel.Thinking the Unthinkable:The Immigration Myth Exposed.London:I.B.Tauris,2002.

Hirsh,Seymour M.Chain by Command:The Road from 9 · 11 to Abu Ghraib.New York:Harper Collins,2005.

Ikenberry,John G. "America's Imperial Ambition." Foreign Affairs,September/October 2002.

Kennedy,Paul.The Rise and Fall of the Great Powers.New York:Random House,1987.

Kinzer,Stephen.All the Shah's Men:An American Coup and the Roots of Middle East Terror.Hoboken,N.J.:John Wiley & Sons,2003.

Laqueur,Walter.First Century.New York:Continuum,2003.

Lewis,Bernard.What Went Wrong? New York:Oxford University Press,2002.

Mackey,Sandra.The Reckoning:Iraq and the Legacy of Saddam Hussein.New York:W.W.Norton,2002.

Murray,Williamson,and Robert H.Scales Jr.The Iraq War.Cambridge,Mass:The Belknap Press/Harvard University Press,2003.

National Commission on Terrorist Attacks.9 · 11 Commission Report.New

York：Barnes & Noble Books，2005.

Nef，John V. War and Human Progress. Cambridge：Harvard University Press，1950.

Nye，Joseph S. Jr.，"U. S. Power and Strategy AfterIraq." Foreign Affairs，July/August 2003.

Packer，George.The Assassin's Gate：America in Iraq.New York：Farrar，Straus & Giroux，2005.

Pickering，Thomas R.，and James R. Schlesinger.Iraq：The Day After.New York：Council on Foreign Relations Press，2003.

Pollack，Kenneth M. The Persian Puzzle. New York：Random House，2005.

Prestowitz，Clyde.Rogue Nation：American Unilateralism and the Failure of Good Intentions.New York：Basic Books，2003.

Risen，James.State of War：The Secret History of the CIA and the Bush Administration.New York：Free Press，2005.

St. John，Robert Bruce. Libya and the United States：Two Centuries of Strife.Philadelphia：University of Pennsylvania Press，2002.

Sterba，James P.，Ed.Terrorism and International Justice.New York：Oxford University Press，2003.

Stern，Jessica.Terror in the Name of God：Why Religious Militants Kill. New York：Ecco/Harper Collins，2003.

Stern，Jessica."The Protean Enemy." Foreign Affairs，July/August 2003.

Stewart，Rory.The Places in Between.New York：Harvest/Harcourt，2006.

Vidal，Gore.Perpetual War for Perpetual Peace：How We Got to Be So Hated.New York：Thunder's Mouth，2002.

Woodward，Bob.Bush at War.New York：Simon & Schuster，2003.

Woodward，Bob.Plan of Attack.New York：Simon & Schuster，2004.

Woodward，Bob.State of Denial.New York：Simon & Schuster，2006.

Wright, Lawrence. The Looming Tower: al-Qaida and the Road to 9 · 11. New York: Knopf, 2006.

Wright, Susan, Ed. Biological Warfare and Disarmament: New Problems/New Perspectives. Lanham, Md.: Rowman & Littlefield, 2002.

第六章　国与国为何交战

向着高处奋斗本身可以填满一个人的心灵，人一定要想象西西弗斯的快乐。

阿尔贝·加缪《西西弗斯的神话》

尼采曾经说过，"当你久久凝视着深渊时，深渊也会凝视着你"。我们这个时代的战争性质是如此可怕，以至于第一个反应就是退缩。我们谁没有得出过这样的结论：整个战争场面都是有组织的疯狂的表现？谁曾经试图把那些为和平而奋斗的人的努力视为徒劳的西西弗斯式劳动？战争的本质面目，像美杜莎一样残酷、恐怖，威胁、摧毁任何与之对抗的人。

然而，我们必须找到勇敢面对深渊的勇气。我深信战争是一种疾病，它可能是人类"从病到死"的状态。没有任何一种"杀人"传染病，能够通过避免接触、疼痛和危险，或忽略细菌而被控制征服。人类的理性和勇气常常占上风，甚至瘟疫也被克服了；几个世纪前蹂躏我们星球的黑死病，今天只是遥远的记忆。

我知道，疾病和战争之间的类比容易受到批评。现在流行的说法是，战争不是一种疾病，而是像侵略一样，是人性不可消除的一部分。我挑战这一假设。尽管侵略可能是固有的，但战争是后天习得的行为，因此可以不学，最终完全被排除在外。人类已经克服了以前似乎无法克服的其他习惯。"食人行为"提供了一个更戏剧性的例子。几千年前，有的人类部落或民族吃同类的肉，喝同类的血。这也是人性的一部分。一个多世纪以前,成千上万的美国人相信:白人自由,黑人成为奴隶,这应该是上帝安排和规定的。不然他为什么要用不同的肤色来造人呢?然而,一度被认为是人类本性一部分的奴隶制却被废除了,因为人类表现出了发展的能力。经历了巨大的痛苦之后,发展是缓慢的,但它确实到来了。人性是发展变化的。就像奴隶制和食人族一样,战争也可以从恐怖的人性中消除。

然而,似乎只有在灾难即将来临的时候,人们才会放弃他们的坏习惯。光靠智慧是不够的。就像严重的疾病在确定病人愈后是死是活之前,必须经历病危一样,在我们改变之前,我们必须被动摇,几乎被粉碎。我们面临着灭绝的危险,但同时有了一个让地球上所有人过上更好的生活的机会。因此,我们必须找到对抗美杜莎和诊断疾病的方法。诊断不是治疗,但却是必要的第一步。

21世纪的初期适逢战争性质的两大变化。首先,在2001年"9·11"事件中,19名狂热的恐怖分子携带被劫持的客机,对世界上仅存的超级大国造成了严重破坏。在这一可怕事件发生后,潜伏在幕后的基地组织继续以世界各地的受害者为目标,包括摩洛哥、印度尼西亚、肯尼亚、西班牙、英国,甚至美国。总体而言,20世纪的战争有着相当明确的开始和结局。相比之下,反恐战争忽视了国界,只有在某个遥远的一天,当人们开始忙于日常生活,会忘记对下一个"9·11"的恐惧时,才会结束。

第二次大变革发生在美国总统乔治·W.布什决定以先发制人的原则与萨达姆·侯赛因的伊拉克开战时。这一决定源于布什的信念,即"等待敌人先下手不是自卫,而是自杀"。在奥萨马·本·拉登的案例中,这种新学说具有显著的意义,因为等待自杀式炸弹袭击者完成他的杀人使命将是致命的。但是,对于萨达姆·侯赛因来说,这个学说受到了广泛的批评,因为这位伊拉克领导人尽管对自己的人民很残暴,但并未对美国构成直接和迫在眉睫的威胁。布什决定用一个可疑的假设推翻美国200多年来的外交政策。尽管如此,新世纪还是带来了两种新型的武装冲突:一种显然是无休止的战争,那些互相极度仇恨的人,他们希望用死亡达到目的;对一个邪恶的暴君发动先发制人的战争,他杀害了自己的人民,并被一个超级大国视为威胁,意图用一个民主政府取代他。现在让我们开始讨论我对这本书的研究的主要发现。

战争的决定因素

第一备受关注的主题是,在 20 世纪每一个发动重大战争的国家没有一个是赢家。导致第一次世界大战爆发的奥匈帝国和德国最终以可耻的失败告终。希特勒迫使德国无条件投降。约翰逊将越南战争升级到 50 多万美军参战,因为他不想成为美国历史上第一个战败的总统。在这场战争中,他最终还是输掉了战争,并为此付出了 5.8 万美国人的生命。试图通过先发制人的战争惩罚印度的巴基斯坦在此过程中被肢解。伊拉克 1980 年入侵伊朗,对迅速取得胜利充满信心,但后来不得不付出了长达 8 年的僵局以及 50 万人伤亡的高昂代价。

以上所有的情况中,发动战争的人都受到了打击。发动敌对行动的政府的性质和意识形态都没有什么不同。侵略者无论是资本主义者还是共产主义者,白人还是非白人,西方还是非西方,富人还是穷人,都被打败了。20 世纪的侵略者为夺取全部的利益而战斗,因此蓄谋征服别国被理解为"生存问题"。那些被袭击的人不得不为生命本身而战,绝望中产生的勇气被证明是一种可怕的武器。最后,那些发动战争的人被制止、被击退,甚至在某些情况下被彻底粉碎。在任何情况下,发动战争的国家都没有达到目的。

对使新世纪的曙光成为分水岭的两场战争做出一些结论并不为时过早。首先,2001 年 9 月 11 日之后,我们再也不会是原来的我们了。因为我们知道任何事情都有可能发生的,甚至超出我们的想象。即使没有发生另一次"9·11"事件,只要行凶者奥萨马·本·拉登还活着或仍逍遥法外,这场野蛮的事件就不可能真正结束。与此同时,在全球各地与隐性敌人的暗中斗争有增无减。2009 年圣诞节，一名尼日利亚恐怖分子将炸药藏在内裤里，企图炸毁一架载有 289 人的飞机，但以失败告终。这就是其中的一个例子。

断言乔治·W.布什打赢萨达姆是很容易的。三周后军队很快就取得了胜利。然而，萨达姆失踪了，战争结束后，仍然忠于他的游击队杀害了比战争期间更多的美国士兵。2003 年 5 月 1 日，布什在林肯号上宣布战争结束。布什政府多次重申，战争的结果毋庸置疑，然而这并没有反映出战争正式结束三个月后的情况。7 月 3 日这一天，10 名美国士兵分别被三个游击队袭击受伤，伊拉克联合部队指挥官宣称，"我们仍然处于战争状态"。美国宣布悬赏 2500 万美元，用来奖励捕获萨达姆·侯赛因或确认他的死亡，另外，再另加 1500 万美元悬赏捉拿他的两个儿子。美国驻伊拉克行政官员保罗·布雷默认为，"在我们得到成功的确切消息之前，他们的名字将继续给这个国家蒙上恐惧的阴影"。①萨达姆的两个儿子在和美军的激烈交火中丧生，伊拉克人在他们葬礼上高呼反美口号。在乔治亚州斯图尔特堡，一名上校出席一场会议，参加会议的 800 名女人，都是希望自己丈夫回家的愤怒的妻子，这名上校最终不得不被护送出来。8 月，联合国驻巴格达总部遭遇灾难性袭击，造成 21 人死亡，其中包括一名联合国高级官员。此外，11 月，五架美国直升机被击落，造成 55 名美国士兵死亡，暴力事件发生了质的飞跃。19 名意大利士兵、7 名西班牙情报人员以及几名日本和韩国人也被杀害。11 月的联军伤亡人数接近 100 人。

12 月 13 日，美国士兵抓获了萨达姆，这无疑是美国自战争爆发以来最好的一天。布什总统把伊拉克视为反恐的前线中心，他称赞这次活动是一次重大胜利。

2004 年中，布什政府决定将主权移交给伊拉克临时政府，并将起草宪法和举行全国大选的时间推迟到 2005 年 1 月。此外，和以色列反游击手段如出一辙，美国采取了强硬的新战术，包括空中轰炸、设置障碍、拘留等。然而，叛乱次数稳步上升，愈演愈烈。"我看不出我们和巴勒斯坦人有什么不同",一名伊拉克男子在等待通过美国检查站时抱怨道。"萨达姆倒台后,我们没有料到会发生这样的事情。"②

在战争结束后的几个月乃至几年里,叛乱分子的袭击不断升级,这明显否定了美国在萨达姆的雕像被推倒时满怀信心宣布胜利。

事实表明,抓获萨达姆是一个重大的成功,但绝不是所谓的决定性的胜利。美国人在伊拉克的死亡人数持续上升,到 2009 年超过 4000 人。渐渐地,美国人不仅要应付激烈的叛乱,还不得不阻止逊尼派和什叶派在激烈的内战中相互残杀。胜利越来越遥不可及。相反,到 2009 年 6 月 30 日,也就是美军撤离的日期,伊拉克自杀式炸弹袭击的受害者人数已经上升到惊人的比例。

关于战争爆发的问题,个案研究表明领导人的个性至关重要。民族主义、军国主义或联盟制度等抽象力量的作用,传统上被认为是战争的起因,但在这里,我对它们的作用不予关注。这里所引用的任何一个案例都没有表明经济因素在促成战争中起了重要作用;相反,领导者的个性往往是决定性的因素。传统观点认为,第一次世界大战的爆发和战争的蔓延要归咎于联盟体系。具体地说,德皇凯撒·威廉与奥地利的联盟将德国拖入了与同盟国的战争。然而,这种分析完全忽略了凯撒的个性在危机聚集中所起的作用。假设凯撒·威廉性格坚毅、继续作为调停人的角色,并约束奥匈帝国,而不是陷入偏执和妄想中,指责英格兰密谋反对德国,这场灾难本可以避免;那么,传统观点就会赞扬这个联盟拯救了和平,而不是指责它引发了战争。事实上,德皇的情绪起伏缺乏控制是至关重要的。同样,各方领导人物的无情平庸无疑助长了这场灾难。

让我们来看一下第二次世界大战的爆发。毫无疑问,第一次世界大战后,凡尔赛和约的战胜国提出的和平条件以及 20 世纪 20 年代的通货膨胀导致了纳粹德国的崛起。但再一次,希特勒的个性决定了一切。一个更理性的领导人会巩固他的成果,当然也不会攻击苏联。如果认为苏联必须被攻击,那么一个理性的人就会制订应急计划来应对苏联的严寒,而不是期待速战速决。

在中东,贾迈勒·阿卜杜勒·纳赛尔反复无常的性格,是关闭亚喀巴湾的主要原因。并且这一事件促成了 1967 年的六日战争。1971 年,西巴基斯坦的领导人叶海亚·汗带着他的国家与印度开战,因为他认为不能被英迪拉·甘地这样的女人吓倒。1980 年和 1990 年,萨达姆·侯赛因个人决定发动战争。大约在同一时间,斯洛博丹·米洛舍维奇在成为大塞尔维亚领导人的个人野心的驱使下,开始向邻国克罗地亚和波斯尼亚扩张,最终灾难性地向科索沃扩张。

毫无疑问,奥萨马·本·拉登的个性和他对美国的狂热仇恨激发了 19 位恐怖分子在 2001 年 9 月 11 日犯下了滔天罪行。如果曾经有一个纯粹的狂热分子的话,他肯定就是那个在阿富汗荒地上建立基地组织的那个人。

乔治·W.布什从阿富汗到伊拉克的道路,是由逐级台阶铺成他的人格谱系的改革派终端之路:第一,他的福音派皈依使他倾向于有一种摩尼教式、善与恶的世界观;第二,新保守主义知识分子的影响强化了他的这种世界观;第三,本·拉登从他的手中溜走让他感到沮丧;第四,萨达姆·侯赛因企图暗杀他的父亲,这引发了他的个人怨恨。所有这些因素最终导致了他对萨达姆的执着,直到布什确信他的残暴和危险的存在必须被和平地移除,如果可能的话,在必要时通过使用武力。

在所有这些情况下,一个领导人的个性是至关重要的,事实上,它可能说明了战争的爆发和维持和平之间的差别。

案例资料显示,在战争爆发前,最重要的因素可能是误解。这种误解可以通过四种不同的方式表现出来:在领导人的自我形象中;在领导者眼中对手的性格;在领导人眼中他的对手对自己的意图;最后,在领导人眼中对手的能力和实力。每一个因素都非常重要,并值得单独和仔细对待。

1.大多数处于战争边缘的国家领导人的自我形象都有着显著的一致性。每个人都满怀信心地期待在一场短暂而成功的战役中取得胜利。对结果的怀疑是敌人的声音,因此是不可接受的。这种反复出现的乐观情绪不会被历史学家轻易地斥为人类愚蠢的讽刺案例。它自身具有强大的情感动力,因而成为战争的原因之一。任何使人对迅速而决定性的胜利如此乐观的东西,都使战争更有可能发生,任何阻止这种乐观情绪的东西都能促进和平。

这种对发动一场短暂而决定性战争的普遍自信,通常是一个领导人对自己和国家抱有过多的自我错觉。1914 年 8 月凯撒身着盔甲的相貌和他对德意志民族的承诺,她的孩子会在"树叶从树上掉落之前"回家。希特勒对德国在早期战胜苏联的信心是不可动摇的,因此德国国防军的士兵没有得到冬季制服,也没有为苏联冬季的到来做任何准备。1941 年 11 月,秋天的泥土变成了冰雪,寒冷成了德国士兵最大的敌人。在北极气温的折磨下,将士们开始死亡,机器出现故障,对温暖的追求几乎胜过了对胜利的渴望。希特勒对德国"优等民族"的希望和幻想在苏联的冻土中破灭了。希特勒参加过第一次世界大战,目睹德国的乐观主义在战败中崩溃,但这样的事实并没有阻止类似情况的再次发生。

1956 年英法在苏伊士的军事战役是由能迅速取得战争胜利的预期所激发。巴基斯坦的叶海亚·汗希望按照以色列六日战争的蓝本,给英迪拉·甘地上一课。在越南,每一次美国在空中或地面的军事升级都是希望通过投入更多的炸弹、更多的军队,能带来决定性的胜利。萨达姆·侯赛因希望能很快战胜伊朗,但是却陷入一场血腥的军事僵局。十年后,他又一次期待这次对科威特取得一场轻松的胜利,但是却激起了全世界的愤怒,并遭受了沉重的打击。以色列对 4 个阿拉伯国家战争中的迅速胜利,使其军事领导层有信心在 2006 年迅速和决定性地战胜黎巴嫩真主党;相反,它的军队被一支坚定的游击部队打得停滞不前。最后,美国人对伊拉克战争的胜利如此充满信心,以至于他们没有为战后重建做好充分的准备。由此产生的权力真空招致了一场激烈的叛乱,使美国人早期的成功化为乌有。事实上,联军的伤亡人数上升到了前所未有的高度。2006 年秋天,当事实明显排除了胜利的可能时,布什总统仍然以响亮的声音承诺军事胜利,但他的继任者的唯一选择仍然是逐步的撤军。

在战争前夕,各方领导人通常都怀有自我幻想。只有战争本身为现实提供了刺骨的冰冷,并最终帮助领导人恢复正确的视角,然而重新回归现实的代价确实很高昂,不太可能有一场战争能实现双方最初的希望和期望。

2. 对对手性格的扭曲看法也有助于促成冲突的发生。1914 年 7 月,随着压力的增加,德国皇帝出人意料地承认他"憎恨斯拉夫人,即使认为人们不应该憎恨任何人"。毫无疑问,这种仇恨造成了他做出放弃调停人的角色并做出开始备战的决定。同样,他天真地相信奥地利领导人的诚实,这促使他向他们提供了一张空白支票的担保,并最终将他自己拖入战争。事实上,奥地利人比他想象的更狡诈,而俄国人则更诚实。最糟糕的是,英国领导人为了避免一场全面战争而尽其所能,但仍然被威廉视为"包围并摧毁德国的可怕阴谋的中心"。希特勒并不知道苏联的情况,他对苏联的历史一无所知,他相信苏联居民是亚人类的野蛮人,可以在一次决定性的打击下被粉碎,然后成为德国超人的奴隶。这种对苏联极端的仇恨和无知的蔑视,成为 1941 年希特勒军事突袭苏联失败的关键因素。

相互蔑视和仇恨也加速了阿拉伯国家和以色列之间以及印度和巴基斯坦之间战争的爆发。就前一种情况,阿拉伯人视以色列为外来种族和敌对的存在是彼此之间冲突的一个诱因。就后一种情况而言,印度教和伊斯兰教这两大宗教直接导致了两个敌对国家的建立,彼此在半个世纪内发生了四次血腥的冲突。萨达姆·侯赛因对美国人的蔑视和声称在"一场战争之母"中将美国人消灭的自夸,直接导致了他的失败。米洛舍维奇对土耳其于 1389 年在科索沃战胜塞尔维亚人的歪曲看法,促使他在 600 年后将怒火转向科索沃的阿尔巴尼亚穆斯林。然而布什的主要目标显然是萨达姆·侯赛因。此外,那个促成"9·11"事件并杀害了 3000 名平民的人仍然逍遥法外。布什不明智地将资源从真正的罪犯本·拉登转移到萨达姆身上。

3. 当一个处于战争边缘的领导人相信他的对手会攻击他时,战争的可能性就相当高。当两个领导人对彼此意图的看法一致时,战争就成了必然。自我实现预言的机制随后被启动。当领导者将邪恶的阴谋归咎于他们的对手,并且长时间地培养这些信念时,他们最终将被证明是正确的。在第一次世界大战爆发前各国采取的军事调集措施基本上是出于对对方意图的恐惧而采取的防御措施。俄国沙皇进行军事动员,是因为他害怕奥地利的进攻;德国皇帝进行军事动员是因为他害怕俄国的"压倒性的手段"。每个人的噩梦都变成了可怕的现实。阿拉伯人和以色列人通常对彼此做最坏的期望,而这些期望往往导致战争。巴勒斯坦人确信以色列打算永远占领被占领领土,这导致了他们发动两次起义和无数次自杀式炸弹袭击,这些袭击反过来又促使以色列进行重新报复——这是一个即使在这个饱受折磨的地区也是前所未有的恶性循环。

正是在这个方面——领导人对对手意图的看法——美国找到了与伊拉克开战的根本依据。对布什政府来说,入侵伊拉克的核心理由是怀疑伊拉克存在秘密的大规模杀伤性武器武库,包括化学和生物制剂,甚至可能包括核武器。这些武器如果确实存在,被认为将对美国构成直接和迫在眉睫的危险。"我将解除萨达姆的武装",布什总统反复宣布。

尽管联合国核查人员的许多报告都表达了更为谨慎的论调,但布什的这种看法依然存在。最后,当萨达姆开始摧毁他的一些常规导弹时,布什把对伊拉克的目标从裁军变成了政权更迭。无论如何,他已经坚定了将萨达姆从世界铲除的决心。

战争结束后,当在伊拉克的任何地方都没有发现大规模杀伤性武器时,布什政府仍然坚持以前的"我们会找到这些武器"这样的假想,尽管越来越多的证据表明布什政府只选择那些支持其对萨达姆看法的情报报告,而拒绝所有怀疑萨达姆没有这样武器库的情报。即使当2003年10月,也即战争开始后的六个月,美国首席武器检查员大卫·凯告诉国会没有在伊拉克发现非法武器,但建议搜寻可以继续时,布什政府仍然要求拨款6亿美元来寻找确凿的证据。然而,在2004年1月,已决定退休的凯宣布,他断定在2003年战争开始时,伊拉克并没有拥有任何大规模的非法武器储备。联合国核查人员有关伊拉克是否拥有大规模杀伤性武器的报告,在战后被证实是相当准确的,但美国人却对其不屑一顾,并拒绝让这些核查人员进入战后的伊拉克。最后,在 2006 年,美国中央情报局负责 2000 年至 2005 年近东事务的国家情报官员保罗·波勒宣布,布什政府滥用情报,目的是为已经在伊拉克做出的决定作辩护。

关于所谓萨达姆和本·拉登之间的关系,当没有确切的证据证明他们存在这种联系时——事实上被抓获的基地组织成员断然否认了这一点——布什政府仍然顽固地坚持认为他们之间存在着这样的共谋。布什政府最终承认没有证据表明萨达姆参与了"9·11"恐怖袭击。就基地组织在伊拉克的存在而言,当美国占领期间的伊拉克成为残忍的阿布·扎卡维统治下基地组织恐怖分子的吸铁石后,这成为一个自我实现的预言。

误解、夸张和彻头彻尾的谎言之间可能有些细微的差别。但是,必须明确,发动战争的决定是由一国总统能够做出的最庄严的决定,因此必须是基于所有可获得的证据,而不仅仅符合十字军东征教义的那些证据。然而,仅凭萨达姆的邪恶性格就说服美国人民发动对伊拉克战争可能还是证据不足。为了使战争的决定更有说服力,必须加上伊拉克拥有致命武器带来的直接威胁。在这里,真相就成了牺牲品。

在描述萨达姆的武器计划时,布什在战前从未回避过。2002 年 10 月,布什在辛辛那提的一次演讲中反问道:"如果我们知道萨达姆现在拥有危险的武器——我们确实知道——全世界等着他变得更加强大、发展出更加危险的武器时再与他对抗,还有任何意义吗?"[③] 然而,战争结束后,当事实上没有发现这样的武器时,布什总统将他的重点从强调萨达姆的致命武器威胁转移到"无论如何,没有萨达姆·侯赛因在伊拉克的掌权,世界会变得更好"这样的论调。12 月 16 日,当《ABC 新闻》的黛安·索耶在萨达姆已经被美国拘留的情况下追问这个话题时,布什用"那么,这有什么区别吗?"这样的尖锐反问作为回答。[④]

我相信,正确的答案应该如下:"尊敬的总统先生,超过 4000 名美国人伤亡,超过 40000 名美国人受伤,加上许多联军人员的伤亡,每年数以万计的伊拉克平民伤亡的战争,以及大笔大笔的钱物,这样的战争美国几乎是不能承受的。这就是区别。"

2004年1月7日,《华盛顿邮报》的巴顿·盖尔曼强调了这一点。根据对伊拉克顶尖科学家的大量采访,他得出结论,伊拉克非常规武器库"仅存在于纸面上"。

调查人员没有发现证据支持伦敦和华盛顿在战前表达的两个主要担忧,即伊拉克隐藏着大量的旧式武器,并为发展新武器建立了先进计划。在公开声明和未授权的采访中,调查人员说他们没有发现有关炭疽杆菌等以前的细菌战剂的研究成果,也没有发现导致美国科学家进行了几个月的高度秘密搜索的一种新的病原体——将痘病毒和蛇毒结合在一起的病原体。调查人员断定,伊拉克并没有像伦敦和华盛顿被指控的那样,恢复生产其最致命的神经毒剂VX,或者学习延长其储存的时间。他们还在像20世纪90年代联合国核查人员离开时的情形一样的支离破碎的国家,发现了前核武器项目,其被布什总统描述为"严重且不断增加的危险",被切尼副总统描述为"致命的威胁"。⑤

4. 一个领导人对对手力量的误解可能是战争的最根本原因。然而,重要的是要记住,引发战争的不是实际的实力分配;而是一个领导人认为实力应该是什么样的方式分配。当各国对自己的实力感知不一致时,战争就会开始。战争本身就变成了对实力度量的争论。随着战争本身能治愈战争,现实逐渐得到恢复;当各国对彼此的实力形成更现实的认识时,战争就会结束。

1914年,德国和奥匈帝国对苏联的实力不屑一顾。这种不尊重使它们付出了高昂的代价。在一代人之后,希特勒又犯了同样的错误,他的错误认识直接导致了他的毁灭。

随着这些战争解决的问题越来越少,它们消耗的鲜血和财物越来越多。各方的死亡人数都无言地证明了一个事实,即美国必须在历史上打两场最可怕和分裂的战争,才能从另一方赢得对它实力现实的尊重。在巴基斯坦,叶海亚·汗最终发现,一个他除了鄙视之外没有其他印象的女人,比他更善于学习战争艺术,不让自己的愿望支配自己的思想,并最终肢解了巴基斯坦。仅仅四分之一个世纪后,当印度和巴基斯坦都拥有核武器时,这两个国家相互尊重,并逐渐发展起各自在本地区的实力均衡。1948年,阿拉伯国家认为五支阿拉伯军队的入侵会很快结束以色列。它们错了。但在1973年,经历了三次成功战争后的以色列自信到狂妄自大的地步,它以蔑视的态度看待阿拉伯世界的力量,认为自己的力量是无懈可击的。这也是错误的,十年后,当巴勒斯坦的自杀式炸弹袭击者用恐怖行动使以色列人陷入绝望时,以色列不得不吸取教训。在波斯湾,入侵伊朗的伊拉克部队对被他们低估的伊朗人的"狂热热情"感到惊讶。1991年,萨达姆·侯赛因认为美国太软弱而不敢将他驱逐出科威特,这一信念直接导致了他的失败。2003年,萨达姆再一次坚信美国太过胆小而不敢军事打击他。

最后,2003年,美国低估了伊拉克的抵抗,不是低估伊拉克在战争期间,而是低估它在战后的抵抗,尤其令它沮丧的是,顽强的游击队运动夺走了越来越多的美国人的生命。越来越沮丧的布什发誓要"将他们缉拿归案",但美军的伤亡人数仍在不断上升。这种现状迫使盟军指挥官承认伊拉克战争还远未结束。

2006年,以色列和黎巴嫩真主党的每个战斗人员都误解对方的实力,这构成了彼此误解的典型案例。以色列低估了真主党游击队的顽强,当其历史上持续时间最长的战争在进攻中受挫后,它感到震惊。真主党和哈马斯也对绑架一两名以色列士兵引发以色列如此激烈的反应而感到震惊。

因此,在每一场战争前夕,至少有一个国家误解了另一个国家的实力。从这个意义上来说,每次战争的开始都是一场意外。战争本身会慢慢地、在痛苦中揭示每个对手的真正实力。当现实获胜时,和平就诞生了。战争的爆发以及和平的到来被一条从误解到现实的道路分开。这个真理最悲惨的一面是,战争本身仍然是现实的最好导师,因此是医治战争的最有效方法。

黑暗的心：卢旺达和达尔富尔

我们的世界仍然很不太平。2001 年 9 月 11 日会刻在我们这一代人的共同记忆里,乔治·W.布什对伊拉克的战争将在几十年的历史中回响。但是,还有其他威胁人类未来的规模可怕的战争,绝不能忽视。其中两起发生在非洲,涉及规模几乎大到难以想象的可怕屠杀。这两起战争都被联合国描述为种族灭绝,但它们却迟迟没有引起国际社会有效的行动,因为它们都不影响大国的战略利益。这两起战争分别于 1994 年在卢旺达发生,以及十年后在苏丹发生。

1994 年在卢旺达发生的种族灭绝造成将近 100 万人横死街头。然而,在我的研究过程中,我遇到了一个令人沮丧的信息鸿沟。除了美国记者菲利普·古里维奇一份令人震惊的报告"我们希望告诉你们,明天我们和我们的家人将一起被杀害"以及艾伦·J.库珀曼在《外交事务》2000 年 1—2 月发表的文章《回顾卢旺达》之外,我几乎没有其他可以信赖的客观信息来源。然而,以下事实已变得清晰:这不是两个敌对的非洲部落之间的战争;这是 1994 年春天胡图族极端分子对近 100 万图西族人的一次屠杀。用库珀曼的话说,这是"有记录以来最快的一次种族灭绝",而且是一次秘密的种族灭绝。⑥

古里维奇的报告的前言值得长篇引用:

大规模杀害意味着人口中每十分之一的人被杀害,在 1994 年春天和初夏,一项屠杀计划导致了卢旺达共和国人口的大量减少。虽然这次杀戮主要是用大砍刀进行的,技术含量很低,但却以令人眼花缭乱的速度进行着:在最初的 750 万人中,至少有 80 万人在 100 天内被杀害。卢旺达人经常说有 100 万人死亡,他们可能是对的。卢旺达人的死亡人数几乎是大屠杀期间犹太人死亡人数的三倍。这是自广岛和长崎原子弹爆炸以来最有效的大规模屠杀。⑦

原因是什么？一百多年前，德国以及后来的比利时殖民者将图西族提升到他们殖民地的领导地位，显然是因为图西族比胡图族更高、肤色更浅。1994 年的种族灭绝是胡图族人在数十年被图西族压迫后的最终报复。数以万计的图西族人被发现手脚被砍刀砍断，这是胡图族人将"身材高大的人砍成矮小的人"的一种特有的方式。

当西方世界得知卢旺达的灾难时，大多数的目标受害者已经死亡。克林顿总统和联合国秘书长布特罗斯·布特罗斯—加利都没有意识到这场大屠杀的真正规模。1998 年，布特罗斯—加利的继任者科菲·安南和克林顿都为自己的无知（如果不是冷漠的话）道歉。

到 20 世纪末，国际社会似乎已经达成了一项共识，即在一国对另一国的侵略（如伊拉克对科威特的侵略）和独裁者对本国人民的种族灭绝（如科索沃的米洛舍维奇）发生时，国际干预是正当的。但这种理解并非包罗万象。它不包括非洲大陆，因为在西方人的心目中，非洲大陆似乎仍能唤起约瑟夫·康拉德的《黑暗的心》。也许正是这种冷漠促使胡图族人追求他们的种族灭绝目标。库伯曼得出的结论是，在种族灭绝之前部署更多的联合国部队可能会阻止屠杀。⑧但这样的军事部署本应以集体意志为前提，而这种意志恰恰是缺失的。

2003 年 12 月，也就是在大屠杀将近十年后，在坦桑尼亚阿鲁沙的联合国法庭判定三名卢旺达人犯有种族灭绝罪和危害人类罪，因为他们利用广播电台和报纸动员胡图族人反对图西人，并引诱受害者到达屠杀场，然后对他们进行消灭。由三名非洲法官组成的陪审团划定了言论自由和煽动犯罪之间的法律界限，判处了两人终身监禁和一人 27 年监禁。法庭认为"言论自由的范围太广了"，"但当你往火上浇油时，你就越过了界限，进入了不受保护的言论领域"。检察官称该判决是历史性的胜利。⑨

有一个人确实在这一片漆黑中点燃了一支蜡烛。基加利的一名旅馆经理保罗·鲁萨加比纳为大约 1200 名惊恐的图西族人提供保护，使他们免遭胡图族人的杀戮。他平静地告诉胡图族人，他们意图加害的对象是他酒店里的付费客人，对他们造成的任何伤害都将对潜在的凶手造成严重后果。通过虚张声势、哄骗和贿赂等手段的一起运用，他说服了胡图族人不要杀害他的图西族房客，并在此过程中多次将自己的生命置于危险之中。就像半个世纪前纳粹大屠杀时期的奥斯卡·辛德勒一样，普通的商人保罗·鲁萨加比纳展现了非凡的勇气，以至他的名字永远不会被忘记。

对卢旺达来说，和平来得太晚。种族灭绝已经按部就班地进行，正义却姗姗来迟。要真正做到人道主义，正义必须是不带任何偏见。除非坚定的国际行动真正拥抱非洲，正如它在科索沃所做的那样，否则希望本身可能成为种族灭绝的最终受害者。

在卢旺达种族灭绝之后，世界各地的许多政治家都保证，类似灾难不会被允许再次发生，但灾难确实再次发生了，这次发生在苏丹西部的达尔富尔地区。正如在卢旺达一样，种族和贪婪是驱动力。2003 年，苏丹总统奥马尔·哈桑·巴希尔开始鼓励和资助阿拉伯游牧部落消除该地区的黑人。这些被称为"金戈威德族"的游牧部落发动了针对"黑奴"的"种族清洗"运动。他们骑着马进入数百个村庄，强奸并杀害受害者，随意抢劫，然后烧毁里面仍然住着小孩的棚屋。在三年的时间里，至少有 20 万非洲人被武装分子杀害，至少有 200 万人逃命，在自己的土地上成为难民。被称为"哈基玛"的"金戈威德族"的妇女们，会突然唱起歌来，为他们的战士欢呼："黑人的鲜血像流水一样奔流，我们把他们赶走，我们的牛群就放牧在他们的土地上。巴希尔的权力属于阿拉伯人，我们会杀死你们，直到最后，你们这些黑人！"这又一次是希特勒的"生存空间"理论，但这次是被阿拉伯人用来对付非洲的黑人。

"金戈威德族"暴行的受害者发现自己只能听任数千名人道主义工作人员的摆布，而这些人道主义工作者鼓足勇气，不仅让自己暴露在苏丹西部严酷的沙漠地带，还让他们自己暴露在杀戮者的愤怒之下。在这些无名的英雄中，作出突出贡献的是那些领导联合国救济和难民机构以及"无国界医生"的人员。当凶残的"金戈威德族"将另外 20 万名黑人从苏丹赶到邻国乍得时，人道主义工作者不知所措。已经承担向 200 多万难民提供食物承诺的联合国世界粮食计划署（World Food Program）被迫将粮食配给削减一半。

世界对这场灾难的反应从一开始就不温不火。非洲联盟向该地区派遣了7000名维和人员；他们完全无法满足所需承担的重任。显然，更大规模的努力是必要的。布什总统将这场屠杀描述为种族灭绝，他建议联合国派遣至少2万名维和人员执行更有力的任务。尽管联合国同意将达尔富尔局势描述为种族灭绝，但由于一些需要获得苏丹石油的联合国成员国的反对，向苏丹派遣维和部队的实际行动受阻。

随着时间的推移，苏丹总统巴希尔开始为不允许联合国维和部队进入苏丹领土寻找新的理由。他指责"犹太组织"促使联合国的参与，尽管有明显的相反证据，他坚称7000名非盟士兵完全有能力维持和平。巴希尔坚持认为，如果事实证明这些维和部队兵力不足，他的政府将会自己平息动乱。由于巴希尔领导的政府从一开始就释放了对黑人施暴的"金戈威德族"，所以他的提议看起来很荒谬。

随着救援的前景越来越黯淡，疾病和饥饿造成了重大代价。在难民营里造成大多数人死亡的不是子弹，而是由沙漠尘土传播的肺炎，由脏水引起的痢疾，以及由蚊子传播到没有蚊帐的茅草屋的疟疾。被联合国称之为"世界上最严重的人道主义危机"已成为达尔富尔一个无情的杀手。更糟糕的是，人道主义救援人员自己也成了暴力活动的受害者。根据联合国的数据，联合国援助人员在2006年7月被杀害的人数超过过去三年他们在达尔富尔冲突中被杀害的人数。

8月31日，在一场激烈的辩论之后，联合国安理会授权根据《联合国宪章》第七章成立由多达17300名军人和3300名民警组成的一支维和部队，取代或吸收任务期限将于9月底到期、拥有7000名成员的非盟部队。然而，在这个问题上获得苏丹的同意似乎是无法克服的，因为苏丹总统巴希尔公开宣称他不会同意该项决议。最后，使该决议通过的唯一途径是"邀请"苏丹同意，而不是要求苏丹同意。

9月19日，非盟成员国召开紧急会议，决定将其在苏丹的7000名维和部队的任期延长至 2006 年年底。这次会议是希望争取时间并对巴希尔施加压力。与此同时,好莱坞演员乔治·克鲁尼和他的父亲刚刚访问了达尔富尔,他们在联合国安理会发表了慷慨激昂的讲话,呼吁立即部署维和部队。全世界数百人自发地举行了拯救达尔富尔的示威活动,同时,布什总统任命对苏丹非常了解的"美国国际开发署"前负责人安德鲁·纳齐奥斯为新的特使,以帮助促成苏丹和平。11 月,喀土穆政权宣布准备接纳 1.5 万名联合国维和人员进入达尔富尔,前提条件是他们必须由非洲人组成,并同意与现有的非盟部队合并。这一让步是在"原则上"做出的,但实际上,巴希尔在该决议的实施上继续停滞不前。联合国特使简·埃格隆德宣布,如果存在进一步的拖延,达尔富尔危机将会无限恶化。与此同时,难民所面临的条件确实变得令人绝望。

最后,事情终于有了缓解。2009 年 3 月,海牙国际刑事法庭下令逮捕巴希尔,指控他在达尔富尔的谋杀、强奸、酷刑和大量平民流离失所等事件中扮演了"重要角色"。

几乎就在起诉宣布后不久,巴希尔为了参加在卡塔尔举行的阿拉伯联盟峰会,决定离开苏丹。在那里,他受到阿拉伯同胞的热烈欢迎,他们祝贺他勇敢地反对海牙国际刑事法庭对他的"侮辱"。

随着巴希尔多少没有刻意阻拦,达尔富尔的局势明显改善。作为世界上规模最大且经过多年谈判才得以落实的一支维和部队,非洲联盟和联合国混合部队的进驻确实效果不同。臭名昭著的"金戈威德族",即强奸、杀害和恐吓了无数平民的一帮强盗,进入了冬眠。"冻结了"驻达尔富尔的 2 万名联合国维和人员的卢旺达指挥官帕特里克·尼亚姆温巴中将说道。"这是一个很好的词来形容目前的局势。现在很平静,非常平静,但局势仍然不可预测。"11 架曾轰炸村庄的苏丹战斗机停在跑道上,驾驶舱覆盖着帆布。成千上万的农民,自 2003 年以来第一次回到他们的村庄种植庄稼,仅仅几个月前,这种行为还被认为无异于自杀。

剩下的最大问题来自成千上万的无家可归者,他们仍然寄住在拥挤的难民营里,等待食品救济,他们担心这种临时的生活可能成为永久。无所事事、沮丧和无家可归正在对他们造成伤害。此外,还发生了争夺日益缩小的牧场的战斗。"可能他们要永远待在这里",联合国驻达尔富尔高级官员穆罕默德·尤尼斯说道。

在《世界人权宣言》通过半个多世纪后,仍有许多人发现自己被困在国际社会的间隙中,这是对我们时代的一种判断。难民没有权利,必须依靠慈善和机会生存下来。今天世界上无家可归的人比历史上任何时候都要多。国际社会正面临着一个流放者的社会。

我记得这些,因为我年轻时曾是他们中的一员。

以史为鉴

如果我们要从历史的浩瀚书卷中寻求理解,我们还必须注意历史中多个"可能"。这些"可能"不仅仅是幽灵般的回声;在某些情况下,它们是客观存在的可能性,但在大多数情况下都被忽略了,因为缺乏准备好去探索其他选择的自由智慧。因此,我们有责任不要忽视这些"如果"和"可能",因为它们本可以发生。

有一个类似悲剧性的"可能",在时间的长廊中回荡。它涉及早期改革派,德怀特·D.艾森豪威尔总统手下的国务卿约翰·福斯特·杜勒斯。作为一个严厉的清教徒,杜勒斯曾嘲笑过遏制政策。

最后一个警告:我们多久听说某场特定战争是"不可避免的"? 在我的研究中,自从第一次世界大战中的"铁骰子"以来,我已经多次遇到这个短语。改革派特别喜欢做出这样的断言。事实上,国家事务中的任何事件都不是不可避免的。历史不会创造历史。男人和女人做出外交政策决定。尽管他们是在智慧和愚妄中做出这些决定的,但是他们照样这样做出。战争结束后,历史学家常常回顾历史,谈论命运或必然性,但这种历史决定论只是逃避责任的隐喻。毕竟,在我们的生活中,存在着一种衡量自由意志和自决的尺度。

恰恰有一个类似的例子令人深感不安。2003 年 11 月，据透露，在美国对伊拉克战争前的最后几天，美籍黎巴嫩商人伊玛德·黑格被萨达姆的情报部门长官派往美国试图与布什政府联系，他此行带着三个主要让步[10]：首先，除了美国武器专家外，巴格达准备邀请 2000 名联邦调查局特工去伊拉克，以证明伊拉克没有隐藏大规模杀伤性武器；其次，萨达姆政权将承诺在联合国监督下举行选举；最后，伊拉克将向美国引渡 1993 年世界贸易中心爆炸案的主要嫌疑人。

在这个提议被提出的时候，布什政府的战争准备工作已经完成。已经没有回头路可走。战争被认为是不可避免的。这里的重点不是双方可能达成一项协议，而是美国立即拒绝了这一提议，从而使战争不可避免。我们永远也不会知道，这是否是一场悲剧。

2004 年 1 月 28 日，在国会作证时，曾在伊拉克担任过 9 个月美国首席武器检查员的大卫·凯言简意赅地说道："在我看来，我们都错了，这是最令人不安的。"[11] 不过，他补充说，布什政府从来没有向情报分析人员施加过政治压力，要他们夸大来自萨达姆领导的伊拉克的威胁。简而言之，他认为这些报告结论是错误的，但它们不是"炮制出来的"。正如我们所见，这样的判断过于宽大。用 2000 年至 2005 年负责中东事务的国家情报官员保罗·皮勒的话说，"情报被公开滥用，以证明已经做出的决定是合理的"。[12]

很清楚的是，布什政府的所有成员都绝对确信，在伊拉克存在大量非法武器储备的基础上，这场战争是正当的，而事实上，还有很多值得怀疑的地方。此外，美国政府拒绝给联合国核查人员多一点时间，事实证明，联合国核查人员在处理伊拉克非法武器方面做了一件值得称赞的工作。

最后，凯博士在证词中宣称，"承认失败很重要"。我相信，如果一个人保持开放的心态的话，他从失败中学到的东西比从成功中学到的东西要多。但这恰恰是一个改革派几乎不可能做到的。

不要对此有任何误解：萨达姆是一个凶残的暴徒，当他温顺地向美国士兵投降时,他再次表明,他的首要任务是自己的生存。但是,正如我在本章节和前一章节中试图表明的那样,当乔治·W.布什总统决定与他开战时,他并没有对美国构成迫在眉睫的威胁。**我认为,萨达姆·侯赛因不值得我们牺牲一名盟军士兵的生命,也不值得牺牲一名无辜的伊拉克平民的生命。我相信如果不发动战争,他也能被打倒。**

大家可能还记得,在2003年3月外交的最后几天,我走近联合国巴基斯坦代表团,提议联合国安理会将萨达姆·侯赛因列为战犯,同时在伊拉克增加四倍数量的联合国核查人员,以加快武器核查过程。巴基斯坦准备在3月17日提出这项提案,但就在当天下午,布什总统宣布外交时间已经结束。两天后,美国对伊拉克开战。

根据我在联合国七年的工作经验,我认为,安理会本可以通过这项提案,作为入侵伊拉克之外可接受的另一种选择,而入侵伊拉克则使安理会陷入了僵局。此外,美国本可以避免与北约盟国及联合国发生冲突。

25万美国和英国军队在伊拉克周围的集结,再加上联合国更严格的核查,很可能会让萨达姆更早地提出他在战争爆发前几天提出的绝望措施。而作为国际贱民的新角色,可能会激励骨子里渴望生存的萨达姆在还有时间的时候采取行动。至少,他可以被"拔掉尖牙",甚至在最好的情况下,不发动一场战争就能被废黜。

"历史不会重演,至少不会完全重演",这是一种耳熟能详的论调。但历史确实通过类比来教导我们。2009年,美国在伊拉克面临一个转折点,就像英国在第一次世界大战后试图融合被击败的奥斯曼帝国的三个不同省份一样。最终,它们的尝试都以失败告终。它们的现代继任者在建立新伊拉克的努力仍然有望做得更好。莎士比亚在《凯撒大帝》中很好地描述了这一挑战:

"人间大小事,

有其潮汐;

把握涨潮,

则万事无阻;

错过了，一生的航程，

就困于浅滩与苦楚。"

美国总统巴拉克·奥巴马在阿富汗也面临着同样的挑战。2009年，他在阿富汗发动了一场他自己从前任继承下来的战争。迄今为止的证据表明，这位深思熟虑、务实的美国领导人比他的前任做得更好。

我爱我的国家，希望它一切都好。但我也知道，历史不接受预定。然而，它确实会奖励尊重。

为什么人类的学习速度如此之慢，代价如此之大？我一直想知道答案。我知道，归根结底，战争的答案必须在人类从自身造成的灾难里吸取教训的能力中来寻找。在经历了一个世纪的三场可怕的战争和大屠杀之后，为什么德国人和法国人之间的战争几乎不可能发生？或许是因为德国和法国培养出了康拉德·阿登纳和让·莫内等具有远见卓识的战后领导人。为什么纳尔逊·曼德拉能够阻止南非的血腥内战？也许是彻底的疲惫和绝望造就了远见家。也许这对普通人是一样的，有些人从破碎的经历中学习和成长，而另一些人只是变得更老，甚至更愚蠢。

自本书的最后一版问世以来，同情和全球意识在人类暗淡的视野中慢慢地显现出来。这是事实，或者也许是因为"9·11"灾难的发生。越来越多的战犯，如萨达姆·侯赛因，正在国际法庭对自己的行为承担个人责任。2006年7月，在波尔布特去世8年后，联合国柬埔寨法庭终于宣誓将"红色高棉"屠杀场的剩余战犯绳之以法。12月，在坦桑尼亚阿鲁沙的国际刑事法庭，一位神父因在1994年有2000名在他的卢旺达教堂避难的图西族难民被推土机推平而被判处15年监禁。[13]2009年，该罪行的作恶者在刚果东部躲藏了15年后被捕。然而，更重要的是，在每一种文化中，不论种族、文化或信仰，都有人们站起来对绝对的邪恶说不，从而维护了我们共同的人性。纳粹大屠杀期间的奥斯卡·辛德勒和卢旺达种族灭绝时期的保罗·鲁萨加比纳只是进入历史的众多人物中的两位。

人类在这一方面取得了一些进展，虽然慢得令人抓狂，但是我选择做一个乐观主义者。如果我不是，我可能就不会活到今天，正如本书的后记所阐明的那样。人类建造了教堂和集中营。虽然我们已经下降到前所未有的深度，但我们也试图攀登新的高度。我们不单单背负着原罪，我们也有原始纯真的天赋。

最后，我请求我的读者允许我以我最喜欢的诗歌结尾。它是一个半世纪前由威廉·欧内斯特·亨利在英格兰所写，表达需要勇气和希望超越绝望和悲剧的必要——如果我们要在一个仍受战争困扰的世界中生活得有意义和有爱心，这一代人也必须具有勇气和希望这种品质。

注　释

1.New York Times,July 4,2003.

2.Ibid.,December 7,2003.

3.Ibid.,December 18,2003.

4.Ibid.

5.Washington Post,January 7,2004.

6. Alan J. Kuperman, "Rwanda in Retrospect," Foreign Affairs (January/ February 2000),p.98.

7.Philip Gourevitch,We Wish to Inform You That Tomorrow We Will Be Killed with Our Families(New York:Farrar,Straus & Giroux,1998).

8."Rwanda in Retrospect,"p.115.

9.New York Times,December 4,2003.

10.New York Times,November 6,2003.

11.Ibid.,October 30,2003.

12.Paul R.Pillar,Op.cit.Foreign Affairs March/April 2006.

13.New York Times,December 14,2006.

精选参考书目

Bacevich, Andrew J. American Empire: The Realities and Consequences of U.S. Diplomacy. Cambridge, Mass.: Harvard University Press, 2002.

Beigbeder, Yves. Judging War Criminals: The Politics of International Justice. New York: St. Martin's, 1999.

Berkowitz, Bruce. The New Face of War: How War Will Be Fought in the 21st Century. New York: Free Press, 2003.

Blainey, Geoffrey. The Causes of War. New York: Free Press, 1973.

Boot, Max. The Savage Wars of Peace: Small Wars and the Rise of American Power. New York: Basic Books, 2002.

Brokaw, Tom. The Greatest Generation. New York: Random House, 1998.

Brooks, Stephen G., and William C. Wohlforth. "American Primacy in Perspective." Foreign Affairs, July/August 2002.

Brzezinski, Zbigniew. The Choice: Global Domination or Global Leadership. New York: Basic Books, 2004.

Clausewitz, Karl Von. On War. New York: Modern Library, 1943.

Cohen, Eliot A. Supreme Command: Soldiers, Statesmen, and Leadership in Wartime. New York: Free Press, 2002.

Colley, Linda. Captives: Britain, Empire, and the World, 1600–1800. New York: Pantheon, 2003.

Dyson, Freeman. Weapons and Hope. New York: Harper & Row, 1984.

Ferguson, Niall. Empire: The Rise and Demise of the British World Order and Its Lessons for Global Power. New York: Basic Books, 2003.

Friedman, Thomas I. The World Is Flat: A Brief History of the Twenty-first Century. New York: Farrar, Straus & Giroux, 2005.

Fukuyama, Francis. Our Posthuman Future. New York: Farrar, Straus & Giroux, 2002.

Gorbachev, Mikhail. The August Coup. New York: Harper & Row, 1991.

Gorbachev, Mikhail, and Zdenek Mlynar. Conversations with Gorbachev: On Perestroika, the Prague Spring, and the Crossroads of Socialism. New York: Columbia University Press, 2002.

Gourevitch, Philip. We Wish to Inform You That Tomorrow We Will Be Killed with Our Families. New York: Farrar, Straus & Giroux, 1998.

Graham, JR., Thomas. Disarmament Sketches: Three Decades of Arms Control and International Law. Seattle: University of Washington Press, 2002.

Hamburg, David A. No More Killing Fields: Preventing Deadly Conflict. Lanham; Md.: Rowman & Littlefield, 2002.

Hedges, Chris. War Is a Force That Gives Us Meaning. New York: PublicAffairs, 2002.

Hedges, Chris. What Every Person Should Know About War. New York: Free Press, 2003.

Human Development Report 2002. United Nations Development Program. New York: Oxford University Press, 2002.

Ignatieff, Michael. The Warrior's Honor: Ethnic War and the Modern Conscience. New York: Henry Holt, 1998.

Iriye, Akira. Global Community: The Role of International Organizations in the Making of the Contemporary World. Berkeley: University of California Press, 2002.

Kagan, Donald. On the Origins of War and the Preservation of Peace. New York: Doubleday, 1995.

Kagan, Donald. The Peloponnesian War. New York: Viking, 2003.

Kagan, Robert. Of Paradise and Power: America and Europe in the New World Order. New York: Knopf, 2003.

Kahn, Herman. On Thermonuclear War. Princeton, N.J.: Princeton University Press, 1960.

Kennan, George F. "Communism in Russian History." Foreign Affairs, Winter 1990/91.

Kennedy, Paul. The Parliament of Man: The Past, Present, and Future of the United Nations. New York: Random House, 2006.

Kissinger, Henry. White House Years. Boston: Little, Brown, 1979.

Kupchan, Charles. The End of the American Era: U.S. Foreign Policy After the Cold War. New York: Knopf, 2002.

Kuperman, Alan J. "Rwanda in Retrospect." Foreign Affairs, January/February 2000.

Lieven, Anatole. Chechnya: Tombstone of Russian Power. New Haven, Conn.: Yale University Press, 1998.

Malone, David M., and Khong Yuen Foong, Eds. Unilateralism and U.S. Foreign Policy: International Perspectives. Boulder, Colo.: Lynne Rienner, 2003.

Mandelbaum, Michael. The Ideas That Conquered the World: Peace, Democracy, and Free Markets in the Twenty-first Century. New York: Public Affairs, 2002.

Milward, Alan, Ed. The Rise and Fall of a National Strategy, 1945–63. Portland Ore.: Frank Cass, 2002.

Molavi, Afshin. Persian Pilgrimages: Journeys Across Iran. New York: W. W. Norton, 2002.

Nye, Joseph S., Jr. Nuclear Ethics. New York: Free Press, 1986.

Odom, William E. Fixing Intelligence: For a More Secure America. New Haven, Conn.: Yale University Press, 2003.

Schell, Jonathan. The Fate of the Earth. New York: Knopf, 1982.

Schelling, Thomas C. Arms and Influence. New Haven, Conn.: Yale University Press, 1966.

Schram, Martin. Avoiding Armageddon. New York: Basic Books, 2003.

Stiglitz, Joseph. Globalization and Its Discontents. New York: W. W. Norton, 1992.

Temple-Raston, Dina. Justice on the Grass: Three Rwandan Journalists: Their Trial for War Crimes and a National Quest for Redemption. New York: Free Press, 2005.

Traub, James. Kofi Annan and the UN in the Era of American World Power. New York: Farrar, Straus & Giroux, 2006.

Tuchman, Barbara W. The March of Fully. New York: Knopf, 1984.

Walzer, Michael. Just and Unjust Wars. New York: Basic Books, 1977.

Van Evera, Stephen. Causes of War: Power and the Roots of International Conflict. Ithaca, N.Y.: Cornell University Press, 1999.

后　记

在一场地震摧毁神户前的几个星期，我作为国际青年商会世界大会的主讲人，正在日本的这个港口城市。美国青年商会正在庆祝它的50周年纪念日。这是一个盛大的节日活动，来自各个大陆的代表聚集在一起。

我坐在舞台中，正准备由国际青年商会世界主席，一位来自岛国毛里求斯的魅力男人，介绍给观众。当我看向观众时，我注意到画廊里有一大群日本贵宾。他们穿着深色、庄重的套装，从闪闪发光的人群中脱颖而出。我突然想起了一件事。我以前去过神户，但是在非常不同的情况下。那是1941年4月，我还是个13岁的男孩，为了在纳粹大屠杀中逃命，我从捷克斯洛伐克的布拉格启程前往中国的上海。

在那个不寻常的时代，我的家庭经历的故事并不罕见。当1938年希特勒吞并奥地利时，我成长在奥地利维也纳的一个中产阶级犹太家庭。

当我的父亲移民到巴勒斯坦，我的母亲拒绝跟随他时，我的父母离婚了。她不想把自己的父母留在布拉格。她和我的外祖父母相信，犹太人的处境不会变得更糟，所以我和母亲搬到了布拉格和他们生活在一起。

1939年希特勒进入布拉格不久，我母亲得知我父亲在巴勒斯坦去世，一年后，她在孤独和惊恐中再婚。到1940年年底，我的继父和外祖父母之间爆发了一场可怕的争斗，我母亲被夹在中间。我的继父似乎明白希特勒的意思，他坚持立即离开欧洲。

"你是个冒险家"，我的外祖父母喊道。"毕竟，这是20世纪。事情不会变得更糟。"

然而，事情向反向发展的证据在稳步增加。希特勒征服了西欧大部分地区,对犹太人的战争才刚刚开始。到 1941 年 1 月,我的继父把我和我的母亲拽到布拉格的几十个领事馆,请求签证。

最后,中国大使馆的一位官员给我们发放了一张去上海的签证。然而,除非我们能在苏联各地获得过境签证,否则这种签证是没有用处的。反过来,除非我们能证明我们可以离开苏联,以某种方式到达上海,否则就无法获得过境苏联的签证。这意味着我们需要再次获得一次过境签证,这次是通过日本的过境签证。

但是在布拉格犹太人社区的人都知道,日本支持德国,因此不愿帮助犹太人。因此,如果没有获得日本的过境签证这个在飞行链中不可或缺的环节,上海签证就毫无用处。然而,1941 年 2 月,日本驻布拉格领事馆门前突然排起了长队。一名新领事通过神户向数百名绝望的犹太人签发日本过境签证的消息迅速传开。

排了几天队后,我们被领进了一个风度翩翩、和蔼可亲的男人的办公室。他拍了拍我的头,毫不费力地给我们发放了三份签证。随着下一批申请者已经被领进来,他用德语对我们说道:"祝你们好运。"三天后,我的继父获得了穿越苏联的过境签证,这是整个航班链中的最后一环。出发日期定在 1941 年 3 月 4 日,也就是我母亲生日的那天。

痛苦将那一夜的记忆永远铭刻在我的脑海里。我的外祖父母来火车站道别。我们乘火车去莫斯科,在莫斯科我们将乘坐连接西伯利亚的"快车"到苏联太平洋海岸的符拉迪沃斯托克。我的母亲悲痛欲绝,但我的继父冷静而坚定。火车定于下午 8 点开启。

"我不想走,我想和你们在一起",我尖叫着,从火车上跳下来,扑到我的外祖父母的怀里。

"不",我的外祖父告诫我。"你必须走,你必须有未来。"

他轻轻地把我推回火车,几分钟后火车离开了车站。我的外祖父母挥动着手电筒,黑暗中灯光忽明忽暗、忽上忽下。几个月后,他们被驱逐到波兰特雷布林卡的中转站特雷津集中营。1942 年,也就是在我们离开布拉格仅仅一年后,他们在特雷津集中营被纳粹分子杀害。

跨越西伯利亚之旅似乎没有尽头。大多数时候,我凝视着广袤的苏联大地,在白雪覆盖的寂静中保持无限耐心。我们与自称是 Manabe Ryoichi 博士的一名日本外交官共享一个小隔间。他用流利的德语向我们解释说,他将从柏林调到上海,担任新的外交职位。他看上去很年轻,大概三十出头,举止礼貌且文雅。

我们一起吃饭,偶尔和他下棋。在长途旅行的第一个星期后,我妈妈向他提到我们作为难民也要去上海。毕竟,是在布拉格的这位日本领事帮助了我们,她觉得没有理由害怕这个如此精通德国文学的年轻人。在我们分手前,他递给我们他的一张名片,并非常真诚地告诉我的母亲,如果在上海需要他的帮助,就给他打电话。

然后我们乘坐一艘小渔船从符拉迪沃斯托克到日本神户,在那里我们被允许等待前往上海的通道。三个星期的等待中夹带着一丝恐惧;我们在上海一个人都不认识。终于,我们订到了机票,并于1941年4月抵达这个中国港口城市。

我的继父是个足智多谋的人,他在一家小银行里找到了一份负责国际清算的出纳工作。我母亲学会了女帽制作,我进入了一所英国公立学校,那里的老师都很优秀,喜欢研究莎士比亚文学。我们住在上海法租界的两个小房间里,母亲学会了一些简单的中国烹饪方法。情况正在好转。但这段短暂的插曲戛然而止。

1941年6月,希特勒入侵苏联,12月,日本人又一次突袭珍珠港。德国和日本在争夺世界霸权的战争中结成了军事同盟。毫不奇怪,德国开始指示日本人如何处理它们控制下的犹太人。

珍珠港事件发生时,大约有15000名欧洲犹太人生活在上海。1943年年初,所有的犹太人都被命令搬到虹口区的一个犹太人居住区。几周内,大多数上海犹太人被赶进了拥挤不堪的大型公共中心,或同样拥挤不堪的狭小住所。食物匮乏,卫生条件极差,这个居住区儿童的教育时有时无,毫无章法。居住区由日本军方直接控制,配有铁丝网和警犬。然后,在离我们从法租界的小公寓被赶出大约一周前的时间里,我妈妈想起了

Manabe 博士。

我记得我母亲为是否应该接受 Manabe 博士的邀请给他打电话而烦恼。毕竟,自长途跋涉穿越西伯利亚以来,政治形势急剧恶化。我们对 Manabe 博士一无所知,只知道他作为日本外交使团的一分子被分配到上海。

最后,在搬到犹太人居住区三天后,我母亲决定冒险去看望他。我的继父患了心脏病,不敢陪她一起去。他和我一整天都在焦急地等待她的归来。她下午 6 点返回了,眼睛闪闪发亮,因为 Manabe 博士一如既往的和善。

他不仅仅记得我们,当我的母亲请求他让我们保留在犹太人居住区外,他还立即给我们发放一年的延长逗留期限,这样我的继父就能待在一个好医院附近,而我也可以继续我在英国公立学校的教育,在学校里,老师为抗议日本占领上海,继续教我们莎士比亚文学。

就这样,在战争和灾难中,我接受了一流的教育。我母亲 1944 年和 1945 年两次去请求 Manabe 博士给我们居住在犹太人居住区外的时间再延长些,两次他都答应了。依靠我母亲的女帽编制手艺工作,我们勉强度日;我的继父病得很厉害,已经无法工作了。

我在一所学校里学到了优秀的英语、良好的法语,还过得去的汉语和日语,尽管周围到处都是战争的噪声,但不知为什么,这所学校却依旧保持着很高的教学标准。当我 1945 年春天毕业的时候,我对哈姆雷特这个角色已经熟记于心。然后,在日本宣布战败之后,我成为一个擦鞋童。

幸运之神向我微笑了。1946 年 9 月,一位来自爱荷华州的年轻中尉彼得·德拉马特代表我给他的母校格林奈尔学院写了一封信,该校于 1947 年以奖学金的方式录取了我。

我的母亲和继父 1949 年跟随我去了美国。1950 年,不可思议的是,我被哈佛大学录取了,1954 年我在哈佛获得了国际关系博士学位。因此,我成为少数几个在大屠杀中幸存下来,并且能够在新世界中生活的幸运儿之一。战后,我母亲试图找到 Manabe 博士,感谢他为我们所做的一切。1952 年,她终于从东京的一个地址收到了他的一封信,他写道,他现在过着默默无闻的生活。他补充说,他很高兴,因为在我们的例子中,"人类最终战胜了邪恶"。自那以后,他和我们就失去了联系。

尽管后来我们多次试图再次联系他,但都失败了,最后,我们认为他已经死了。然而,有两个问题始终萦绕在我的心头:是谁在布拉格给了我们通过神户的过境签证? 为什么 Manabe 博士要自己冒着危险来帮助我们?

我在神户的演讲即将结束。然后,我简单讲述了半个多世纪前我在神户的经历,并询问记者团,他们是否能帮助我找到任何有关两名日本外交官的信息,他们在大屠杀期间救了我的命。由于第二天晚上我不得不返回美国,我请求记者们把对这两名外交官的寻找工作放在首位。

那天晚上,我所住旅馆房间的电话铃响了。电话那头是日本报纸《神户新闻》的 Toshinori Masuno 先生。

"我们知道你是怎么拿到签证的",Masuno 说。"是驻日领事杉原昭一不顾他在东京的上级的命令,向犹太难民签发了数千张签证。"

我开始发抖。我想知道,这是日本的奥斯卡·辛德勒还是拉乌尔·瓦伦堡?"杉原在立陶宛签发了大部分签证,直到 1941 年年初被派往布拉格",Masuno 继续说道。"你们三个人都在名单上。在他们关闭他的领事馆之前,你们是最后一批。"

"他是怎么做到的?"我问道。

"他将这视为他的政府和他的良心之间的一次冲突",这位记者回答道,"他跟随自己的良心走。"

"他什么时候死的?"我问道。

Masuno 伤心地说:"1986 年,由于没有遵守上级命令而蒙羞。但他是以色列的道德英雄。他们在耶路撒冷为他种植了一棵树,以示对他的敬意。"

"那 Manabe 博士呢?"我询问道。

"我们还在寻找",Masuno 回答道。"但他可能已经死了。"

那天晚上，我返回美国，在得克萨斯州圣安东尼奥的三一大学教书。我的情绪很乱。"太迟了"，我心里想。我无法感谢他们中的任何一个；太迟了。

第二天早上，电话的响声使我从不好的睡眠中醒来，是 Masuno 先生。

"我们找到了 Manabe 博士"，他大声说道。"他已经八十七岁了，身体很虚弱，但他什么都记得。他一个人住，有一个未编入册的电话号码。不过我们还是设法帮你拿到了。在这儿。"

那一天，1994 年 11 月 16 日，我几乎没有想到别的事情。然后，在午夜——他时间的正午——我拨通了他的电话号码。

他确实记得一切。我们不是他五十多年前帮助过的唯一群体。其他绝望的犹太人也从他无私的慷慨中获益。作为一个音乐爱好者，他从犹太人居住区拯救了上海爱乐乐团的犹太成员。当我们回忆起那些似乎发生在另一个星球上的遥远事件时，我们都尽量不哭。我给他寄去了我的一本书，如果没有他，这本书就不会写成，以及一张我母亲 1991 年的照片，那是她去世前一年拍的。

然而，仅靠书信和电话是不够的。想到他的年龄，我飞到东京，去他四周布满书的小公寓里看他。在屋里，我看到了一个男人，长着一张好看、充满灵性的脸，有着天生的优雅和尊严。事实证明，尽管半个世纪过去了，我们彼此的沟通出奇的容易。和我一样，他战后选择了学术生活，并在东京东海大学担任德国文学教授。

我们在一个星期天见面。在东京的最后一天，我终于向他问了一直萦绕我心头的一个问题："难道你从来不害怕帮助我们吗？"我问道。"毕竟，这可能会导致失业，或者更糟的是，他们可能会杀了你。"

他惊奇地看着我。"我从来没有想过这个问题"，他回答道。"此外，人们不应该被强迫生活在贫民区。这是正确的做法。"

我拥抱了他，与他道别，这样做，就像拥抱了我过世已久的父亲和被谋杀的外祖父母，在希特勒的统治时期，他们从我的童年里被剥夺了生命。一个开了五十多年的旧伤口开始愈合了。

Manabe 博士于 1996 年 4 月去世。

我有幸向我们这个时代真正的一个道德英雄表达我的感激之情,并在他还活着的时候表达了我的这份感激之情。我们大多数人都背负着这样无法赎回的恩情,在我们的恩人死后,必须设法偿还这些恩情。而我有机会在此时此地这样做。

作为一名教育年轻大学生的教师,我现在意识到我必须传授他们一个最重要的真理:世上没有集体犯罪这样的事情,而且,在黑暗时代,总有一些男人和女人用即使最绝对的形式来对抗邪恶,重申我们的人性。在悬崖的深处,道德勇气仍然存在,有时甚至占据上风。

我的生命被那种方式拯救,不是一次,而是两次。

图书在版编目（CIP）数据

国与国为何交战 / ［美］约翰·G.斯托辛格 著；杨丽，吴义学 译 . —北京：
人民出版社，2019.12
ISBN 978－7－01－021283－8

I. ①国⋯　II. ①约⋯ ②杨⋯ ③吴⋯　III. ①战争理论－教材　IV. ① E0

中国版本图书馆 CIP 数据核字（2019）第 243218 号

北京市版权局著作权合同登记号　图字01-2017-1332号

WHY NATIONS GO TO WAR

国与国为何交战

GUO YU GUO WEIHE JIAOZHAN

［美］约翰·G.斯托辛格　著

杨　丽　吴义学　译

人民出版社 出版发行
（100706　北京市东城区隆福寺街 99 号）

北京中科印刷有限公司印刷　新华书店经销

2019 年 12 月第 1 版　2019 年 12 月北京第 1 次印刷
开本：710 毫米 × 1000 毫米 1/16　印张：15
字数：200 千字

ISBN 978－7－01－021283－8　定价：39.00 元

邮购地址 100706　北京市东城区隆福寺街 99 号
人民东方图书销售中心　电话（010）65250042　65289539